만·국·통·상·회·의·법
회의진행의 이론과 실제

임택진 목사

한국문서선교회

머리말

민주주의 사회에서 모든 사람의 의견의 결정은 회의를 통해 이루어진다. 이때 회의법을 어기거나 회의진행이 서투르면 목적한 바를 이루지 못할 뿐만 아니라 예기치 않은 사태를 일으키기도 한다.

공공기관이나 사회단체는 의사진행상 지켜야 할 하나의 준칙이 있다. 이는 어떤 법으로 제정해 놓은 것이 아니라, 영국에서 오랜 세월 회의에서 지켜온 관행을 집대성하여 만든 이른바 '로버트 회의법'(Robert's rules of order)이 있다. 이 법을 '만국 통상 회의법'(萬國 通常 會議法)이라고 한다.

모든 단체 조직상 회의에는 각기 헌장이나 규칙이 정해 놓은 법규안에서 의사를 결정한다. 그러나 회의를 하다보면 복잡 미묘한 사건들이 얽히기 쉽고 찬반 양론이 대립되어 자체내의 규칙만으로는 해결하기가 어려워지기도 한다. 이런 때 회의의 질서를 바로잡고 문제를 해결하기 위해 로버트 회의법을 적용하게 된다.

그러므로 단체의 구성원이나 지도자는 만국 통상 회의법을 잘 알아야 회의를 바르게 진행할 수 있다.

본서는 필자가 목회자로서 교회단체에 재직하면서 회의를 이끌어온 오랜 경험과 회의법에 관한 서적을 참고하여 회의법을 이해하기 쉽고 보편적으로 활용할 수 있도록 편집하여 「회의진행의 이론과 실제」라는 이름으로 출판하게 되었다.

본서가 각종 회의의 구성원이나 회의 지도자들의 회의 진행에 도움이 되는 지침서가 되기를 바란다. 그리고 교회 회의를 위해 필자가 쓴 장로회 정치 해설 중 당회, 회의 및 기관 단체해설을 덧붙였다.

이 책이 햇빛을 보기까지 힘쓰신 한국문서선교회의 김기찬 장로님을 위시하여 여러분에게 감사한다.

편저자 임택진

차 례

1장 – 총론

1. 회의란 무엇인가? / 16
   1) 회의의 역사 2) 회의의 필요성 3) 회의의 목적

2. 회의 조직법(組織法) / 23
   1) 발기인회(發起人會) 2) 창립총회(創立總會) 3) 회칙(會則)
   4) 회원(會員)

3. 회의의 종류와 역할 / 26
   1) 본 회의와 관계된 회의 2) 회의에서 맡은 일을 하는 회의

4. 회의의 분류 / 33
   1) 시기로 본 분류 2) 성격상으로 본 분류

5. 정족수(定足數) / 35
   1) 의사(議事) 정족수 2) 의결(議決) 정족수 3) 정족수의 산정
      기준 4) 정족수의 확인과 유지

2장 - 회의의 진행

1. 회의와 회원 / 44
　1) 회원의 마음가짐　2) 회원의 임무와 책임

2. 회의와 회장 / 49
　1) 회장의 자격　2) 회장의 자질　3) 회장의 형태　4) 회장의 유의사항　5) 회장의 직책　6) 회장의 직권

3. 회의의 진행 / 58
　1) 회의 준비서 작성　2) 회의의 소집(召集)　3) 의사일정(議事日程)

4. 회의법 / 68
　1) 만국 기준의 회의법　2) 회의법의 중요성　3) 회의법의 목적

5. 선거 / 72
　1) 후보자의 추천　2) 구두호천(口頭呼薦)　3) 전형(銓衡)　4) 공천(公薦)　5) 지명(指名)　6) 표결(表決)　7) 선거관리 위원회

3장 - 언권 토론 질문

1. 언권(발언권) / 81
　1) 언권의 요구　2) 언권의 행사　3) 발언 시간의 제한　4) 정당

한 발언 5) 발언권의 남용 6) 특수 언권(규칙상 질문) 7) 제안 설명

2. **토론**(토의) / 86
1) 토론의 시작 2) 토론의 기본 원칙 3) 토론의 공익론(公益論) 4) 토론의 제한 5) 토론 시간의 제한과 연장 6) 토론의 종결 7) 토론의 평가

3. **질문**(질의) / 92
1) 질문의 종류 2) 질문할 때 유의할 점 3) 좋은 질문 4) 질문의 분위기 5) 질문 시간의 제한과 연장 6) 질문의 종결

4장 - 표결

1. **표결**(表決) / 103
1) 다수결(多數決) 2) 가부동수의 결정표

2. **표결의 방법** / 108
1) 약식(略式)표결 2) 구두(口頭)표결 3) 침묵(沈默)표결 4) 거수(擧手)표결 5) 기립(起立)표결 6) 점호(點呼)표결 7) 투표(投票)표결

3. 표결의 순서 / 113

4. 표결의 선포 / 114

5. 표결의 결과 / 114

6. 가결, 부결, 미결 / 114
   1) 가결 2) 부결 3) 미결

7. 표결의 발표와 의결(議決) / 116

5장 – 동의(動議)

1. 동의의 제출 / 121
   1) 동의의 제안 2) 동의의 형식

2. 동의의 재청(再請) / 124

3. 동의의 진술(陳述) / 125

4. 동의의 종류 / 126
   1) 원동의(原動議) 2) 보조동의(補助動議) 3) 부수동의(附隨動議) 4) 특권동의(特權動議)

5. 동의의 목적 / 129

1) 목적에 따른 분류 2) 분류상의 주의

6. 동의의 처리 / 130

7. 동의의 우선 순위 / 131
   1) 우선 순위의 기본원칙 2) 복잡한 우선 순위의 적용 3) 동의에 관한 특별한 법칙

8. 동의에 관한 일람표
   1) 토론할 수 없는 동의 2) 재청이 필요없는 동의 3) 개의할 수 없는 동의 4) 출석회원 3분의 2이상의 찬성으로 가결되는 동의

6장 – 동의의 각론(各論)

1. 원동의 / 145

2. 특정 주동의(特定主動議) / 147
   1) 재심의(再審議) 2) 취소(取消) 3) 심의 재개(審議再開)

3. 보조동의(補助動議) / 153
   1) 무기 연기 동의 2) 수정(修正) 동의 3) 위원회 회부 동의 4) 유기 연기 동의 5) 토론 제한 연장의 동의 6) 토론 종결 동의 7) 보류 동의 8) 보류되었던 동의의 재상정

4. **부수동의**(附隨動議) / 163
   1) 규칙 일시정지 동의 2) 동의의 철회 동의 3) 심의 반대 동의
   4) 서류 제출 요구의 동의 5) 문제 분할 동의 6) 표결 방법에 관한 동의 7) 의사 진행에 관한 이의 8) 회장의 결정에 대한 상소
   9) 번안 동의 10) 무효 취소의 동의

5. **특권동의**(우선 동의) / 173
   1) 일정 변경의 동의 2) 일정 촉진 동의 3) 특권을 위한 동의 4) 휴식 동의 5) 정회, 폐회 동의 6) 다음 회의의 일시 및 장소를 위한 동의

6. **기타 동의** / 178
   1) 공백을 메우는 동의 2) 보고서 수리(受理) 동의 3) 회의록 승인 동의 4) 지명 및 구두호천과 호천중지 동의 5) 사후 승인 동의

7장 - 특별한 형식의 회의

1. **세미나**(Seminar) / 183
   1) 필요성 2) 준비 3) 방법 4) 장점 5) 단점 6) 문제점

2. **패널식 토의**(Panel discussion) / 185

    1) 사전준비 2) 특징 3) 의제의 선정 4) 패널식 토의의 지도
 3. **심포지엄**(Symposium) / 190
    1) 필요성 2) 준비 3) 방법 4) 장점 5) 단점 6) 주의점
 4. **분반식 회의**(Huddle Buzz Group) / 192
    1) 필요성 2) 준비 3) 방법 4) 장점 5) 단점 6) 주의점
 5. **워크숍**(Workshop) / 195
 6. **버즈**(Buzz)**식 회의** / 195
    1) 버즈식 회의의 장단점 2) 버즈식 회의의 지도 절차
 7. **공개토론회의**(公開討論會議) / 202
 8. **실연식 회의**(Role Playing) / 202
    1) 필요성 2) 준비 3) 방법 4) 장점 5) 단점 6) 주의점
 9. **대화식 토의**(Interviews, Dialogues, Trialogues) / 204
    1) 필요성 2) 준비 3) 방법 4) 단점 5) 주의점
 10. **필립스 66**(Phillips 66) / 205

8장 - 교회 회의

1. 당회 / 210
   1) 당회의 조직 2) 당회의 성수 3) 당회장 4) 당회의 직무
   5) 당회의 회집 6) 당회록 7) 당회가 비치할 명부

2. 회의 및 기관, 단체 / 240
   1) 공동의회 2) 제직회 3) 연합당회 4) 연합제직회 5) 소속 기관 및 단체

부록

1. 회칙 / 261

2. 회의 순서 / 263

3. 회록(회의록) / 264

4. ○○교회 처무규정 / 268

5. ○○교회 청년회 회칙 / 275

6. ○○교회 장학회 정관 / 280

7. ○○교회 여전도회 회칙 / 286

8. 낱말찾기 / 290

9. 참고한 책 / 294

1장
총론

1. 회의란 무엇인가?
2. 회의 조직법(組織法)
3. 회의의 종류와 역할
4. 회의의 분류
5. 정족수(定足數)

총론

　인간은 사회라는 공동체 속에서 이상적인 미래를 구현하기 위해 여러 사람의 의견을 듣고 결정짓는 회의를 갖게 되었다.
　회의에서 가장 중요한 것은 여러 사람들의 의견을 어떻게 최상의 것으로 이끌어내느냐 하는 것이다. 다수의 횡포나 소수의 독선을 다같이 경계하면서 전체의 의견의 공통분모를 찾아내는 회의가 바르게 운영되는가가 문제이다.
　회의는 의사결정뿐만 아니라 협력과 교류를 통해 공동체의 정신을 확보하는 데 그보다 더 좋은 방법이 없다.
　종교 단체인 교회에도 그 목적을 달성하기 위하여 그리고 교회가 소유하고 있는 인적 물적 자원을 효율적으로 활용하기 위하여 여러 가지 조직이 있고 그 조직을 민주적으로 운영하기 위해 회의가 많다.
　그러므로 교회처럼 회의가 많은 단체가 없다. 교회에는 교인전체가 모이는 공동의회를 위시하여 제직회, 치리기관인 당회 각종 남녀 전도회, 청년회, 학생회, 구역회 그리고 각종 위원회 등 헤아릴 수 없을 정도로 회도 많고 따라서 회의도 많을 수밖에 없다.
　개체 교회만 아니라 지역따라 연합회, 시찰회, 노회, 전국적인 총회 그리고 각 교단의 연합기관 등 그 밖에 회의도 많다.
　어느 회의든지 무조건 시비를 일으키는 회원이 있다. 어떤 회원은 회의 진행을 위하거나 교회의 발전을 위한다기 보다는 지나치게 자기 주장하는 이가 있다.

어떤 회원은 시비를 걸기 위해 태어난 것처럼 보이는 이도 있다. 이런 회원은 논리가 정연한 것도 아니고 사리에 맞는 이야기를 하는 것도 아니요. 진리를 설명하거나 당면문제를 해결하려는 것도 아니면서 그저 자기 선전, 자기 주장을 관철하기 위해 떠들기 때문에 울리는 꽹과리에 지나지 않는다. 그럴 때 그 회의의 사회자나 그 사건에 관계된 회원은 갈등이 심하다.

회의에서 일어나는 말썽꾼의 장난을 어떻게 막으며 질서를 유지할 수 있겠는가?

그러므로 회의법이 있어서 회의의 질서를 유지하며 그 회의의 권위를 옹호할 수 있다. 회의의 회원과 그 회를 인도하는 회장은 회의법을 잘 알아야 회의를 바르게 인도할 수 있다.

1. 회의란 무엇인가?

회의란 넓은 의미에서 사람들이 모여 말 즉 언어(言語)에 의하여 의견을 교환하기 위한 모임이다.

회의는 인간의 일상생활에 필요한 모임으로 그 성격도 다양하다. 그런 의미에서 회의는 인간 사회가 시작되었을 때부터 존재하였다고 할 수 있다.

회의는 공동의 목적의식 속에서 무엇인가를 달성하기 위한 노력을 한다는 점에서 잡담과 다르고 한 사람의 발언이 다른 사람에게 갖가지 영향을 주어 그 영향이 발언을 유발하고 그 발언은 다시 또 어떠한 영향을 불러 일으키는 상호작용이 있다는 점에서 연설이나 강연과 차이가 있다.

이러한 상호작용이 있을 때만 합리적 정신과 협조적 심리가 회의를 지탱시켜주는 바탕이 된다.

회의의 특성을 분석하면 다음과 같다.

첫째, 회의는 두 사람 이상이 모여야 가능하다.

두 사람 이상이 모이면 말로 자기 의견을 나타내고 대화가 시작된다.

그리고 사건 내용에 따라 의견을 같이할 수도 있고 때로는 의견을 달리할 수도 있다. 이것이 바로 회의가 유래하는 근원이 되는 것이다.
　둘째, 회의는 목적이 같은 평등한 사람들의 모임이다.
　같은 목적으로 결성된 조직체에서 같은 토의 주제에 따라 신분, 지위, 빈부의 차이가 없이 동등한 입장에서 중지(衆智)를 모아 각자의 의견을 종합하는 모임이 회의이다.
　그러므로 회의는 민주적 방식으로 진행되어야 하며 독단전행(獨斷專行)이나 전제(專制)를 막아 그 폐단을 없이하려고 모인 회합이다.
　셋째, 회의는 같은 장소에서 모여야 한다.
　언어로써 의견을 제시하며 듣고 의견을 같이하거나 다른 의견을 발표하는 모임이므로 회의는 분산된 장소가 아니라 발언자와 듣는 자가 같은 장소에서 의견이 교환되어야 충분한 토론을 거쳐 공통된 의견을 도출해 낼 수 있다.
　넷째, 회의는 각자의 지식, 경험, 사상, 의견을 상호 이해시키며 상호 협력하는 계기가 되어야 한다.
　회의는 참석자들에게 그들이 지금까지 가졌던 지식과 경험 이상의 무엇인가를 주고 받는 효과를 지니고 있다.
　이러한 특성 때문에 회의는 인간사회의 형성과 더불어 존재하였을뿐더러 서로 유지적인 관계를 더욱 깊게 하고 있어서 현대인에게는 꼭 필요한 것으로 인정받고 있다. 그러므로 회의는 가장 작은 집단인 가정에서부터 시작되어 사회 각 분야에 회의가 있고 나라에도 국회 등 각종 회의가 있고 국제사회에도 회의가 많다.
　다섯째, 전체 회원의 의사를 결정하는 데 회의보다 더 좋은 과정은 없다.
　회의는 참가자의 평등을 본질로 하고 언론의 자유가 보장되는 가운데 민주주의를 실천하는 장소로써 여러 사람의 의견을 종합하여 전체의 의사로 결정하는 모임이다.
　회의는 사람들로 하여금 생각하게 하고 다른 사람의 경험을 자기의 경험으로 삼게 하는 유형무형(有形無形)의 교육적 효과가 있다.

현대인의 생활 가운데서 회의란 참으로 커다란 역할을 한다. 회의는 사람들의 지식과 경험을 통합하고 저마다 다른 의견을 조정하고 사람들이 협동심으로 조화를 갖게 하는 유일한 기회를 제공하는 것이다.

회의의 기능면으로 살펴보면 첫째, 전체 의사를 결정하는 기능이요, 둘째는 의사 소통의 기능이요, 셋째는 교육훈련의 기능이 있다.

1) 회의의 역사

회의 제도를 역사적으로 고찰하면 매우 오래전부터 회의가 있었음을 알 수 있다.

회의의 유래는 유럽의 고대 유목 민족들이 넓고 풍요로운 초지(草地)의 확보와 이민족의 침략의 위기를 당할 때마다 부족들이 모여 위기를 극복하기 위한 타개책을 의논하는 데서부터 회의가 시작되었다고 한다.

기원전 3세기 경에는 그리스에서 시민회의가 아크로폴리스 신전 뜰에서 또는 야외 원형극장에서 나랏일을 의논하면서 민주주의의 꽃을 피웠던 것은 널리 알려진 일이다.

우리나라 삼국시대의 신라에는 나라의 큰 일이 있을 때 진골(眞骨)이상의 벼슬아치가 모여 그 일을 의논하는 회의를 화백(和白)이라고 불렀다고 한다. 화백이란 회의에서는 중의(衆議)에 따라서 결정되며 그 중에 한 사람이라도 이의(異議)가 있을 때는 부결(否決)이 되었다고 한다.

일부 학자에 의하면 고대 게르만(German) 민족의 집회에서 회의 제도의 근원을 찾고 있다. 게르만 민족은 자유인의 집회에 의하여 자기 부락의 여러 가지 일들을 결정하였다고 한다. 이것은 어디까지나 원시적 민회(民會)제도로서 오늘날의 국회제도의 모태가 되어 온 것이라고 한다.

영국의 의회제도는 고대 게르만인의 민회제도가 그대로 발달한 것은 아니지만 고대 게르만인의 민주적인 민회(民會) 정신이 충분히 채용된 것이라고 볼 수 있다.

5세기 경 게르만인의 한 부족인 앵글로 색슨인이 영국에 이주할 때 그들은 민회제도의 정신을 본받아 회의를 했다고 한다.

오늘날 의회 민주주의 제도가 체계화 되기는 일찍 의회 민주주의 제도를 확립한 영국이 주도하여 지금은 미국, 영국, 유럽 여러 나라와 동양에서는 우리나라와 일본 등 각국이 자국의 정서와 민주주의 정신에 맞게 조금씩 달리하는 바가 있기는 하지만 근본 골격은 모두가 민주주의를 기본 정신으로 삼고 있다.

최초 교회 회의는 예루살렘 교회에서 시작되었다. 최초 교회 회의는 지도자인 사도들의 독단으로 하지 않고 전 교인의 의견을 청취한 후, 결정하였으니 이것이 교회 회의의 기초가 되었다(사도행전 6장 참조).

사도의 명령으로 시행하는 것이 아니라 사도들은 하나님의 뜻을 따라 의견을 제시하고 결정권은 교인들에게 있었다. 사도들은 의안을 제시하고 교인들은 자기들의 신앙양심에 따라 자유롭게 결정하였으니 장로교 공동의회(共同議會)의 기초가 되었다. 칼빈주의 장로교 헌법 정치의 공동의회는 사도행전 6장에 근거한 회의제도이다.

그후 안디옥 교회에 중대한 문제가 야기되었다. 구원은 믿음으로 얻는다는 바울의 주장에 할례를 받지 않으면 구원을 얻지 못한다는 율법주의자들이 도전하였다.

처음에는 변론으로 문제를 결정지으려다가 양편의 인사들이 회의로 모여 토론을 하는 중에 원만하게 처리되므로 교회는 회의제도를 통해 발전하게 되었다.

우리나라는 19세기 말 기독교 선교사들이 들어오면서 하나님의 복음과 아울러 의료기술과 회의 진행의 지식이 보급되었다.

서구 문물의 전래가 봉건주의 제도 밑에서 깊이 잠자던 사회를 민주화하는 데 결정적 요인 중의 하나가 되었다.

그러므로 지금 우리나라는 국회를 위시하여 공공단체와 지자제 그리고 교회를 위시하여 사회 각 단체들이 회의 제도를 활용하고 있다.

2) 회의의 필요성

회의는 모든 회원의 높은 지식과 깊은 경험으로 결론을 얻으려는 데 그 목적이 있으므로 다음과 같은 필요성이 있다.

첫째, 회의는 중지(衆知)를 모아 공통된 결론을 얻는다.

혼자의 생각만으로 일을 결정하는 방식은 지난날의 독재자의 방식이다. 그러나 인간의 평등이 강조되고 민주적 방법이 보편화되면서 회의의 중요성이 주목받게 되었다.

어떤 뛰어난 한 사람의 지혜가 여러 사람의 지혜보다 나을 경우도 있고 더욱이 많은 사람이 모여서 일을 결정하기 보다 빠를 수도 있다. 그러나 한 사람의 지혜보다 뒤떨어지더라도 그리고 일의 결정이 좀 늦어지더라도 여러 사람의 의견을 모아 결론을 얻는 것이 모든 사람을 결속하는 데 유익하다고 생각된다. 민주주의의 기반은 이와 같은 점을 강조한다.

회원 각자는 자기 의견을 제시하고 토론하는 중에 어떤 결론에 도달하게 되는 것은, 서로의 입장이 드러나고 조정의 과정을 거쳐 통일된 의견에 도달하면 연대의식과 책임의식이 강화된다.

둘째, 회의는 회원의 협동의 장으로써 필요하다.

인간관계란 서로 생각을 주고 받는 관계이다. 서로 주고 받는 일로 인하여 상대방의 입장을 이해하게 되고 자기 입장도 이해받게 되어 협조하게 된다.

회의에서 서로 토론하는 중에 서로의 입장이 드러나고 주장된 의견은 조정의 과정을 거치면서 통일된 의견과 목표가 수립되면 자기 표현은 목표의식이 분명하게 될 뿐만 아니라 연대의식과 책임의식을 갖게 되어 서로 협조할 수 있게 만든다.

셋째, 회의는 능력계발과 자아발견의 장으로써 필요하다.

인간의 사고 방식은 사람에 따라 다르다. 어떤 사람에게는 아무리 새로운 기획을 요구해도 한계가 있고 또 그 사람이 지니는 발상법에도 한계가 있다.

그러나 새로운 사고방식이나 견해에 자주 접하거나 또 힌트를 얻어 지금까지와는 전혀 다른 발상을 하는 경우가 있다. 회의는 참가자로 하여금 뜻밖의 아이디어를 얻어 자기발전과 능력계발을 제공받게 된다.

회의에서 문제 해결을 위해 토론하는 중에 자신의 미숙한 점과 부족을 깨달아 발전적 방향으로 개선되고 자유로운 사고와 진성의 발달이 이루어지게 된다.

넷째. 회의는 인간관계의 개선과 만남의 장으로써 필요하다.

회의는 서로의 만남을 새롭게 인식시켜 주며 자기 자신과 이웃을 묶어주는 무대가 된다.

서로를 바르게 깨닫고 안다는 것은 인간교제의 원천이 될 뿐만 아니라 함께 더불어 사는 사회건설에 초석이 되는 것이다.

개인 혼자만으로는 불가능한 일이라도 서로 의견을 나누며 짐을 나누어 질 때 가능하다는 것을 회의 중에 깨닫게 될 때 나 아닌 타인의 가치를 인정하게 된다.

다섯째. 회의는 자기 계발과 배움의 장으로써 필요하다.

한 사람이 기여할 수 있는 능력은 자신의 지식과 경험에 한정되지만 여러 사람의 지혜와 경험을 모으면 보다 넓은 배움의 기초를 마련할 수 있다.

회의는 참여자 누구나 자유스럽게 의견을 내놓을 수 있기 때문에 사람들은 자기 생각을 명확하게 정리하고 표현하며 다른 사람의 의견을 신중히 검토할 수 있는 능력을 학습하게 된다. 그뿐 아니라 자기 주장과 의견을 발표함으로써 지식과 경험을 평가받는 기회가 된다.

회의의 필요성을 강조하였으나 회의는 정말 필요한가라고 이의를 제기하기도 한다. 회의는 필요하기 때문에 개최하지만 달갑지 않은 회의도 있다.

첫. 달갑지 않은 회의라면 실행이 동반되지 않는 명칭뿐인 회의이다. 말하자면 회의를 연다는 행위 자체가 형식만을 중시하고 내용은 이지적이 되는 경우이다. 달갑지 않은 회의가 되는 것은 회의 운영방법에 문제가 있기 때문이다.

둘째. 책임을 전가하는 회의이다.

문제에 따라서는 도저히 혼자서 결단을 내릴 수 없는 경우 회의라는 장을 이용하여 책임을 분산시키거나 책임을 전가하는 회의는 불필요한 회의이다.

셋째, 의견을 경청하고 주도자의 의견을 전달하는 회의이다.

결과적으로는 앞의 명칭뿐인 회의와 통하는 성질의 회의로 여기에서는 참가자의 의견을 듣는 형식을 취하면서도 주도자의 의견을 전달하는 회의가 있다.

넷째, 효과가 의문시되는 회의이다.

회의는 어떤 효과를 기대하고 개최하는 것인데 효과를 기대할 수 없을 뿐만 아니라 의문시되는 회의도 있다. 회의는 개최하였으나 참가자의 충분한 협력을 얻을 수 없는 경우 또는 참가자의 멤버가 다 모이지 않은 회의 등은 달갑지 않은 회의이다.

다섯째, 주제와 내용이 부적절한 회의이다.

회의는 공식적인 성격이 있다. 따라서 회의에서 다룰 주제는 어느 정도 한정되어 있다. 따라서 그 한도를 벗어나는 것이 주제로 정해지거나 그것을 강행하려는 회의는 불필요한 회의이다.

3) 회의의 목적

회의는 당면한 문제를 해결하기 위해 모든 사람의 지혜를 모아 결론을 얻는 데 목적이 있다.

혼자의 생각보다는 여러 사람의 지혜와 경험에서 얻어지는 결론이 보다 지혜로운 생각이 된다. 그러므로 회의는 반드시 어떤 결론에 이르기 위하여 의도적으로 이끌어져야 한다.

회의는 대체로 문제해결의 목적과 상호협력의 목적과 활동평가의 목적 등으로 분석할 수 있다.

첫째, 회의는 문제해결을 위한 목적이 있다.

어떤 단체나 기관이 활동하려면 여러 가지 문제나 장애가 생기는 것은 당연한 일이다. 이러한 문제나 장애를 해결하려고 유용하게 활용되는 것이 회의라는 제도이다.

개인이 생각하는 데는 한계가 있으나 여러 사람의 지혜를 모으면 문제해결에 도움이 된다. 특히 정보가 넘쳐나고 전문적인 지식이 요구되는 현대에 있어서는 각종의 지식이나 정보를 가진 사람들이 모여서 협의하는 일은 앞으로 더욱 필요하게 되었다.

둘째, 과제를 나누어 주기 위한 목적이 있다.

회의는 상호간의 의식과 교류를 통하여 제시된 과제를 나누어 가지는 행위이다.

어느 일개인에게 짐을 지워주지 않고 각자 업무를 분담하여 나누어 짐으로 조직은 더욱 활성화되고 구성원은 동력화되고 책임감이 강조된다.

집단의 문제 해결 노력은 회원 상호간에 우호적 관계를 갖게 되고 협조 의욕을 불러 일으키게 되어 보다 활발하게 일하게 된다. 문제 해결할 방도를 민주적 절차로 발견해 놓고서도 특정인에 의해 과업이 독점되면 회의는 한낱 겉치레를 위한 속임수가 된다.

셋째, 활동평가를 하기 위한 목적이 있다.

단체나 기관이 어떤 문제나 장애를 해결한 다음 회의를 통해 정리되어야 한다. 문제 해결의 처리를 맡은 부서나 위원회가 추진 과정에서 적법성과 결과의 의미를 되새기며 재차 새로운 목표 수립과 활동을 전개할 수 있어야 한다.

사물의 조정이나 정보의 전달이라는 것은 문서나 다른 수단으로도 가능하지만 사람이 모여 대화하는 것이 능률적이다. 그리고 서로간의 이해의 바탕위에 토론을 통해 조정과 전달이 가능해진다.

사람들이 모여 각자가 저마다의 생각을 말함으로써 단순히 중지(衆智)를 모으는 데 그치지 않고 지혜가 발전될 뿐 아니라 예기치 않던 아이디어를 얻을 수도 있다. 회의에서 토론에 참가하여 의견을 발표하면 그 사건을 해결하기 위한 행동에 참가하게 된다. 그리고 공개된 장소에서의 발언은 자연히 책임이 수반되게 되고 그 결론이 비록 자기의 의견과 다르더라도 그 합의(合意)까지의 과정에 참가했다는 자각(自覺)은 중요한 것이다. 그래서 나도 참가하고 싶다는 충동과 인정받고 싶다는 욕망은 인간 공통의 것이므로 회의 참가는 이 욕망을 충족시켜 준다.

2. 회의 조직법(組織法)

어떤 일을 시작하든지 준비가 필요하다. 개인이 어떤 일을 시작하려고 할 때도 사전 계획이 있고, 준비하지 않으면 좋은 성과를 얻기가 어렵다.

그런데 많은 사람이 모여 보다 큰 일을 하려고 하면 몇 배의 준비가 요구된다. 모든 성공은 준비 여하에 달렸다고 해도 지나친 말이 아니다. 사소한 일이라도 빠뜨리지 않고 준비하여야 좋은 결과를 얻을 수 있다.

교회에서 청년회나 또는 전도회나 그밖에 어떤 회(會)를 조직하려면 교회 특성상 목사를 통해 당회에 알려 지도를 받아야 한다.

1) 발기인회(發起人會)

뜻을 같이하는 이들이 회(會)를 조직하여 바라는 어떤 목적을 보다 활발히 활동하려면 발기인(發起人)이 되어 회(會)를 조직하기 위한 준비를 하여야 한다. 발기인회를 결성준비회(結成準備會)라고도 한다.

발기인회는 회(會)를 결성하기 위하여 다음과 같은 일들을 준비하여야 한다.

(1) 창립총회로 모이려는 취지와 목적과 사업계획 등을 설명한 유인물이 준비되어야 한다.
(2) 창립총회로 모일 장소와 날짜와 시간도 작정되어야 한다.
(3) 총회를 사회할 사람과 그동안의 경과를 보고할 사람도 작정되어야 한다.
(4) 회칙(會則)을 위한 초안도 작성되어야 한다.

총회에 사회할 임시 회장과 임시 서기도 내정되어야 하고 이런 상황을 기록한 문서와 아울러 회집 통지를 발기인과 뜻을 같이할 의사가 있는 분들에게 총회 소집 통지서를 발송하여야 한다.

회를 조직하는 데 있어서 창립총회 전까지 사용한 비용은 발기인들이 담당하는 것이 좋고 만일 그럴 수 없어서 회의 부담으로 하려면 창립총회에서 승인을 받아야 한다.

2) 창립총회(創立總會)

창립총회는 이미 통지한 장소와 시간에 모여 발기인회에서 선정한 사람이 발기인 전체를 대표하여 사회를 맡는다.

　사회자는 개회를 선언하고 창립총회를 갖게 된 취지와 아울러 개회사를 한 후 경과보고를 맡은 이로 보고케 하고 임시 회장과 임시 서기를 선정한다.

　개회사를 할 때 창립총회에 참석한 이는 자동적으로 회원이 된다는 것을 표시하여 참석자 중에 "내가 회원인가?" 하는 의문을 가지지 않게 하여야 한다.

　사회자가 임시 회장으로 추천을 받을 때에는 추천한 사람이 표결을 대행하여야 한다. 사회자가 임시 회장으로 추천받고 자기가 자기를 가하냐, 부하냐고 표결에 붙일 수는 없기 때문이다.

　임시 회장이 선정되면 사회자는 회장에게 자리를 내주는 것이 원칙이지만 대개는 서기, 회계 등 임원 선거를 끝낼 때까지 임시 회장이 사회하다가 회장을 위시하여 선출된 임원들을 회중 앞에 소개한 다음 회장은 취임 인사를 한 후 회무를 계속 처리한다.

3) 회칙(會則)

　회(會) 조직에 무엇보다도 필요한 것은 회의 규칙 즉 회칙(會則)이다. 회칙을 헌장(憲章) 정관(定款) 혹은 규약(規約) 또는 규칙(規則)이라고 한다.

　회칙은 그 회의 성격과 목적을 명시하고 있다. 장(章) 조(條) 또는 항(項)으로 구분하지만 흔히 조(條)로만 표시한다.

　회칙에는 회의 명칭과 사무소의 위치를 명시하고 그 회의 목적과 사업 등을 구체적으로 간결하게 표시하여야 한다.

　회원의 자격과 권리와 의무 그리고 회원을 정회원 준회원 또는 명예회원 등으로 구분하여서 회원의 입회(入會) 퇴회(退會)에 관한 세칙(細則)도 회칙에 제시한다.

　임원의 선거 방법과 임기와 직무 등을 정한다.

　회칙의 개정은 일정 기간의 예고가 있어야 하고 출석 회원 3분의 2이상의 찬동을 얻어야 한다고 규칙에 명시하기도 한다.

4) 회원(會員)

회원의 종류는 대개 네 가지로 나눈다.
정회원, 준회원, 찬성회원, 명예회원.

(1) 정회원
정회원은 보통회원이라고도 한다.
정회원은 회원으로서의 자격을 구비하고 모든 권리를 행사하며 책임을 지고 의무를 이행하는 자로 회의 중심되는 일반회원이다.
정회원은 본인의 자원으로 회에서 입회를 허락한다.

(2) 준회원
준회원은 정회원은 못되나 앞으로 정회원이 될 회원으로 보조회원이라고도 한다. 회원으로서의 완전한 자격은 없고 권리가 제한되어 있다.
준회원은 발언권은 있으나 표결권이 없고 선거권 피선거권이 없다. 따라서 책임과 의무가 가볍다.
본인의 자원으로 입회되며 정회원이 되기 위한 훈련을 받는 회원이다.

(3) 찬성회원
찬성회원을 찬조회원이라고 하고 특별회원으로 자격, 권리, 책임, 의무에 관계없고 회비를 일정하게 내지 않으나 회의 사업을 위하여 특별히 많은 재정을 부담하는 회원이다.
찬성회원은 총회, 임원회 또는 월례회 등에서 추대와 승인으로 회원이 된다.

(4) 명예회원
명예회원은 명성이 높은 분을 회에서 추대하며 회원의 이름만을 가지게 하는 특수 회원이다.
찬성회원이 회의 재정을 부담하는 회원이라면 명예회원은 회에 이름을 내는 회원이다.

3. 회의의 종류와 역할

회의는 그 기능이나 방식에 따라 여러 형태로 분류될 수 있다. 그 범위를 줄여서 회의 구성원이 국가나 단체 같은 공공기관이 주최가 되는 회의와 사적 단체 즉 회사 협회나 클럽 등이나 종교단체의 회의로서 그 기구의 의사를 결정하는 민간인 주최의 회의가 있다.

그 구성 주최가 국내 국제로 구분되어 국내회의 국제회의로 분류할 수도 있다. 여기에서는 일반적 의미에서 민간 단체 또는 교회 단체를 중심으로 회의를 설명하려고 한다.

회의를 표현하는 용어로는 meeting이란 것이 있다. 구성원 전체가 회의 중간에 휴식을 취하면서 개최하여 폐회할 때까지 일정 기간에 모임을 의미한다.

1) 본 회의와 관계된 회의

(1) 정기회의(총회)

정기회의는 그 단체의 규칙으로 결정되어 있는 일시와 장소에서 상정(上程)된 사항을 심의하기 위하여 개최되는 회의를 말한다. 정기회의를 정기총회라고도 한다.

정기회의 기간에는 회의와 관련된 여러 모임이 휴식을 사이에 두고 연일 계속해서 열리는데, 이것들을 전체적으로 파악한다면 하나의 회의가 될 수 있다.

(2) 임시회의

특정한 의사를 행하기 위하여 임시로 모이는 회의를 임시회의라고 한다. 임시회의는 그 단체의 규칙에 정해진 바에 따라 회의를 소집하고 회의를 진행한다. 소집 통지서에 소집 일시와 장소 그리고 심의 상황을 명기하여야 한다.

임시회의는 예기치 않았다가 모이는 회의이므로 소집 통지서에 명기된 안건만 처리하는 이유는 회원들에게 처리할 안건을 공약하였기 때문이다.

(3) 계속회의

정기회의나 임시회의가 동일성을 유지하면서 일단 정회(停會)하였다가 다음 일시에 속행(續行)하는 회의를 계속회의라고 한다.

계속회의는 그 중간에 실질상 휴식이 존재하고 있으므로 이러한 뜻에서 계속회의를 recessed meeting이라고도 한다.

계속회의에서는 의사(議事)를 전회(前會)에 마친(終)부분부터 재개되며 전회에 계속 중이었던 의사나 그 제안을 폐회 때와는 달리 그대로 남아 다음 회의분으로 넘어오게 된다.

계속회의는 여러 번 계속되어도 무방하다. 정기회의나 임시회의가 개최된 후에 계속되는 회의는 최초의 회의의 연장된 회의로 간주한다.

2) 회의에서 맡은 일을 하는 회의

(1) 임원회(任員會)

임원을 역원(役員)이라고도 하며 대개는 적어도 회장(의장), 서기, 회계는 회의에 절대 필요한 임원이다.

임원은 본 회의에서 맡겨준 일들을 처리하여야 하며 본 회의가 폐회된 후에 본회의에 관계된 일들을 살피며 봉사할 권리와 의무가 있다.

① 회장 또는 의장

회장은 그 회의 우두머리로 대표자이며 책임자로 회의를 맡아 진행하는 자이다. 회장을 의장이라고도 부른다.

회장은 회의 진행에 예의, 질서, 절차를 흔들리지 않게 책임져야 한다. 그러므로 회장은 무엇보다도 회의 진행법에 능통하여야 한다.

회장이 결석하거나 사고가 있을 때는 부회장이 회장을 대신한다. 부회장이 2인일 때는 제1부회장이 회장을 먼저 대행한다.

부회장이 없을 때는 직권 회장이나 회에서 임시의장을 선출하여 회장을 대행하게 할 수 있다.

② 서기

서기는 회의의 모든 필요한 문서를 맡아 처리하며 보관할 뿐만 아니라 회장을 도와 회의 진행을 잘 할 수 있게 조언하며 협력하여야 할 중대한 책임이 있다.

그러므로 서기는 회장 이상 회의법 진행에 능통하여야 한다. 외국에는 회의법에 전문가인 회의사(會議士)가 있어서 회의에 참석하여 회의법에 관한 지식을 사회자에게 조언해 주는 제도가 있다.
 미국에는 회의사의 등록제도가 있어서 회의사 전국단체가 있다. 회의사의 주관 임무는 회장 가까이에 자리를 정하고 회장 보좌역으로서 일을 맡고 있다.
 그러므로 한국에서는 서기가 회장의 보좌역이 되어야 한다.
 서기의 임무는 다음과 같다.
 ㉠ 회원 명부를 항상 정리해 두어야 한다.
 ㉡ 회록을 정리 보관한다.
 ㉢ 회원 점명이나 점검을 맡아 한다.
 ㉣ 서신을 발송하고 접수하며 처리하고 보관한다.
 ㉤ 회의 때 회록을 작성하고 낭독한다.
 ㉥ 회의 역사적 자료를 보관한다.
 회록은 회의에서 의결된 사항과 보고된 것을 기록하고 보관되어야 한다. 회록은 간단 명료하게 쓰는 방법과 세밀하게 쓰는 방식이 있다. 간단한 방법은 결의 사항만 쓰고 세밀한 방식은 문구를 분명하게 만들고. 결의사항은 동의자. 재청자의 이름까지 쓴다.
 서기는 회의하는 동안에 회록을 초잡고 회의에서 회록이 접수된 후에 정서하여 회장과 서기가 도장을 찍어 보관하여야 한다. 회록은 후일에 법적 문제가 생길 때 증거 서류가 된다.
 서기를 돕는 부서기도 있을 수 있고 회록서기와 부서기를 두기도 한다. 속기록 서기를 두어 회의에서 발언된 것을 일일이 기록하여 후일에 참고로 삼을 수 있다. 요사이는 녹음기가 있어서 회의중 발언한 것을 녹음하면 참고하기에 좋다.
 ③ 회계
 회계는 회의 재정을 취급하며 보관과 아울러 금전의 수입 지출을 맡아 그 처리 사항을 분명히 기록하여야 한다.
 회계는 때로는 회의에서 정해진 감사의 감사를 받고 회계 보고를 본회의에서 할 책임이 있다.
 회계의 임무는 다음과 같다.

㉠ 회의 재산 목록을 정리 보관한다.
　㉡ 회계 장부와 회계서류를 정리한다.
　㉢ 달마다 월말 재정보고를 한다.
　㉣ 연말에는 한해의 회계보고를 한다.
　㉤ 정기회의(총회)때 감사가 감사한 결산보고와 예산 위원회가 작성한 예산안을 본회의에 제출하여야 한다.
　회계는 때로는 회의 운영을 위하여 자금을 변통할 능력도 있어야 한다. 회계를 돕기 위하여 부회계를 둘 수 있다.
　임원회는 회장이 직책상 회장이 되어 정기회의나 임시회의의 개최를 위한 준비와 폐회 후에 회의의 뒷처리를 한다.
　임원회는 본 회의에서 맡겨진 사항이나 긴급한 사항 등을 처리한다. 임원회가 맡아 처리한 안건은 본 회의 때 보고하여야 하고 회의 발전을 위해 좋은 안건을 회의에 상정할 의무와 권리가 있다.
　(2) 부회(部會)
　회의에서 그 회의 목적을 달성하기 위하여 여러 부서(部署)를 둘 수 있다. 회칙에 각 부서의 명칭과 인원수와 사업 등을 구체적으로 제시한다.
　부회는 회의에서 위촉받은 일들을 연구하고 결정하면 다시 본 회의에 보고하고 승인을 받고 이를 실행하는 기관으로 회의 성격에 따라 여러 부를 둔다.
　부회의 인원수와 사무는 회의 규칙에 명시되어야 한다. 부회의 인원은 본 회의에서 직접 선정할 수도 있고 공천위원이 맡아 공천할 수도 있다.
　부회의 부원은 기수로 하되 부장은 부회에서 선정하기도 하고 본 회의에서 정하기도 하며 첫번부터 부회를 소집할 책임자는 공천부가 지명하거나 부원 명단 첫 머리의 회원이 사회를 맡아 부장을 선택할 수도 있다.
　부장은 부회의에서 결정된 사항을 본 회의에 보고한다. 본원은 부회에서 제안하는 결의안을 본 회의에서 반대 발언을 할 수 없다. 왜냐하면 부회에서 제안하는 것은 부는 제안자가 되기 때문에 부원이 반대하는 것은 도의상 있을 수 없다. 부원은 1년조, 2년조, 3년조로 조직하여 해마다 교체한다.

(3) 위원회(委員會)

위원회는 본 회의에서 위촉받은 안건들을 연구하고 결정하여 본 회의에 보고하고 본 회의의 승인을 받아 이를 실행하는 특별기구이다.

위원회의 사무는 회칙에 분명히 규정되어 있어야 한다. 위원은 본 회의에서 직접 선정하는 것이 원칙이나 본 회의가 결의하여 회장에게 지명시킬 수도 있고 공천위원회에 맡겨 공천케 할 수도 있다. 공천위원은 이에 본 회의에서 선출한 자들이어야 한다.

위원의 수효는 기수로 하되 적어도 세 명 이상이어야 한다. 위원장은 위원회에서 선정하기도 하고 본 회의에서 선정하기도 한다. 첫번 위원회를 소집할 책임자는 본 회의나 공천위원회에서 지명할 수도 있다.

위원장은 위원회의 결의사항을 본 회의에 보고한다. 위원회의 결의가 전원 일치 가결하면 무방하다. 다수결이라면 보고할 때 반대측 의견도 보고하는 것이 좋다.

위원이 위원회에서 보고하는 결의안을 반대하는 것은 도의상 불가하다. 왜냐하면 위원회의 결의안으로 제안하기 때문이다.

의안 중에는 본 회의에서 많은 회원들이 심의하는 것보다 그 의안에 지식과 경험이 풍부한 몇 사람의 위원을 뽑아서 연구시키고 결정 짓게 하여 보고시켜 그 보고를 접수하거나 퇴각하는 것이 회무처리상 좋게 생각되어 위원회를 두게 되는 것이다.

위원은 반드시 회원이라야 한다. 그러나 때로는 회원이 아니더라도 전문가를 초청하여 의안 심사와 결정에 도움을 받을 수는 있다. 위원회는 크게 나누어 아래의 세 가지가 있다.

• 상임위원회
• 실행위원회
• 특별위원회

① 상임위원회

상임위원회는 일정한 기간을 두고 회칙에 규정된 회무를 행한다. 이들을 분과위원회라고도 하며 또는 부(部)라고도 한다. 위원은 부원이라고 부른다.

분과위원회나 부(部)는 회의 성격에 따라 여럿이 있게 된다. 가령 종교부, 사교부, 운동부 등으로 나누든가 전도위원회, 교육위원회, 음악위원회, 회원자격 심사위원회 등으로 나누어 사업을 분담시키는 것이다(2항을 참조할 것).

② 실행위원회

실행위원회는 집행위원회라고도 하며 실행부회라고도 한다.

실행위원회는 각 위원장으로 조직한다. 실행위원회는 본 회의를 열기가 어렵거나 또는 사무적인 일을 하게 될 때 회의 각 책임자들이 모여서 사무적 협의와 행정을 하는 본 회의 대행기관이다.

실행 위원장은 회장이 겸임하고, 회의 운영은 실행 위원회의 기능에 좌우된다고 할 수 있다.

③ 특별위원회

특별위원회는 상임위원회가 할 수 없는 사무를 맡는 위원회인데 대체로 임시적인 성격을 띠며 특별한 목적을 갖게 된다. 그러므로 그 목적이 달성되면 자연히 해소된다.

특별위원회를 소(小) 위원회라고도 하는데 특별위원회를 다 말할 수 없으나 대개 이러한 위원들이 있다.

㉠ 순서위원

회장을 도와 회의 순서를 만들고 순서를 잘 진행케 한다.

㉡ 정리위원

회의 장소를 정리하는 위원으로 사찰이라고도 한다.

㉢ 공천위원

본 회의의 위촉을 받아 위원이나 임원이나 대표를 선정하여 본 회의에 보고하고 승인을 받아야 한다.

㉣ 전형위원

후보자를 본 회의의 결의대로 추천하여 본 회의에 내놓는다.

㉤ 개표위원

표결의 가부표를 분명히 계수하고 투표용지를 나누어 주고 걷고 결과를 보고한다. 개표위원을 감표원(監票員)이라고도 한다.

ⓑ 규칙위원

회장이 규칙을 판단하는 것이 보통이지만 회원이 회장을 규칙위반자라고 할 때는 규칙을 해석 판단해야 한다.

회장이 규칙에 대해 문의할 때도 응답하여야 한다.

ⓢ 영접위원

손님을 영접하며 회장에게 알려 회중에게 소개하도록 하여야 한다.

ⓞ 치하위원

회의중 수고하며 애쓴 이들의 노고를 회중에게 보고한다.

이 외에도 경우에 따라 특별 위원이 있을 수 있다.

4. 회의의 분류

회의는 그 목적, 성격, 시기, 참가인원 등을 보아 아래와 같이 분류할 수 있다.

1) 시기로 본 분류

(1) 정기회의

회칙에 정한 시기에 모이는 회의로 정기회의 또는 정기총회가 있고 달마다 모이는 월례회, 정기임원회, 정기위원회 등이 있다.

(2) 임시회의

회의를 모일 필요가 있을 때 임시로 모이는 회로 임시총회, 임시임원회, 임시위원회 등이 있다.

2) 성격상으로 본 분류

(1) 총회

가장 중요한 회의로 임원이 개선되고 회칙 개정도 할 수 있다. 총회에는 정기총회와 임시총회가 있다.

(2) 월례회

다달이 모든 회원이 모이는 회의이다.

(3) 임원회

임원만이 모이는 회의이다.

(4) 위원회

위원만이 모이는 회의이다. 실행위원회 혹은 실행부회라고도 한다. 정기회와 임시회가 있다.

(5) 독회(讀會)

독회는 일반 회에서 회칙안(會則案)이나 예산안(豫算案)을 심의할 때에 밟는 회의 절차이다.

독회의 절차를 세 단계로 나눈다.

① 제1독회

제1독회에서는 제안한 사람의 설명을 듣고 질문과 대체 토론이 있은 후 제2독회로 넘기느냐 안 넘기느냐를 결정한다.

제2독회로 넘길 때에 제안의 내용을 고쳐서 넘길 필요는 없다. 왜냐하면 내용은 제2독회에서 고치는 것이다.

그런데 내용을 고쳐도 그 제안이 아무런 가치가 없다는 결론에 이르면 제2독회에 넘기지 않기로 결정된다. 그러면 그 제안은 자연히 폐기된다. 더 심의치 않는다.

② 제2독회

제2독회에서는 한조목 한조목씩 따라서 심의하고 수정한다. 이것을 축조심의(逐條審議)라고 한다.

이 때에 수정안(修正案)이 많이 나오게 되는데 수정안은 원조항과 대조하면서 차곡차곡 따져나가야 한다.

수정안이 없는 조항은 그냥 통과시킨다. 제2독회가 끝나면 으레 제3독회로 넘어간다.

③ 제3독회

제3독회에서는 제2독회에서 수정한 결과를 가지고 그 제안 전체를 통과시키느냐 않느냐 하는 것을 결의하는 것이다.

제2독회에서 잘 수정했다는 것도 제3독회에서 부결시킬 수 있다.

그러나 제안의 내용 수정은 제3독회에서 못한다. 잘못된 글자와 글은 고칠 수 있고 서로 모순되고 저촉될 때에는 그것들만을 고칠 수 있다.

회의안이나 예산안 중에도 간단한 것은 독회의 절차를 밟지 않고 일반 의안처럼 처리해도 좋다.

5. 정족수(定足數)

모든 회의는 의안을 심의하고 의결하는 데 필요로 하는 참석자가 있어야 한다. 이 때 회의에 필요한 일정한 수효의 참석자 수를 정족수 또는 성수(成數), 정원수(定員數)라고도 한다.

정족수는 회의 성립 요건으로 회의 진행에 중요한 의미가 있다. 정족수만큼에 회원이 참석하지 않으면 개회를 못한다. 개회를 했을 경우에도 회의 도중에 성원수가 못되면 회의를 중단하는 것이 원칙이다. 그러나 잠깐 자리를 뜬 것이라고 인정하고 회의를 계속하는 것이 통례이다.

그런데 투표를 할 때는 문제가 된다. 투표수가 성원수가 못되면 투표가 무효가 되기 때문이다.

정족수만큼의 구성원 수가 출석되지 않으면 전회의 의사록(회록)의 낭독과 승인, 심의, 의결은 할 수 있어도 의사(議事)는 무효가 되는 것이다.

정족수를 정하는 목적은 소수자의 독단 전횡을 막고 부재자의 권리를 지키며 가급적 다수가 참가하여 충분한 토론을 거쳐 공정 타당성 있게 의사결정을 갖기 위하는 데 있다.

정족수는 재적(在籍) 정족수와 법정(法定) 정족수의 두 가지가 있다. 재적 정족수의 경우에는 재적수가 늘거나 줄음에 따라 변화가 생기지만 법적 정족수에는 변화가 없는 것이 특색이다.

회의를 할 수 있는 정족수를 의사(議事) 정족수라 하고 표결(票決)을 할 수 있는 정족수를 의결(議決) 정족수라고 한다.

1) 의사(議事) 정족수

의사 정족수는 회의를 개회하는 데 있어야 하는 성립 요건인 동시에 회의를 계속하는 데도 필요한 계속 요건이 된다. 그러기에 회의 중 의사 정족수가 부족할 때는 회장은 회의 중지를 선포하고 의사 정족수가 될 때까지 기다리거나 회의장 밖에 있는 회원들을 회의장으로 들어오도록 하고 회의를 다시 열어야 한다.

그래도 의사 정족수가 부족할 때에는 회장은 산회(散會)를 선포할 수밖에 없다.

그렇지만 의사정족수를 문제삼지 않으려는 분위기일 때에는 회장은 회의를 속행하는 것이 능률적이요, 생산적인 사회방법이라고 할 수 있다.

회원이 회의에 참석하는 것이 의무로 된 단체의 경우에는 정족수가 높고, 출석이 임의 출석으로 봉사적인 회원일 때는 정족수가 낮은 것이 보통이다. 그러므로 의사정족수의 수효는 그 단체의 특성에 따라 미리 정해 놓을 수도 있고 또 수효를 정해 놓을 수 없는 단체도 있다. 이 경우는 출석회원의 수를 미리 예측할 수 없기 때문이다.

예컨대 동창회 같은 단체는 정관에다 정원수를 정해 놓지 않고 "의사결정수는 출석회원으로 한다"고 정하기도 한다.

2) 의결(議決) 정족수

의결 정족수에는 재적회원의 3분의 2이상, 출석회원의 3분의 2이상, 재적 회원의 과반수(過半數), 출석회원의 과반수 등 여러 가지가 있다.

회장은 의안을 표결하려고 할 때 의결 정족수가 부족하면 표결의 중지를 선포하고 의결 정족수에 맞을 때까지 기다렸다가 다시 시작하여 표결하거나 의결 정족수에 달할 것 같지 않을 때에는 산회(散會)를 선포해야 한다.

(1) 재적회원 과반수와 출석회원 과반수의 경우

과반수에는 재적회원 과반수와 출석회원 과반수의 두 가지가 있다. 예를 들어 100명의 회원을 가진 단체에서 재적회원의 과반수는 51명 이상 100여 명까지를 말한다.

출석회원 과반수는 첫번 의안을 표결할 때 출석회원이 51명이었다고 가정하면 이때 출석회원의 과반수는 26명부터 51명까지를 말한다.

만약 두번째 의안을 표결할 때 출석회원이 61명으로 늘어났다고 가정하면 이 때의 출석회원 과반수는 31명부터 61명까지를 말한다.

이상과 같이 같은 날의 회의라고 해도 출석하고 있는 회원수의 변동에 따라서 출석회원 과반수의 수효는 달라진다.

따라서 어떤 의안을 표결에 부치려고 할 때에는 출입문을 닫고 서기는 현재 출석하고 있는 표결수를 미리 계산하여 그 때의 과반수 숫자를 미리 발표하고 표결에 들어가야 한다.

(2) 재적회원 3분의 2이상과 출석회원 3분의 2이상의 경우

표결의 의결 정족수 방식이 3분의 2이상이 되어야 하는 방식에는 재적회원의 3분의 2와 출석회원 3분의 2이상인 두 가지가 있다.

예컨대 100명의 회원을 가진 단체에서의 재적회원 3분의 2이상은 67명부터 100명까지를 말한다.

출석회원의 3분의 2이상일 때에는 첫번 의안을 표결할 때는 출석회원이 60명이었다고 가정하면 이 때의 출석회원 3분의 2이상은 40명부터 60명까지를 말한다.

그런데 두번째 의안을 표결할 때 출석회원이 90명으로 늘어났다고 가정하면 이때의 출석회원 3분의 2이상의 수효는 변동하고 있음을 뜻한다.

예를 들어 100명의 단체에서 출석회원 과반수로 가결되는 의안을 표결하려면 51명 이상이 출석하고 있어야 하지만 재적회원 3분의 2이상으로 가결되는 의안을 표결하려면 67명 이상이 출석하고 있어야 한다.

3) 정족수의 산정기준

정원이 있는 단체는 법적 인원수와 현재 인원수(결원을 제외한 수)가 있다. 결원은 사망, 제명, 자격 정지가 발생했을 때에 생긴다.

법정 인원수가 없는 단체도 장기 무단 결석자, 장기 회비 체납자를 맹목적, 형식적 구성원수에서 제외하고 있으므로 이 경우를 명확히 하기 위하여 규정을 두어 무자격자와 구별하여 정족수 산출에 필요한 구성원 자격을 명확히 하고 있다.

회장은 정족수 계산에 산입되나 다만 구성원이 아닌 회장은 산입하지 않는다. 위임장을 가지고 회원을 대신하여 대리가 온 경우에 회칙이 이를 출석으로 인정하게 되었으면 몰라도 그렇지 않은 경우에는 정원수 안에 들지 못한다.

회칙에는 없어도 위임장을 가지고 온 대리가 출석으로 인정받고 환영받는 경우도 있다.

㉠ 출석회원 3분의 2이상의 숫자 산출법은 이렇다.

가표(可票, 3분의 2이상)는 재적 회원수에서 가표(可票)를 뺀(減) 수의 2배 이상이 되어야 한다.

㉡ 재적회원 3분의 2이상의 수효계산법은 이렇다.

가표(可票, 3분의 2이상)는 재적회원수에서 가표(可票)를 감(減)한 수의 2배 이상이 되어야 한다.

예)12의 3분의 2는 8
　　14의 3분의 2는 10
　　20의 3분의 2는 14

※ 20의 2/3는 14가 되는 까닭은 20-14=6
즉 14는 6의 2배인 12를 초과하고 있기 때문이다.
20의 2/3는 13이 되지 않는 까닭은 20-13=7
즉 13은 7의 2배인 14를 초과하고 있지 않기 때문에 2/3가 안된다.

4) 정족수의 확인과 유지

서기가 회원을 점명하여 정족수를 확인한 후 인원수를 회장에게 알려주면 회장은 자리를 잡고 의사봉을 두드려 개회선언을 하고 의사에 들어간다.

만약 정족수가 부족할 때는 회장은 다음 사항을 고려해 보아야 한다.

첫째, 정족수 확보를 위해 무엇을 할 것인가? 다시 출석을 독촉하여 정족수를 확보할 수 있을 것인가?

둘째, 휴식을 취할 것인가?

셋째, 다음 회의의 일시와 장소를 정해서 연회(延會)할 것인가?

물론 이상의 상황을 정하는 데는 정족수의 출석이 없어도 회장의 재량으로 결정이 가능하다.

회의를 진행하다 보면 정족수가 미달이 되는 경우가 있다. 이 때는 정족수 부족으로 회의를 계속할 수가 없으므로 회장은 회의 중지를 선언해야 한다. 회장이 그렇게 하지 않을 때는 회원 중 누군가가 의사 진행에 관한 이의를 제기하여 출석자의 수를 세어볼 것을 요구하여야 한다.

이것을 의사 진행에 관한 문제 제기라고 부른다. 좀더 간단히 표현하여 정족수에 관한 질문을 다음과 같이 말해도 무방하다.

"회장 정족수 부족합니다."

이러한 정족수 상의 이의나 질문은 회장의 지명을 기다릴 필요없이 어느 누구의 발언 중에도 발언할 수 있다. 발언 중인 회원은 이때 즉시 착석을 해야 한다. 정족수에 대한 이의 발언자는 현 진행중인 발언이 끝날 때까지 기다려주는 수도 있다. 명확히 정족수가 참석하고 있는데 이런 이의나 질문을 반복할 때는 명확한 회의법 위반이 된다.

2장
회의의 진행

1. 회의와 회원
2. 회의와 회장
3. 회의의 진행
4. 회의법
5. 선거

회의의 진행

 회의가 합리성에 지나치게 의존하거나 법칙성만을 고집하게 되면 오히려 개인의 판단보다 못할 경우들이 생겨난다.
 개인적 판단이 가져올 오류보다는 집단적 가치를 소중히 여기기 때문에 여기에 합리성을 부여하게 되는 것이다.
 따라서 회의는 회의가 저지를 수 있는 실수나 역효과에 대해 신축성 있게 대처해 나가야 한다. 그러기 위해 회의가 만능이 아니라는 사고로부터 출발하는 것이 회의의 중요한 요건이 된다. 회의가 회의다워지기 위하여 여러 조건이 구성요소로 등장하게 된다. 예를 들면 평등한 인간관계, 합리적 사고와 공공정신, 문제의식의 공감적 수용, 개방적 사고 및 허용적 태도, 진행기술의 묘와 운영요령 등이 요구된다.
 그러나 무엇보다도 중요한 것은 회의를 이끄는 회장과 회의에 참석한 회원의 의식 수준과 삶의 지혜가 얼마나 가치있게 활용되느냐에 달려 있다.
 회의의 성패는 회의를 구성하고 있는 회원의 인격과 사상과 행동에 좌우된다고 해도 지나친 말은 아니다. 그러므로 회원과 회장은 그 회의의 주체이다.
 회의에서 어느 개인이나 특정인의 독무대가 되거나 자기 과시의 기회로 활용되면 그 회의는 실패하게 되고 회의의 주체가 인격적이며 윤리적인 책임을 갖고 문제해결을 위해 노력하면 성공적인 회의가 된다.

1. 회의와 회원

어느 회의이든지 회를 구성하는 회원의 종류는 대개 정회원, 준회원, 찬성회원, 명예회원 등 네 가지로 구분한다. 정회원은 보통회원이라고도 하고 회의에 중심적 역할을 하는 일반회원이다(본서 총론 회의 조직법중 4항 회원을 참조할 것).

1) 회원의 마음가짐

회의의 성패(成敗)를 좌우하는 것은 개인적으로는 회장이 가장 큰 비중을 가지고 있다. 그러나 회원은 인원이 많기 때문에 그들의 태도에 따라 회의가 진행될 수 있다. 그러므로 회의를 빠르게 진행시키기 위해서는 무엇보다도 회의 규칙을 잘 알아야 됨은 말할 필요도 없고 온갖 문제에 대하여 좌우로 치우치지 않는 확고한 판단력을 가져야 한다.

회의에서 다루는 문제에 대하여 똑똑히 자기 생각을 발표할 만한 용기를 가지는 회원이어야 한다. 그리고 자기 의사를 표시한 사항에 관해서는 철저하게 그 책임을 질 수 있는 인격자이어야 한다.

회원이 개회 시간 전에 참석한다는 것은 당연한 일이지만 실행하기 어려운 일 중의 하나이다. 시간의 여유를 가진다는 것은 마음에 여유를 가진다는 것과 같은 관계가 있다.

회원은 그 나름대로 자부심을 가져야 한다. 그런 마음이 있으면 자연히 태도에도 반영이 되고 회원 사이에도 마음이 통하는 품위 있는 회의가 진행된다. 회원들은 서로 협력하여 회의를 효율적으로 진행시켜야 할 책임과 의무가 있다. 그러므로 회의 전에 배포된 자료를 깊이 생각하고 회의에 참석해야 한다.

회의는 회원 전체의 협력없이는 안되므로 서로의 협력과 아울러 회의의 리더인 회장에 대해서는 존경과 순종심을 가져야 한다.

사람이 모이는 곳에는 어떤 룰(Rules)이 있다. 사람들은 그 룰을 따라 사물을 정하는 것은 그것이 가장 타당한 방법이라고 다수의 사람들이 생각하기 때문이다.

다소 룰에 대하여 불만이 있어도 회의를 질서 있게 진행하기 위해서는 어느 정도의 규제는 어쩔 수 없다. 그런 의미에서 회원들은 규칙의 제약은 감수하여야 한다.

(1) 회원은 예의를 지켜야 한다.

민주주의 제도하에 회의는 회원 대다수의 의견을 따라야 한다. 서로 다른 의견을 가지고 얼마든지 토론을 할 수 있다. 회의에 있어서 토론은 필요하므로 권장한다. 왜냐하면 한 문제를 여러 각도로 따지고 캐고 토의하여야 좋은 결론을 끌어낼 수 있기 때문이다.

서로 다른 의견을 가진 회원들이 토의하는 중에 좋은 해결방안을 얻을 수 있다. 그러나 토론을 하다보면 반박이 나오게 되고 반박 중에는 감정에 끌려 불미한 언사가 나오기 쉬우나 언쟁은 회의에서 금물이다. 토론은 얼마든지 환영할 일이지만 언쟁은 토의가 아니기 때문에 피해야 한다.

발언하고자 하는 회원은 반드시 회장의 허락을 얻어 발언해야 한다. 회장의 허락없이 발언하는 회원에게 회장은 발언을 중지시킬 수 있다.

몇 가지 예외를 제외하고는 다른 회원의 발언중에는 발언하지 않는 것이 예의이다. 발언을 방해하는 회원이 있으면 "발언중"이라고 외쳐서 그를 제지할 수 있다.

발언은 의사 진행상의 의제에서 그 범위를 벗어날 수 없다. 그 의제에 관계가 있는 발언이라도 단계를 넘는 발언은 허용되지 않는다.

발언자가 회장을 향해 발언하지 않고 상대자를 향해 말하거나 누구누구의 이름을 지적하여 말할 수는 없고 회장을 향해 말하되 "마지막 말씀하신 분" "아까 어떤 분" 이런 말투로 지적하며 말해야 한다.

회원이 발언 중에 예의에 벗어나는 행동을 하면 회장으로부터 제지를 받게 된다.

(2) 회원은 질서를 유지해야 한다.

시간을 지킨다는 것은 회의 때만 중요한 것은 아니지만 회원은 회의 시간을 반드시 지켜야 한다.

개회 시간만 아니라 정회(停會) 했다가 속회(續會)할 때나 위원회나 소회의(小會議)로 모일 때도 시간은 엄수되어야 한다. 회원이 시간을 지키는 것은 회의 질서의 첫걸음이다.

회원이 발언하려면 회장으로부터 발언권을 얻은 후에 발언하는 것은 회의의 질서를 유지하기 위함이며 남의 발언중에 발언하지 못하는 것도 발언자의 인격을 존중함과 동시에 질서를 위함이다. 발언하는 회원은 일어서서 간단하고 조리있고 사리에 맞게 발언하여야 한다. 그러므로 회원은 토의할 의제에 관하여 미리 연구해야 즉흥적으로 처리됨을 방지할 수 있고 전체 의사의 결정이라는 회의의 기능을 발휘할 수 있다.

2) 회원의 임무와 책임

(1) 의제에 대하여

회원은 미리 알려진 의제에 대하여 사전에 연구해 두는 것이 필요하다. 한정된 시간으로 효율적인 의사를 진행시키기 위해서 의사내용을 사전에 충분히 검토하지 않으면 바람직한 발언을 할 수 없다.

필요한 때는 자기 발언의 내용을 갖고 다른 사람과의 협력을 모색해야 한다. 전문가의 의견을 미리 청취해 두어야 한다. 그리고 찬·반의 의견과 대안도 반드시 생각해 두어야 한다.

제안을 설명할 때는 제안한 의견을 찬성해 달라는 이유를 설명하여 회원을 설득시키는 데 목적이 있는 만큼 제안은 무엇을 어떻게 하고 싶다고 목적을 분명히 인식시켜야 한다.

자기의 제안이 표결되어 실행하면 그 문제는 어떠한 상태로 개선된다는 결과를 설명하여야 한다. 그리고 자기의 제안이 실행될 경우에는 어떠한 단점이 있다는 것과 그 단점을 미연에 방지할 수 있는 방안까지 지적하여야 회원들의 호응을 얻을 수 있다.

대부분의 회원들은 발언자가 찬성이냐 반대쪽이냐의 결론부터 먼저 알고 싶어하기 때문에 발언에 있어서 결론부터 말하고 그 이유를 설명해 나가는 역산법(逆算法)을 쓰는 것도 효과적일 수 있다.

(2) 회원과의 관계에 대하여

회의란 뜻과 목적을 같이하는 사람들의 모임이지만 각자의 의견이 다

같을 수는 없어서 때로는 대립이 되는 때도 있다. 그러나 의견의 대립을 인간 관계에 결부시키지는 않아야 한다.

개인 공격이나 감정적 발언으로 다른 회원을 불쾌하게 해서는 안된다. 토론이 격렬해져서 가열되면 감정에 치우쳐서 상대자에게 자극적인 언사가 나올 때가 있다. 이런 상태에서 공정한 의견 교환이 되기는 어렵다. 발언자는 상대자에게 자극적 언사는 피해야 하며 듣는 사람도 자중해야 한다. 그리고 발언 시간을 독점하여 다른 회원의 발언 기회를 빼앗거나 적대의 색을 가지고 무턱대고 불평을 해도 안된다.

개인의 이해관계나 친, 불친관계나 체면 때문에 옳지 않다고 생각하면서도 타협이나 영합하는 행동이 되지 않도록 공명정대하게 처신하여야 한다. 상대방을 이해하며 존경하는 마음자세를 가져야 한다.

(3) 회의 진행에 대하여

회의는 일정과 시간을 정해 놓고 그 날짜와 그 시간에 마치는 것이 바람직하고 당연한 일이기도 하다.

그런데 회의가 시작되면 시간에는 염두에 없고 자기 의견 발표에만 주력하거나 의제 외의 이야기만 반복하는 회원도 있다. 중요하지도 않은 문제에 많은 시간을 허비하고 진정으로 심도 있게 다루어야 할 문제는 시간이 촉박하다는 이유로 소홀히 처리하는 경우도 있다. 그러므로 회원은 회의 진행에 간접적인 무언의 협력자가 되어야 한다. 회원은 회의 진행의 책임을 회장과 함께 져야 한다.

예정된 시간에 회의를 끝마치는 것은 회장만의 책임이 아님을 회원은 기억하여야 한다.

(4) 회의의 효과에 대하여

회의를 시작하기 전에 그 회의가 정말 필요한가에 관해 일단은 체크해 보는 것이 중요하다. 회의를 여는 목적을 잘 검토해 보는 것이다. 좀더 간단한 방법은 없을까? 회의 아닌 다른 방법은 없을까? 그러나 회의 이상의 더 좋은 방법이 없어서 회의를 연다면 효과 있는 회의가 되기 위한 방법은 무엇인가?

회의는 계획에서부터 준비, 실행에 이르는 과정에서 어떤 효과를 얻었는가를 반성해 보아야 한다.
 회의를 계획하고 이것을 마치게 되기까지 여러 단계의 절차를 밟는다. 그리고 그 절차를 예정대로 진행하기 위해 많은 사람들의 협력을 받아야 한다. 그런데 회원들 사이에 협동심이 부족하면 외형적으로는 그럴싸하게 보여도 내용은 부실하기 쉽다. 결국 서로가 만족한 일을 할 때 비로소 협조성의 효과가 확인된다.
 여러 가지 타입의 사람과 함께 일을 한다는 것은 생각보다 어려운 일이지만, 협조라는 원활유를 통해 회의의 회전이 가능하게 되면 회원들이 어느 정도는 의식적으로 행동하지 않을 수 없다.
 회의는 의견의 절충과 교환을 위해 토의하는 동안 자기 입장만 생각하는 사람들이 다른 사람을 이해하게 되고 다른 사람의 생각에 귀를 기울이게 되는 것이다. 이런 과정을 통해 회원들이 인간관계의 이해와 협조를 향해 전진하게 된다.
 이런 과정에서 유익한 인간관계의 필요성을 실감하는 동시에 그 증진이 회의의 효과를 나타내게 된다.

(5) 회원의 책임에 대하여

 회의에서 의사가 결정되면 회원들은 공동 책임과 그 의무를 인식하여야 한다. 한가지 한가지 결정된 사건에 대해 회원 각자가 책임감을 갖고 실행할 때 최종적으로 큰 일을 완성하게 된다.
 어지러운 단체의 속사정을 살펴보면 회의에서 다수결이나 만장일치 가결이 없는 것은 아닌데 회원들이 그 결정을 따르지 않기 때문에 문제가 되는 것이다. 그러므로 회원은 회의에서 결정된 의안들을 성실한 태도로 실천하는 자가 되어야 한다.
 회원은 회장의 판단에 협조자가 되어야 하지만 회장이나 회원이 규칙을 어기면 회원 누구라도 언제든지 "규칙이오" 말하면서 항의할 수 있다.
 주어진 일을 책임감을 갖고 성실하게 수행한다는 것과 객관적이며 공정성을 지킨다는 것은 회원의 기본적인 자세이다.
 회원은 자기의 의견을 충분히 발표할 권리가 있는 동시에 타인의 의견을 인내력을 가지고 끝까지 들을 의무도 있다는 것을 명심하여야 한다. 그러므로 회원이 정당한 평가를 얻기 위해서는 상당한 노력과 세심한 주의가 요구된다. 회원은 회의의 성격과 목적을 분명히 알고 회의의 발전을 위해 헌신하여야 한다.

2. 회의와 회장

인간이 있는 곳에 사회가 있고 사회가 있는 곳에 인간의 활동 조직이 형성되며 그 조직은 어떤 지도자에 의하여 유지 발전되어 가고 있다.

지도자는 그 조직내에서 감독적 지위에 있으며, 지도자는 피지도자에 대하여 영향력을 행사하며 지도자가 거느리는 조직으로 하여금 생산적인 활동을 하게 할 수 있는 능력을 가졌을 때 비로소 이러한 지도력을 발휘하는 자를 훌륭한 지도자라고 한다.

단체를 총괄하는 사람을 그 단체의 습관에 따라 회장, 의장, 사회자라고 부르는데 종교적인 큰 모임에서는 사회자를 Moderator라고 부른다.

회의가 성공하느냐 실패하느냐 하는 것은 회장에게 가장 큰 책임이 있다는 것을 생각하면 회장은 회의 규칙에도 밝고 덕망이 높아서 존경을 받는 사람이어야 한다.

회장이 지녀야 할 태도는 첫째 회의 진행에 관한 지식이 있어야 하고, 둘째 회의 진행에 공정해야 하고, 셋째 지도력이 있어야 하며, 넷째 예의가 밝아야 한다.

회의에 중심 역할을 맡은 회장 이외의 서기 회계 등을 임원이라고 하는데 회장을 보좌하는 책임이 있다.

1) 회장의 자격

회장의 일반적인 자격 요건으로 첫째는 회의법에 대한 지식이 있어야 한다. 회장은 회의법에 대한 정확한 지식과 풍부한 경험이 있어야 회의를 바르게 지도할 수 있다. 회의법에 대해 전문가일 수는 없으나 회의법에 대해서는 어느 회원보다도 잘 알고 있어야 회의를 절차에 어긋나지 않게 이끌어 나갈 수 있다.

둘째는 회장은 회의를 이끌어갈 사회술(司會術)을 조금은 구사할 수 있어야 한다. 회장은 회의법상 넓은 재량권을 갖고 있기 때문에 이를 바탕으로 회의 운영을 요령있게 이끌어 가도록 회의 운영상 기술적 측면도 체득하고 있어야 한다.

회원 중에 탈선 발언, 중복 발언, 지연 진술 혹은 질서를 문란케 하는 경우에도 회장은 회의를 원만히 진행시킬 책임이 있다.

2) 회장의 자질

회장은 그 회에서 회의 규칙에 따라 선출된 지도자이다. 지도자란 처음부터 타고난 것은 아니다. 다만 꾸준한 노력과 준비가 필요할 따름이다.

그러므로 회장은 법정 중립을 지키며 공명정대하고 성실한 태도를 유지하여야 한다. 회장에게 필요한 자질을 열거하면 다음과 같다.

첫째, 인격적인 자질이 있어야 한다.

공평하고 편견이 없는 사람이어야 하며 인내심과 끈기를 가진 자이어야 한다.

침착성과 자제력도 있어야 하지만 사교성과 적응성이 뛰어난 사람이면 더욱 좋겠고 그 위에 쾌활하고 친절한 사람이면 금상첨화의 자격이라고 할 수 있다. 다른 사람과 협력할 수 있는 아량과 자기 감정을 자제하며 회의와 그 단체를 위해 자기를 희생할 각오가 되어 있어야 한다.

둘째, 능력적인 자질이 필요하다.

회장은 회의에서 해결하여야 할 문제를 분석하며 종합할 수 있는 명석한 두뇌와 신속 정확한 사고를 지닌 사람이어야 한다.

자기 의견을 설득력 있게 표현할 수 있고 사람을 지도할 수 있는 리더쉽이 있어야 한다. 바르고 합리적인 결단력을 지니고 추진력도 있어야 한다. 그리고 회의 진행이 어려울 때 유머를 구사할 수 있는 사람이면 더욱 좋다.

3) 회장의 형태

회장 중에는 여러 가지 형태의 회장이 있다.

첫째, 회장 중에는 독재형이 있다.

회의의 절차나 회의 규칙을 무시하고 회장 자신의 뜻이나 의도하는 바를 회중에게 강요하거나 자기가 싫어하는 일을 저지하고 자기 편을 위한다는 명목으로 압력을 가하는 회장이 있다.

둘째, 회장 중에는 방임형(放任型)이 있다.

회장의 책임과 권한을 포기하다시피 하면서 자기를 지지하는 세력에 끌리거나 회중에게 아부하면서, 회원 전체의 의사에는 무관심하며 형식적으로 회의를 진행시키므로 만족한 결과를 얻지 못하는 회장이 있다.

셋째, 회장 중에는 민주형이 있다.

회원 각자의 인격을 존중하여 인간평등의 정신으로 발언 기회를 균등 분배하면서 중지(衆智)를 모아 의사결정에 모든 회원을 참여시키려고 노력하는 회장이 있다. 이러한 민주형의 회장은 그 회에서 계획하고 구상하는 모든 의견을 바르게 결정시킬 수 있다. 민주형의 회장이 있어서 회의는 바르게 진행된다.

4) 회장의 유의사항

회장이 회의에서 사회할 때 다음과 같은 사항에 유의하면 효과적으로 회의를 진행하는 데 도움이 될 것이다.

(1) 사전에 토의 안건에 대하여 내용 검토가 되어야 한다.

회장이 토의 안건의 내용을 이해하지 못하면서 사회할 수는 없다. 그러므로 회장은 회의가 시작되기 전에 상정될 안건을 충분히 검토하여야 한다.

(2) 회장이 자기 의견을 지나치게 주장해서는 안된다.

회장이 자신의 생각이 옳다고 확신한 나머지 회원들에게 자기의 의견을 주장해서는 안된다.

모든 회원의 의견이 다 같을 수는 없기 때문에 가장 올바른 결론을 얻을 수 있는 방향으로 회의를 진행하여야 할 책임이 회장에게 있다.

회원들이 서로 갑론을박하다가도 마침내 자율적으로 좋은 결론을 얻게 되어야 한다.

(3) 회장은 자신의 지도력을 과시해서는 안된다.

회장이 자신의 지식, 능력, 경험 그리고 통솔력을 과신하면서 회원을 무시하거나 교만한 언동은 삼가해야 한다. 도리어 겸손한 회장을 회원들이 존경한다.

회원들이 이치에 맞지 않는 발언을 하더라도 그 회원이 회의를 어지럽히려는 의도가 없으면 도리어 겸손한 태도로 그 의견에 귀를 기울이는 아량이 있어야 한다.

회원의 발언을 듣고 회장이 "그 발언은 의제에 어긋난 발언입니다"라고 말하는 것은 회원을 무시하는 듯한 발언이기 때문에 회장은 발언을 신중히 하여야 한다.

(4) 회장은 설명을 간단 명료하게 해야 한다.

어떤 의안을 제안자가 발언한 뒤에 회장은 그 제안을 회원들에게 알려주기 위한 설명을 간단하고도 명확하게 요점만을 말해야 한다.

설명을 길게 하면 제안자의 의견을 복창하는 결과가 되기 쉽다. 회장은 말을 많이 해서는 안된다.

(5) 같은 회기(會期)내에 표결에 붙인 의안은 다시 상정할 수 없다.

일사부재의(一事不再義)의 원칙에 의해 회의에서 일단 표결이 된 의안은 그 회기중에 다시 재론할 수 없다는 것이다.

그러므로 회장은 가부가 결정된 의안이 재 상정되지 않도록 의사를 진행시켜야 한다.

(6) 의사진행이 편파적(偏頗的)이어서는 안된다.

회장이 회의 진행중 "나는 어느 회원의 의견을 적극 지원합니다" 하거나 "어느 의견을 지지한다"는 발언을 할 수 없다. 회장은 공평하게 회의를 진행해야 할 의무가 있다.

회장이 어느 회원이나 어느 집단의 편이 되어서는 그 회의가 원만하게 진행되기가 어렵고 잘못하면 회의가 분열되기 쉽다.

회장은 회의법에 어긋나지 않는 한 모든 회원에게 골고루 발언할 기회를 주어야 한다.

(7) 회장은 트러블을 막아야 한다.

회원 중에는 다른 사람과 자주 충돌하여 회의 진행을 방해하는 회원이 있는 경우, 때로는 혼자서 마구 발언하므로 다른 회원의 흥을 깨뜨려 침묵할 경우가 있다.

이에 대처하여 적절하게 대응하여 의사 진행을 정상적으로 되돌리기 위해서는 회장의 도량과 역량이 크게 필요하다.

이런 때 회의 진행이 회장의 생각대로 진행되지 않는다. 회장은 회의 진행의 책임자로서 회의를 정상적으로 진행시켜야 한다.

이러한 트러블의 방지와 해결권도 회의의 리더인 회장의 중요한 역할 중의 하나라고 할 수 있다.

(8) 회장은 올바른 결론을 얻도록 힘써야 한다.

회의는 자율적(自律的)이어야 한다.

여러 가지 입장의 사람들이 모인 회의이지만 누구나 자기의 의견을 주장할 수 있다. 그러나 회원들의 잡담이나 자기 의견을 주장하는 연설 장소가 아니므로 올바른 결론을 얻도록 회장은 회원들로 회의 진행에만 전념하도록 회원들을 이끌어 나가야 한다.

회의는 어떤 의미에서는 시간의 승부이다. 회의에서 토론은 무제한적인 것이 아니기 때문에 정한 시간안에 결론을 내리지 않으면 안되는 것이다. 그러기 위해 가능한 한 의견을 유효하고 효과적인 내용으로 만드는 것이 중요하다.

시간 종료 때까지 가능한 유효한 결론을 이끌어내는 것도 회장의 수완에 달렸다고 해도 지나친 말은 아니다.

(9) 회장은 정한 시간에 개회하고 폐회할 책임이 있다.

회의는 여러 사람의 모임이므로 회의 소집할 때 제시한 개회 시간과 폐회 시간을 지켜야 할 의무가 있다.

회의 소집 통지서에 기재한 대로 정시에 개회하고 정한 시간에 폐회하는 것은 회장의 책임이다. 정시에 개회를 선언하여 회원의 시간 관념과 계획에도 차질이 없도록 진행시켜 회장을 신뢰할 수 있도록 준비하여야 한다.

5) 회장의 직책

회장은 회의의 지도자로서 회의체제의 제1의 봉사자이기도 하다. 그러므로 회장은 회의 진행상 지켜야 할 직책이 있다.

(1) 회장과 의사봉(議事棒)

회장직을 상징하는 것으로는 의사봉(The gavel)이 있다. 재판관도 일종의 회장이기 때문에 이 봉을 사용한다.

장로교 총회에서는 의사봉을 1907년부터 고퇴(叩槌)라고 불렀는데 두드린다는 뜻이다.

회장이 의사봉을 사용할 때는 다음과 같은 경우일 때이다.
① 회의를 시작하면서 주의를 환기할 때 — 두 번 두드린다.
② 회원들을 착석시킬 때 — 한 번 두드린다.
③ 회원들을 기립하게 할 때 — 두 번 두드린다.
④ 토의중 질서가 흩어질 때 — 세게 두 번 두드린다.
⑤ 안건이 통과될 때 — 세 번(또는 두 번) 두드린다.

(2) 회장의 기립(起立)

회장은 회의 진행을 주재하는 중에 회장석에서 일어나(기립)는 경우가 있다. 회장은 다음과 같은 경우에는 기립한다.
① 개회할 때
② 강연자, 임원 내빈 등을 정식으로 환영하거나 소개를 할 때
③ 안건을 표결에 붙일 때
④ 정식으로 회원들을 향해 회장이 직접 발언을 할 때
⑤ 의사진행에 관하여 이의(異議)나 회원이 회의법에 관하여 질문할 때 대답을 하거나 그 결정에 대하여 회원으로부터 상소(上訴)의 발언을 할 때
⑥ 기립하는 것이 회의를 통솔하기가 쉽다고 판단될 때
⑦ 폐회를 선언할 때
⑧ 기타 언제든지 상식적으로 판단하여 기립하는 것이 적당하다고, 필요하다고 생각할 때

그리고 다음과 같은 경우에는 회장이 자리에서 일어서지 않아도 무방하다.
① 서기가 회록을 낭독할 때
② 발언을 허락하고 재청을 받아주고 동의를 진술하고 있을 때
③ 동의가 토의 중일 때
(3) 발언의 허락
회원은 회장에게 발언권을 신청하고 회장은 그 신청을 허락한다. 회원이 발언하고자 할 때 기립하고 "회장" 하고 부르면 발언신청이 된다.
이 때 회장은 "○○씨" 하고 상대방의 이름을 불러 발언하기를 허락한다. 회장이 발언을 허락할 때 발언 희망자의 이름을 부르는 이유는 본인에게 발언 허락이 확실하다는 것과 회원들에게도 그 이름을 알리기 위함이다.
회장은 회원들에게 발언 기회를 평등하게 주어야 한다.
발언을 허락받은 회원은 토론에 관한 규칙을 위반하지 않는 한 자신만이 발언할 권리가 보장되어 있다.
회원은 발언하면서 개인 공격을 해서는 안되고 그의 언동이 온당치 못하면 회장은 이를 바로잡거나 그렇지 않으면 회원 중에서 의사진행에 관한 이의(異議)를 제기할 수 있다.
회원이 비난을 계속할 때는 회장은 발언을 금지시키고 필요하면 회장의 명령으로 또는 회원들의 결정으로 퇴장시킬 수 있다. 회장은 사회자로서 회의장의 질서를 정리할 책임이 있다.
(4) 발언 허락의 원칙
발언 허락은 기립순으로 허락되어야 한다. 그러나 여러 회원이 동시에 기립하여 "회장" 하고 말했다면 다음의 발언 허락의 원칙을 적용해야 할 것이다.
① 동의 제출자나 위원회 보고서를 제출한 위원장에게는 그 동의나 보고서를 설명할 수 있는 기회가 최우선적으로 주어져야 한다.
② 가능한 한 찬성자와 반대자를 서로 엇바꾸게 지명하여 공평한 토의가 되도록 발언권을 허락해야 한다.

예를 들면 회의장내에서 찬성론이 많은 분위기라면 발언 허락을 요구하는 회원에게 찬부 어느 쪽인지를 물어서 우선 반대자가 발언할 수 있도록 배려하여야 한다.
③ 해당 문제에 발언했던 회원보다는 아직 한번도 발언하지 않은 회원에게 발언권을 주어야 하며, 그리고 자주 말하는 회원보다 발언을 잘 하지 않는 회원에게 발언권을 우선 허락하여야 한다. 이렇게 하는 이유는 1인 내지 하나의 그룹에 의하여 토론이 독점되지 않게 하기 위함이다.
④ 그 동의에 특별한 관심이 있는 회원 또는 전문 지식을 지닌 자에게 특별히 발언을 허락한다.

회원은 반드시 발언을 회장을 향해서 해야 한다. 회원을 향해서 발언해서는 안된다. 이러한 의미에서 토론은 기본적으로 비개인성(非個人性)이기 때문에 발언은 회장을 중간 매체로 삼고 진행되어야 하는 것이다.

(5) 회장의 임시 대행

회의 진행중 다음과 같은 경우에는 회장을 임시 대행할 수 있다.
① 회의 중에 회장이 공사(公私)의 용무로 회의장을 떠나야 할 때
② 회장이 급환으로 사회가 불가능할 때
③ 회장이 직접 동의를 제출하고 토론을 하고자 할 때
④ 기타 사정으로 사회를 할 수 없을 때

이러한 때 부회장이 회장을 임시 대행한다. 부회장이 복수라면 제1 부회장부터 순위에 따라 대행을 한다.

문제는 부회장이 없을 경우이다. 이 때는 회장은 임시 대행을 지명할 수 있다. 그러나 이 지명에 대해서 회중이 이의를 제기하거나 그 이의가 과반수까지 이르면 임시 대행의 선거 동의가 성립된다.

이 동의가 성립되면 회원들의 의사로 임시 대행이 결정된다. 임시 대행은 회장의 부재기간 중 사회의 권한을 대행하고 회장이 돌아오지 않으면 폐회 때까지 그 지위가 계속된다.

6) 회장의 직권

  회장은 회의 질서 유지와 회의의 목적을 달성하기 위하여 능률적으로 회의를 진행할 책임이 있다. 이러한 회의 진행상의 회장 임무를 수행하기 위하여 회장에게는 다음과 같은 직권이 주어져 있다.
 (1) 불법(不法) 및 부당한 제안을 거절하는 권한
 ① 제안된 동의의 내용이 회의의 목적과 의제에 위반하는 것 또는 법률에 위반되는 제안
 ② 제안된 동의의 내용이 공익에 해를 끼치는 경우 또는 회의 진행 순서를 무시한 제안
 이상과 같은 제안이 있을 때는 이를 거절할 수 있다.
 (2) 발언 중지 명령을 할 수 있다.
  회의 진행을 무시한 발언자는 회장의 직권으로써 발언을 중지시킬 수 있다. 회장의 허락없이 발언을 한다든지 발언자가 심의하는 의제 이외의 문제를 이야기한다든지 발언자가 질서를 깨뜨릴 만큼 발언 상태가 나쁘다든지 할 때에는 그 발언을 즉시 중지시킬 수 있다.
 (3) 퇴장(退場)을 명령할 수 있는 권한
  회장의 지시에 따르지 않고 발언권도 없이 발언하거나 회의 질서의 문란, 회의 장소를 소란하게 하여 회의를 방해하는 자에게는 퇴장을 명령할 수 있다.
 (4) 토론종료(討論終了) 선언을 할 수 있는 권한
  심의중인 의제에 대한 토론을 너무 오래하므로 회의 진행 시간의 여유가 없다든지 또는 대다수의 회원이 의견을 표명하였다고 판단이 되면 그 문제에 대하여 회장은 토론을 종료할 것을 선언할 수 있다.
 (5) 회의가 혼란에 빠졌다고 판단될 때는 회장은 폐회 선언을 할 수 있다.
  회의장내가 몹시 혼란하여 회의 권한과 명령 등이 아무런 효과를 나타낼 수 없을 경우 회장은 부득이한 조치로 폐회를 선언하고 사회석에서 물러날 수 있다. 회장이 폐회 선언을 한 뒤에 무슨 결정이 행해졌다 하

더라도 그것은 일체 무효가 되는 것이다.

(6) 가(可) 부(否)가 동수(同數)인 경우에 회장의 결정권이 있다.

회장은 결정권을 가졌지만 무기명(無記名)에 의한 표결의 경우 이외엔 표결에 참가하지 않는 것이 보통이다.

그러나 거수(擧手), 기립(起立), 기타에 의한 표결의 경우라도 가부동수(可否同數)가 되었을 때에는 해당되지 않는다. 그러나 회장은 중립을 지켜야 하기 때문에 기권(棄權)이나 부표(否票)를 던지는 것이 예로 되어 있다.

(7) 회의 중에 휴식(休息), 휴회(休會) 선언할 수 있다.

회의중 회의장을 이탈하는 회원이 있어서 정족수가 안될 때에는 회장은 휴식이나 또는 휴회를 선언할 수 있다.

3. 회의의 진행

회의는 시간에 여유가 있어서 모이는 것이 아니라 오히려 시간이 없는 중에 개최되는 것이 회의이다.

모든 일에는 사전 준비가 필요하다. 개인이 어떤 일을 해나가려고 할 때도 사전 계획이 수립되어 있지 않으면 결과를 예상할 수 없는 것과 마찬가지로 무의미한 결과가 되기 쉬운데 하물며 의견을 달리하는 여러 회원이 모여서 일을 하려고 할 때는 몇 배나 준비가 필요하다는 것은 더 말할 필요가 없다.

모든 일의 성공은 준비에 달려 있다고 해도 과언은 아니다. 그러므로 회의를 열기 이전에 사소한 일이라도 빠뜨리지 않고 준비해 두어야 회의를 소집하고 사회할 회장에게 회의 진행에 자신감을 가져다 줄 뿐만 아니라 회의에 참석한 회원들에게도 만족감과 신뢰감을 가지게 할 수 있다.

준비를 게을리하면 회원들도 회의를 준비한 회장을 위시한 임원들을 불신하게 된다. 그러므로 회장과 준비 위원들은 항상 완전한 준비를 갖추도록 노력하여야 회의를 성공적으로 진행할 수 있다.

1) 회의 준비서 작성

회의가 질서있게 그리고 성공적으로 진행이 되려면 의사 일정이나 장소 문제 그리고 회원과 내빈의 접대 등 많은 준비가 있어야 한다.

회의에 있어서 가장 중요한 핵심은 어떤 의안이 어떻게 결정되는가가 문제이다. 그러므로 회장과 임원들은 회의에서 어떤 안건이 심의될 것인가를 확실히 알고 있어야 한다. 그러나 막연히 알고 있는 것만으로는 회의 진행에 아무 도움이 되지 않는다. 이번 회의에 상정되는 안건과 토의되어야 할 문제들을 예상하고 연구하고 대처해 나가지 않으면 예측되지 않았던 다른 방향으로 이끌어 나가게 된다.

이러한 불상사(不祥事)를 예방하기 위하여 회장은 심의할 안건에 대한 골자(骨子)와 그 안건이 상정되었을 때에 어떻게 심의될 것인가를 사전에 추측할 수 있도록 준비되어야 한다.

또한 안건과 회의 성격에 따라 회의가 정기회의 또는 총회, 임시회의, 월례회 임원회 등으로도 모이게 되고, 회의 개최 일시와 장소 또는 참가 인원수, 토의 주제, 그리고 표어, 회의 시간 등을 미리 계획하고 대처해야 한다.

이러한 사항 등을 메모지에 기록해 두는 것이 회의 준비에 편리할 것이다.

회의 준비 즉 회의 계획서는 대개 다음과 같은 사항을 질서 있게 기록하는 것이 좋을 것이다. 그러나 회의 준비서는 본래 회원에게 공개하는 것이 아니고 회장이나 임원의 참고용으로 작성되어야 한다.

① 회의 종류
② 개회 일시
③ 주요 토의 안건
④ 장소
⑤ 참석 예정자 수
⑥ 회의용 자료
⑦ 상정될 안건(예측)

⑧ 회의 소요 시간

2) 회의의 소집(召集)

소집이란 전 회원에게 회의를 하기 위하여 알리는 행위로 회의 통지서에는 다음과 같은 육하원칙(5W.I.H)을 확실히 명기하여야 한다.
① WHAT : 의제는 가능한 한 간결하고 구체적으로 기록하지만 참석자에게 선입견을 갖게 할 듯한 표현은 피해야 한다.
② WHY : 회의를 여는 이유
③ WHO : 참석자는 누구인가?
④ WHEN : 몇월 몇일 몇시부터 몇일 몇시까지를 알려야 한다.
⑤ WHERE : 회의를 여는 장소
⑥ HOW

회의 통지서에 대한 가장 큰 불만은 시간이 지켜지지 않는다는 것이다. 시간은 꼭 지켜져야 한다.

(1) 통지의 목적과 의무

통지의 목적은 회원의 권리와 이익을 지키기 위함이며 또한 회의에 출석은 회원의 권리이므로 전 회원에게 출석의 기회를 주어 자신의 권리와 이익을 지킬 수 있게 하기 위하여 통지를 하는 것이다.

소집권을 갖고 있는 기관이 소집을 결정하게 되면 그 결정을 바탕으로 소집기관은 통지 의무자가 되어 회원들에게 통지를 해야 한다. 통지 의무자가 고의로 또는 과실로 회의 소집 통지를 하지 않을 때는 회의 자체가 무효가 되는 것이다. 반면에 통지 의무자가 소집권을 갖는 기관의 소집 결의 없이 통지를 하는 것도 원인 무효가 되는 것이다.

(2) 통지서의 기재 내용

통지서에는 회의 일시와 장소 그리고 심의 사항이 반드시 기재되어야 한다. 통지서의 기재 사항은 누구나 알아볼 수 있게 기재되어야 한다. 그러므로 회의는 예정된 일시와 장소에서 회집되어야 한다.

그리고 심의사항을 분명하게 기록하는 이유는 회원들이 사전에 심의사항을 충분히 연구 검토하고 회의에 출석하게 함에 있다.

예정된 일시와 장소에서 회집하는 이유는 다수의 회원이 모여 정상적인 회의를 공명정대하게 하기 위함이며, 심의 사항을 애매하게 기재하면 이해관계가 있는 회원이 오해를 일으켜 부정기도의 가능성도 있기 때문이다.

(3) 통지의 방법

통지는 구두(口頭)로 해도 법률상으로는 충분하나 서면(書面)으로 하는 것이 더 좋다. 통지는 회의 예정 일시보다 상당기간 전에 발송해야 한다.

통지가 늦게 도착하여 회원의 출석이 그로 인하여 상당수 불가능하게 되는 통지는 유효한 통지라고 할 수 없다. 회의 규칙에 규정한 대로 통지서를 발송하여야 한다. 규칙에 회의 개최 15일 전이라고 명시하는 경우가 있다.

영국의 경우는 이러한 규칙상의 15일 간 계산을 송달(도착)과 회의 당일을 제외하고 실제 날짜는 14일로 계산해 해석하고 있다.

정기회의 등은 규칙에 회집 일시가 규정되어 있으나 개회 전에 소집 통지서를 보내고 있다. 소집 통지서에는 준비하여야 할 서류와 토의 주제 및 부수 사항과 회의 및 준비물을 제시하면서 꼭 참석하도록 여유를 주는 데 있다.

(4) 회의 장소

회의 장소는 참석자 전원 사이에 집단 심리를 형성하는 외적 자극을 일으킬 수 있고, 기분과 피로에 생리적인 영향을 미칠 수 있고 채광(採光)과 음향(音響) 등의 조건에 따라 회의의 효과를 좌우하기 때문에 회의 장소의 역할은 뜻밖에 너무나 크다.

그러므로 회의 장소의 선택은 신중히 하여야 한다. 회의장은 넓은데 참석자가 적으면 목소리는 울리고 공기는 쓸쓸하게 느껴지는 반면에, 회의장이 너무 좁으면 회원들이 불편한 자세와 탄산가스로 가득한 공기와 실내 온도와 습도가 적당하지 않아 회의에 집념할 수 없게 된다.

회원들의 좌석 배치도 교실처럼 할 것인지 원탁형으로 할 것인지 세심한 배려가 있어야 회의를 원만히 진행할 수 있다.

회의 장소의 준비 여하가 회의에 관계가 많으므로 장소에 세심한 배려가 있어야 한다.
　회의 장소를 선택할 때 유의할 사항은 이렇다.
　① 참석 예정자 수에 맞추어 가장 적합한 넓이의 장소이어야 한다.
　② 광선과 조명이 적당하여야 회원들이 항상 상쾌한 기분으로 토의할 수 있다.
　③ 실내 온도와 음향이 적절하고 주위의 소음이 없고 통풍이 잘 되는 장소이어야 한다.
　④ 회원석의 좌석은 말썽거리가 되기 쉽기 때문에 구분해서 좌석을 정해야 한다.
　회장석, 서기석, 회원석, 방청석, 내빈석, 기자석 등으로 준비하여야 한다.
　회원석을 부별(部別)이나 위원회별 등으로 구분할 수 있으나 석차가 문제가 되는 것은 흔히 앞자리를 상좌로 여기고 뒷자리를 말석으로 여기기 때문이기도 한다. 발언권을 얻어 발언하는 데 아무래도 앞자리가 좋기 때문이기도 하고 때로는 위신 문제라고 생각하는 회원이 있어서 회원 사이에 석차문제가 되기도 한다.
　⑤ 원탁회의 문제
　원탁회의는 중세 외교관들에 의해서 그 형식이 갖추어졌다고 한다. 원탁회의는 사람들의 격식이나 상하(上下) 관계를 떠나 동등한 입장에서 원탁에 둘러앉아 토의하는 모임이다.
　원탁회의는 서로 얼굴이 잘 보이고 상좌와 말석의 구별이 없고 서로 대화하기가 좋은 회의 방법이다. 그러나 대규모의 회의는 원탁회의로는 할 수가 없다.
　회원이 많으면 교실형으로 배치하여 발언대를 만들어 발언자를 회원들이 주시할 수 있게 해야 한다.
　⑥ 회의장에 마이크 시설을 갖추며 필기도구도 준비되어야 한다.
　회의장 전면에 회의 명칭과 구호 등을 붙여 회의 방향과 정신을 고취하여야 한다.

3) 의사일정(議事日程)

의사일정은 개회로부터 폐회까지의 회의에 필요한 순서를 작성한 것이다. 의사일정을 작성하는 이유는 회원들이 회의에 필요한 준비를 할 수 있게 하고 질서 있고 능률적으로 의사 진행을 할 수 있을 뿐만 아니라 일반인에게도 알림으로 심의를 공평하게 하기 위한 것이다.

의사일정이란 한 회기(會期)에 심의되어야 할 안건과 그 안건 처리 순서를 정한 것이다. 의사 일정의 작성은 필요한 범위 내에서 간략하게 준비되어야 한다.

(1) 회의 순서

회의 성격에 따라 회의 순서가 같을 수는 없으나 회의의 기본적인 순서는 다음과 같다.

① 개회
② 회원 점명
③ 개회 선언
④ 의사일정 채택
⑤ 전 회록 채택
⑥ 임원 선거
⑦ 임원 교체
⑧ 유안건 토의
⑨ 임원회 및 각부. 위원회 보고
⑩ 회계 보고
⑪ 새 안건 토의
⑫ 결산 및 예산안 토의
⑬ 폐회

(2) 순서 해설

여러 날 계속되는 회의는 첫날 순서와 둘째날 또는 셋째날 순서를 각각 구분하여 작성하여야 한다.

① 개회(開會)

개회란 예정된 시각이 되면 스피커 또는 육성으로 회의장 뿐만 아니라 주위의 시설에 있는 회원들에게 개회 시각이 되었음을 알림으로써 회의장에 모이게 한다.

이때 회원은 회원석에, 임원은 각각 임원석에 착석하여야 한다.

개회 때 국민의례를 하거나 종교적 회의이면 종교의식을 거행한다. 기독교 모임이면 찬송, 기도, 성경봉독, 설교 등의 예배의식을 갖는다.

② 회원 점명(정족수 확인)

회원 점명이란 서기가 회원 명부를 갖고 회원을 호명하여 출석 여부를 점검하는 것이다.

회원을 점명하는 것은 회의 정족수와 의결 정족수를 알기 위함이다. 회의 규칙에 따라 회의 성수(成數)가 되었으면 서기가 회장에게 알려야 한다.

성수(成數)를 성원수(成員數) 또는 정족수(定足數)라고도 하는데 대개 회의 성수는 과반수(過半數)로 하지만 회의 성격에 따라 3분의 2 혹은 3분의 1로 하기도 한다.

성수를 회의 규칙으로 정해 두는데 성수는 소수의 회원이 대다수의 회원을 무시하고 회의를 강행할 것을 막기 위하여 생긴 것이다. 성수가 되지 못하면 회의를 개회하지 못하고 개회를 한 후 회의를 진행 중에 성수가 못되어도 회의를 중단하는 것이 원칙이다. 그러나 잠깐 자리를 뜬 것이라고 인정하고 회의를 계속하는 것이 통례이다.

그렇지만 투표할 때에는 성수가 되지 않으면 투표를 할 수 없다. 성수가 되지 않은 상태에서 투표하면 그 투표는 무효가 된다.

회의 성격에 따라 위임장을 갖고 참석한 자를 인정하는 경우도 있다. 성수가 되지 않아도 결의할 수 있는 경우가 있다. 예를 들면 다음과 같다.

㉠ 유회(流會)될 때 성수가 못되지만 다음 회의의 일시 및 장소를 결정할 수 있다.

㉡ 회의 도중 성수가 안되지만 정회나 폐회를 결의할 수 있다.

개회 성수가 되지 않아 개회 시간이 지나 30분 이상 기다렸지만 성수가 되지 않으면 회의는 유회(流會)가 된다.

유회가 되면서 다음에 모일 일시와 장소를 그 즉석에서 결정할 수도 있고 임원회에 맡길 수도 있다.

③ 개회 선언

출석 점호의 결과 회원의 출석이 회의 규칙에 따라 성수가 되면 회장은 "지금부터 제 ○○○회의를 개회합니다" 하고 개회 선언을 한다. 이때 회장은 의사봉을 두드린다.

개회 선언을 선포한 회장은 개회사를 한다. 회장은 중립적이어야 하므로 동의를 낼 수도 없고 토론에 참석할 수도 없으므로 개회사를 통해 이번 회에 대한 회장의 소신을 말할 수 있다.

이 기회를 통해 지난 회의와 이번 회의와의 사이에 긴급한 문제가 생겨서 의장이 독단적으로 처리한 문제가 있으면 회원들에게 보고하여 승인을 얻어야 한다. 예배의식으로 개회를 하였으면 따로 개회사를 하지 않아도 무방하다.

④ 의사일정의 채택

의사일정은 회의 순서라고도 한다. 회의는 개회하여 폐회할 때까지 몇 시간 걸리는 회의도 있고 며칠 걸리는 회의도 있다.

의사 일정(순서)은 회장이나 임원회가 미리 작성하여 회의에 내어 놓아야 한다.

의사일정의 채택은 이렇게 진행된다.

회장 — 회의 순서를 어떻게 하시겠습니까?
회원 — 회장. 회의 순서는 때에 따라 증가 또는 변경할 수도 있음을 임시로 받기로 동의합니다.
회장 — 재청이 있습니까?
회원 — 재청합니다.
회장 — 이의(異議) 없습니까?
회원들 — 가부(可否)요.
회장 — 가하시면 거수하십시오. 또는 예 하십시오(회원 다수가 거수한다).

회장 — 부하시면 거수하십시오. 또는 아니오 하십시오(손을 드는 이 없음).

회장 — 절대 다수로 가결되었습니다.

　회의 때 언제나 가부 양편에 손을 안드는 회원들이 있다. 이것을 기권(棄權)이라고 한다. 기권은 권리 포기이므로 좋은 것이 아니다.

　회장은 될 수 있는 대로 회의 순서를 따라 의제(議題)를 분명히 제시하여 회원들이 무엇을 의논하는지 잘 알게 하여야 한다. 의제는 하나씩 처리하여야 한다.

　만일 뒤에 있는 순서를 앞당겨 의논하고 싶든지 순서에 없는 것을 넣고 싶으면 그 이유 즉 토의 시간을 넉넉히 가지려든지 하려면 순서 변경을 동의할 수 있는데 이것을 보통 긴급동의라고 한다.

　이 때 회원이 "회장 긴급이요. 회보 출판 사건은 우리 회원 전체가 알아야 할 것이고 회의 순서를 기다릴 수 없기 때문에 지금 곧 토의하기로 긴급 동의합니다" 하고 동의를 제출하고 재청이 있으면 토의없이 곧 표결에 붙여 출석 회원 3분의 2이상이 찬동하면 긴급동의는 가결이 된다.

　회의 중에 손님이 오셔서 그에게 언권을 주려고 할 때에도 긴급동의를 할 수 있다.

　회장이 회의 진행을 잘못하여 회의 순서 진행이 더디면 회원이 회의 순서를 바르게 진행할 것을 요구할 수 있다.

⑤ 전 회록 채택

　서기가 전 회의의 회록을 낭독하고 채택되어야 한다. 전 회의 때 회록이 채택되었으면 다시 채택할 필요는 없으나 전 회의 때 회록을 낭독하기는 시간상 어렵기 때문에 보통 다음 회기 때 낭독하게 된다.

　회록을 회의록이라고도 한다. 회록은 역사적 기록이므로 회의 일시(日時) 장소, 출석자 수(數)(소규모의 회의에서는 회원명단을 전부 기재한다). 회의 순서에 따라 행한 보고 결의 사항 등을 기록한다. 그러므로 회의록에 기재된 내용이나 누락된 사항이 있을 때는 정정되어야 한다.

　회의에서 채택된 회록에는 회장과 서기가 서명 날인하여야 한다.

⑥ 임원 선거

임원이 교체되는 회기(會期)이면 회의 규칙에 따라 임원 선택을 위하여 선거가 실시되어야 한다.

투표 위원을 회장이 선포하고 선거를 실시하여 당선이 되면 회장은 선임된 임원명단을 발표하여야 한다.

⑦ 임원 교체

신임 임원 명단이 발표되면 신·구임원이 등단하여 임원 교체를 한다. 이 때 꽃다발도 증정하면서 회중은 박수로 환영하고 신임 회장은 회의에 대한 소신과 앞으로의 계획과 포부를 말할 수 있다.

⑧ 유안건(留案件) 토의

전 회의 때 토의하다가 결말을 얻지 못하고 유안된 사건이 있으면 모든 안건을 토의하기 전에 먼저 서기가 상정(上程)하면서 설명한 후 회의에서 처리하여야 한다. 유안건은 어떤 사건보다도 먼저 토의하여야 한다.

⑨ 임원회 및 각부 위원회 보고

지난 회의에서 맡았던 안건과 사업 등을 임원회와 각부와 위원회가 보고하여야 한다.

어떤 회의는 상정된 안건들을 서기가 분류하여 본 회의의 승인을 얻어 각부나 위원회로 회부한다. 안건을 배부받은 각부와 위원회는 안건을 심의하여 본 회의에 보고하여야 한다.

회의 중에 임원회, 각부(部), 위원회 서기 및 회계 등이 보고하는 일이 많다.

짧은 보고는 구두(口頭) 보고로 할 수 있으나 긴 보고는 서면(書面)으로 보고하여야 한다. 보고로 긴 시간을 보낼 수도 있지만 서면으로 보면 더 잘 알 수 있을 때는 서면보고로 받을 수 있다.

보고가 끝나면 회원은 질문할 수 있고 보고자는 답변할 책임이 있다. 보고가 잘못되었으면 시정할 수도 있다.

⑩ 회계 보고

회계는 수입 지출에 관한 보고를 하여야 한다. 이 보고서는 승인된 후 감사에게 회부된다.

⑪ 새 안건(신사건) 토의

회의 기간에 취급하지 않은 안건이 있으면 새 안건 토의 시간에 토의 할 수 있다. 규칙에 규정된 순서를 따르지 않은 안건이라도 토의할 수 있고 이 시간에는 회장이나 임원회가 안건을 내어 놓을 수도 있고 회원은 누구나 새 안건을 상정할 수 있다.

⑫ 결산 및 예산안 토의

결산은 감사원들이 감사한 후, 감사 보고한 후 결산 보고를 하면 본회의에서 채택한다.

예산은 예산 편성위원들이 예산을 편성하여 보고하고 채택한다.

⑬ 폐회

회장은 폐회 예정 시간이 되었거나 예정 시간은 안되었어도 회의 순서가 다 끝났으면 "폐회를 선언합니다" 하고 폐회를 선포한다.

회장은 폐회를 선포하기 전에 회원의 의사를 물어야 한다. 가령, 예정 시간은 되었으나 순서가 다 끝나지 않았으면 회장은 "폐회 예정 시간은 되었는데 순서는 끝나지 않았으니 어떻게 하면 좋겠습니까?" 하고 물어야 한다.

이 때 어느 회원이 순서를 끝내기까지 폐회를 연기하기로 동의하여 재청이 있으면 회장은 이의(異議)를 묻고 표결하여 가결이 되면 폐회를 연기한다. 이것을 연회(延會)라고 한다.

그러나 폐회 동의를 하고 재청이 있으면 토론은 하지 않고 곧 표결에 붙여야 한다. 폐회 가결이 되면 회장은 폐회를 선포한다. 교회 회의이면 기도하고 폐회한다.

4. 회의법

회의법은 회의에 관한 규칙을 말한다. 회의법과 같은 용어로 우리 나라에서는 의사법(議事法), 회의진행법(會議進行法)과 같은 용어를 흔히 쓰고 있음을 볼 수 있다.

회의법은 회의의 기술과는 다르다. 예를 들면 회의의 분위기를 부드럽게 하기 위해 회의 도중에 커피 같은 음료수를 내놓는다거나 발언을 사양하는 사람에게 발언을 촉구하는 것 등은 회의 기술에 속한다고 할 수 있다. 그러나 회의법이라고 하면 정족수(定足數)라든가 다수결(多數決)과 같은 것에 관해서 정해진 법을 말한다.

회의법과 회의 기술의 양자에 회의의 역사, 기타 일반적 지식을 덧붙여 그 전체를 회의학이라고 부를 수도 있을 것이다.

오늘날 UN총회를 위시한 국제 사회나 우리나라의 국회 또는 민간 사회단체 등에서 널리 쓰이는 회의진행법(회의법)은 모두가 민주주의를 바탕으로 한 것이다.

회의진행법에는 크게 나누어 두 종류가 있는데, 첫째는 우리나라의 경우 헌법과 국회법을 기초로 해서 만들어 쓰고 있는 의회식 회의 진행법과, 다른 하나는 사회 단체나 기업체에서 쓰고 있는 일반 회의진행법이다.

현대의 과학과 물질 문명이 미래를 향해 질주하고 있는 가운데서 가장 중요한 것은 사람들의 생각을 양질의 것으로 이끌어내는 것이다.

다수의 횡포나 소수의 독선을 다같이 경계하면서 전체 의견의 공통분모를 찾아내는 데는 어떤 법칙이 있어야 되는데 그것이 회의법이다. 이 회의 법을 의사법(議事法) 또는 회의진행법이라고 한다.

용어 사용이 어떻든간에 회의법에 대해서 정의를 내리면 회의법은 회의 수속법으로서 회장의 지도 밑에 구성원들이 서로 협력하여 의사를 질서 정연하고 원활하게 행하고 의사 결정 및 회의의 목적을 달성하기 위하여 지켜져야 할 것을 말한다.

이런 점에서 기본 원칙으로 ① 다수결 ② 한번에 한 가지 ③ 토론 자유 ④ 구성원 평등 ⑤ 소수자의 권리 존중 ⑥ 공정성 ⑦ 신의 ⑧ 질서 ⑨ 능률 ⑩ 예의와 같은 것을 거론할 수 있을 것이다.

1) 만국 기준의 회의법

일반적으로 회의법이라고 하면 세계의 의회제도의 발상지인 영국의 국회의 의사수속을 말하지만 이것이 일반화하여 오늘날에는 공사단체(公私團體)의 모든 "회의"에는 의사진행상 지켜야 할 하나의 준칙이 존재하고 있다. 이는 법률에 의해서가 아니라 영국에서 오랜 관행을 집대성하여 만든 이른바 "로버트 회의법"(ROBERTS RULES OF ORDER)이 바로 만국 통상(通常)의 회의법이다.

모든 단체 또는 조직의 회의는 각기 헌장과 규칙이 정해놓은 법규 안에서 회의를 진행하고 의결을 할 수 있다는 것은 상식이다. 그러나 회의를 하다보면 복잡 미묘한 사항들이 얽히기 마련이며 이것들을 예상하여 일일이 헌장이나 규칙에 규정을 둘 수는 없는 일이다.

따라서 국내외 여러 단체에서는 규칙에 규정되지 않은 회의진행은 국제사회에서 회의 진행에 관하여 관행화된 이 로버트 회의법을 적용하고 있다. 그러므로 회의를 진행하다 보면 규정 이외의 쟁점에서 찬·반 양측의 시비가 벌어졌을 때 이를 교통정리 해주는 규범인 이 로버트 회의법을 알아야 회의 진행이 가능하게 된다. 이 법을 통상 회의법이라고도 한다.

2) 회의법의 중요성

회의법의 지식은 중요하다. 공사단체의 차원은 물론 모든 사회의 지도층에 있는 사람 그리고 교회의 제직들은 회의법을 잘 알아야 한다.

최근에는 민주 시민사회로 시민 또는 단체 구성원들의 의사 결정이 더욱 요청되고 있는 시점에서 회의 진행에 대한 지식은 한층 더 필요하게 되었다.

의사 원칙을 크게 두 가지로 구분하면 일반 원칙과 특수 원칙이 있다.

(1) 일반 원칙

첫째, 어떤 경우에서나 폭력을 사용해서는 안된다. 그 이유로 회의는 자유와 평등에 기초를 두고 있기 때문이다.

둘째, 다수결의 원칙이다. 다수결의 원칙은 회의의 본래의 의미에서 만장일치의 원칙으로 하고 있지만 사실상 만장일치란 대단히 어려우므로 다수의 사람이 찬성하면 소수의 사람은 이에 따르도록 하였다.

셋째, 의제단일(議題單一)의 원칙이다. 의제단일의 원칙은 한 회의에서 두 가지 안건을 한 번에 처리할 수 없기 때문에 한 의제가 심의 종결되어야만 다른 의제로 옮겨가게 된다.

넷째, 소수의 의견 존중의 원칙이다. 다수결에 따라 결정되면 반드시 그 의사가 옳다고 생각하는 것은 잘못이다.

때때로 다수의 의견이 잘못되고 소수의 의견이 옳았다는 것은 역사를 읽으면서 인식할 때가 흔히 있다. 이런 뜻에서 다수결의 원칙은 항상 소수의 의견을 존중하는 한에서만 만족할 수 있다.

(2) 특수 원칙

첫째, 회의 공개의 원칙이다. 회의의 공개란 의사의 공개 즉 방청의 허락과 기록의 일반적 공포를 의미한다.

둘째, 회기계속의 원칙이다. 회기(會期)는 의결로 연장할 수 있다.

셋째, 일사부재의의 원칙이다. 부결된 안건은 같은 회기 중에 다시 발의 또는 제출하지 못한다.

넷째, 발언 시간의 제한 원칙이다. 언권을 얻은 회원은 회장이 발언 시간을 제한했을 경우를 제외하고는 얼마든지 길게 말할 수 있다. 그렇다고 횡설수설하면 회장이 발언을 중지시킬 수 있다.

3) 회의법의 목적

회의법은 의사진행을 질서 정연하게 그리고 신속하고도 원활히 하여 의사결정 및 회의의 목적을 달성하기 위하여 지켜야 할 규칙으로 회의법은 민주주의 정신을 바탕으로 제정한 규칙이다.

회의란 넓은 의미에서 모여서 의견을 교환하는 것이다. 회의란 어떤 공동문제에 대하여 여러 회원의 지혜를 모아 최선의 해답이나 결론을 얻기 위해 대화하는 모임이다. 그러므로 회원들이 각자의 의견을 발표하여 가장 좋은 의견에 접근하게 한 다음 어떤 견해에 대해 승인하거나 또는 납득이 가는 결론을 얻기 위해 의견이나 응답을 교환하는 것이다.

개인의 의견을 발표하는 연설과 다르기 때문에 그 형식과 방법에도 차이가 있다. 회의는 공동목적을 도달하기 위해 각자가 노력한다는 점에서 주고 받는 잡담과 다르다. 그러므로 회의는 주고 받는 말하는 방법에 있어서 체계적인 규칙을 필요로 한다.

회의에서는 자기 멋대로 말하는 것이 허용되지 않으며 아무런 소재나 내용이 주제로 취급되는 것이 용납되지 않는다. 그러므로 회의법은 회의를 질서있게 정상적으로 이끌어 가기 위해 생긴 법이다. 만일 회의법이 없다면 회의할 때 장광설을 펴는 말장난을 어떻게 막으며 질서를 유지할 수 있겠는가?

회의법은 세 가지 목적을 위한 것이다.

첫째, 회의법은 예의를 지키기 위한 법이다.

어떤 문제를 토의할 때 자기 주장만 내세우지 못하고 남의 의견도 존중할 수밖에 없게 하며 다른 사람도 의견을 말할 수 있도록 예의를 지키게 규정한 것이 회의법이다.

둘째, 회의법은 질서를 유지하기 위한 법이다.

회원들이 함부로 발언하지 못하게 하고 회원 각자의 권리를 보호할 수밖에 없도록 하며 회의의 질서를 유지하도록 제정한 것이 회의법이다.

셋째, 회의법은 회의 절차를 따르도록 제정한 법이다.

회의에서 사무처리를 원만하게 하며 신속하게 진행하려면 무엇을 먼저 토의하도록 하고 무엇을 나중에 토의하도록 절차를 제정한 것이 회의법이다.

회의법은 회의에 관한 법으로 회장의 지도 아래 회원들이 서로 협력하여 의사를 질서정연하게 진행하며, 의사결정은 회의의 목적을 달성하기 위하여 지켜져야 할 법이다.

그러므로 회의법은 다수의 결정권, 소수의 발언권, 결석자의 안전권, 토론의 자유, 회원의 평등권, 질서존중, 공정성 등을 보장하는 데 그 기초를 두고 있다.

회의법은 제정한 목적을 살리기 위한 것이기 때문에 회의법을 적용할 때 입법정신을 염두에 두어야 한다. 다시 말하면 회의법을 악용하지 말고 선용되어야 한다. 그리고 다수는 의견을 달리하는 소수의 의견을 존중히 여겨야 하며 결석자의 권리를 무시하지 않아야 한다.

5. 선거

임원이나 위원을 선거할 때 회의 규정에 따르면 선거에 신경 쓸 필요가 없고 시간도 낭비하지 않게 된다. 그러나 선거 규정이 없거나 규정이 있다 해도 임원이나 위원에 당선되려는 회원이 많으면 잡음도 많고 시비도 많다. 여기에 보통 행해지는 선거 방법을 소개한다.

선거당하는 것을 당선(當選)이라 하고 선거당하지 않는 것을 낙선(落選)이라고 한다.

1) 후보자의 추천

후보자 추천이란 회의에서 특정직책의 후보자 이름을 표명하는 방법이다. 회원은 누구든지 선거권과 피선거권이 있다. 후보자 추천이란 선거받을 사람을 추천하는 것이다.

후보자 추천에는 선거의 대상이 되는 직책(회장 또는 서기 등을 지칭한다)을 제시하고 후보자의 자격과 임무, 선임방법과 시기, 임기와 같은 것이 거론되어야 한다.

규모가 큰 단체에서는 보통 추천위원회가 설치된다. 이런 경우 위원의 자격, 임무, 선임방법과 같은 것을 규정하게 된다. 규정이 없는 사항은 회원 누군가가 동의를 해서 정하게 된다.

추천을 받은 후보자는 선거를 받을 사람들이다. 선거 받기를 싫어하는 회원은 후보자 추천할 때에 사퇴해야 한다. 당선된 후에 사퇴하겠다는 것은 곤란하다. 후보자의 수는 회에서 결정한다.

2) 구두호천(口頭呼薦)

구두호천이란 후보자를 추천하는 하나의 방법으로 어느 회원이든지 피선거인 될 사람을 입으로 불러서 추천하는 방법이다. 예를 들면 회장은 회원들을 향해 "누군가 추천하실 분이 안계십니까?"라고 묻는다. 이 때 누군가가 일어나서 회장으로부터 발언권을 얻어 "저는 ○○○ 씨를 추천하겠습니다"라고 한다. 이 때 결격자(缺格者)를 호명할 때는 회장은 부적법하다고 지적하여야 한다.

여러 회원이 발언권도 얻지 않고 누구 누구를 추천한다고 야단법석하는 경우가 있는데 구두호천에서 발언권을 얻지 않고 추천하는 일은 삼가해야 한다.

구두호천이 들어오면 회장은 "○○○씨가 추천되었습니다"라고 공포해야 한다. 구두호천에는 찬성 발언은 필요로 하지 않지만 단체에 따라서는 찬성 발언이 허용되고 따라서 그 찬성 이유를 말할 기회를 갖기도 한다.

여러 사람이 추천되어 추천을 그만 했으면 좋겠다고 생각할 때에는 어느 회원이든지 일어서서 "회장, 그만 추천하기로 동의합니다" 하여 재청이 있고 토론없이 표결하여 찬동을 얻으면 추천은 마감한다.

3) 전형(銓衡)

회원이 전형위원을 뽑아서 그들로 하여금 후보자를 추천하게 하는 것이 전형(銓衡)이다.

전형위원은 회원들이 추천 또는 선거하거나 회장이 지명하는 두 가지 방법이 있는데 형편에 따라 할 것이다. 위원 수는 다섯이나 일곱 등 기수(奇數)가 좋다.

전형위원은 회에서 맡긴 대로 후보자를 추천하여 회에 보고하면 당선 결정은 회가 한다.

대규모의 회에서는 후보자 추천 방법을 전형으로 하는 것이 좋고, 소규모의 회에서는 구두호천으로 하는 것이 좋다.

4) 공천(公薦)

공천은 회에서 택한 공천위원들이 피선거인을 택하고 회에 보고해서 통과시키는 선거행위이다.

공천은 후보자를 추천하는 것이 아니라 피선거인을 택정하는 것이다. 공천위원의 보고는 회의 승인을 얻어야 한다.

후보자가 되고 싶어하는 사람은 전형위원이나 공천위원이 되어서는 안된다. 지명위원이 되어버렸다면 후보자가 되는 것을 포기해야 한다.

가장 좋은 지도자를 얻는 것을 목적으로 전형위원이나 공천에 맡기는 것이다. 이 목적을 달성하기 위하여 다음과 같은 임무를 정한 단체가 많다.
① 단체가 특히 현재 당면하고 있는 문제와 갖추어야 할 자격과 해결 능력을 검토한다.
② 그러한 자격과 능력을 갖추고 있는 인물을 발견하고 선출한다.
③ 후보자로 지명하려는 사람을 만나서 당선되면 취임하는 문제에 내락을 미리 얻어야 한다.
④ 후보자의 성명, 그 경험과 자격, 지명, 이유 등을 기록한 보고서를 작성한다.
동보고서를 회의에 제출하고 회원들에게도 유인물을 배포한다.

5) 지명(指名)

지명은 회장에게 지명할 권한을 위임하여 후보자를 지명하는 선거방법이다. 회장이 선거받을 사람의 이름을 지적하여 임명하는 것이다.
회장이 지명하는 경우는 이렇다.
① 회의 규칙에 따라서 지명한다.
회칙에 "부회장은 회장이 지명한다"고 제정되어 있으면 부회장은 회장이 지명한다. 이 때 표결은 하지 않는다.
② 회장이 회원들의 승인을 얻어서 지명한다.
회장이 "회의장에 광고위원이 필요한데 제가 지명해도 되겠습니까?" 하고 물어서 회원들이 승낙하면 광고위원을 회장이 지명한다.
③ 회원들이 회장에게 위임함으로 지명한다.
회원이 "회장, 내빈 영접위원은 회장이 지명하기로 동의합니다" 하여 동의가 가결되면 회장이 영접위원을 마음대로 지명한다.

6) 표결(表決)

회원에게 물어서 선거를 결정하는 것을 표결이라고 한다. 심의에도 표결이 있다.
표결에는 다음과 같은 방법들이 있다(표결 쪽을 참조).
① 약식표결　　　　　　② 구두표결

③ 거수표결 ④ 기립표결
⑤ 점호표결 ⑥ 당선

7) 선거관리 위원회

규모가 큰 단체는 선거 관리위원회를 구성한다. 이 위원회의 임무는 회의 규칙대로 선거를 관리하며 지도 감독한다.

투표용지의 작성과 인쇄하여 유권자에게 배부하며 그 수집과 계산, 선거결과의 보고서 작성 등이 있다. 개표위원과 감표원은 미리 택해 두어야 한다.

(1) 표의 유효성의 결정

표의 유효 무효를 결정하는 규칙은 다음과 같다.

① 글씨를 잘못 썼거나 체크(V)를 해야 할 곳에 가위표(X)로 잘못 표기가 되었다 하더라도 투표인의 의사가 명확한 표는 유효가 된다.
② 투표용지가 구겨지거나 한쪽 귀퉁이가 찢어졌더라도 투표인의 의사가 명확히 나타난 것이라면 그 표는 무효가 되지 않는다.
③ 백지 투표나 결격자에 기표한 표는 무효표가 된다.
④ 같은 직책의 복수지명, 후보에 연기명 투표한 경우 직책보다 표수가 적을 때는 유효하지만 직책수를 초과하여 표수가 나오는 경우에는 전체 투표가 무효가 된다.

투표자수와 투표용지수가 맞지 않을 때는 표수 계산을 다시 해야 한다. 유권자의 수보다 표가 많아 그것 때문에 선거결과가 바뀌는 경우 또는 비밀투표의 권리가 실질적으로 침해되었을 때는 투표를 다시 해야 한다.

(2) 당선에 필요한 표수

당선에 필요한 표수는 단체 규칙에 정해져야 한다. 다만 별도로 규정되지 않은 경우에는 일반적으로 다음의 룰을 적용할 수 있다.

① 후보자가 한 직책에 대하여 유효 투표의 과반수를 얻어야만 당선된다.

② 후보자가 유효투표의 다수를 얻었으나 그것이 과반수를 달하지 못했다면 단체의 규칙에 정한 바 없을 경우 낙선이 된다.
③ 당선에 과반수를 필요 요건으로 하고 있는데 과반수의 득표가 없을 때가 있다. 이럴 때는 다시 투표를 하되 몇번이고 과반수가 나올 때까지 계속하느냐는 문제가 발생한다. 이때는 현장에서 임기응변의 동의로 이런 문제를 자체적으로 해결하여야 한다.
④ 당선에는 여러 가지 규정이 있다.
㉠ 무투표 당선
후보자가 하나만 남게 될 때에는(모든 후보자가 사퇴하였을 때) 투표할 것 없이 당선된다.
㉡ 최고 득점 당선
투표수가 제일 많아서 당선되는 것이다.
㉢ 득점 순위(得點順位) 당선
후보자 여러 명 중에서 여러 사람을 선거할 때에는 득점 순위대로 뽑을 만큼 뽑는 것을 득점 순위 당선이라고 한다.
㉣ 과반수 당선
반수 이상의 찬동을 얻어야 당선되는 것으로 가령 회원수가 80명이라면 41점을 얻어야 당선된다.
과반수의 기준은 재적수로 하는 것과 출석수로 하는 것이 있다. 아무도 과반수의 득점을 얻지 못하면 미결(未決)이다. 다시 표결하여야 한다.
㉤ 종다수(從多數) 당선
점수를 많이 받은 수를 당선으로 하는 것이다. 가령 회원이 80명이라고 하면 과반수를 받지 못해도 종다수로 당선이 된다.
㉥ 결선(決選)투표 당선
과반수 당선으로 결정되었을 경우 여러 번 표결이나 투표를 했지만 하나도 과반수를 얻지 못할 때에는 회의 규정이나 결의를 따라 결선 투표를 할 수 있다.
투표를 많이 받은 2명만 뽑아서 투표하는 것이다. 기권이 많아서 과반수의 찬동을 얻지 못해도 점수를 많이 받은 이가 당선이 된다.

Ⓢ 추첨(抽籤) 당선

투표의 결과 득점수가 같은 경우에는 제비를 뽑아 당선을 결정한다. 만일 회장이 투표를 아니했을 경우에는 회장이 결정권을 행사할 수 있다. 그러나 추첨으로 결정하는 것이 더 좋다.

(3) 당선 효력 발생

선거는 당선 후보자가 출석하여 사퇴를 하지 않는 한 당선을 선언하면 곧바로 발효된다. 본인이 결석을 하였으면 당선의 통지를 받은 일시에 효력이 발생한다. 다만 그 일시에 별도의 규정이 있으면 그에 따른다.

회의 때 전원일치(全員一致)라는 말이 있다. 어떤 의견에 대하여 찬성이든 반대이든 의견이 하나로 모아졌다는 것을 전원일치라고 한다.

그런데 선거에서 누군가가 당선되면 그 차점자가 호의를 표하는 의미에서 전원일치로 당선된 것으로 하자는 동의가 나오는 경우가 있다. 전원일치가 아닌데도 이러한 동의가 제의되어 그것이 다수결로 통과되어도 전원일치가 되는 것이 아니다. 이러한 동의는 단순한 의례적인 제스처에 불과하며 당초의 투표 효과를 변경할 수는 없다.

(4) 선거관리위원회의 보고서

선거관리위원회는 선거 결과를 회에 보고하여야 한다. 일반적 사항에 따라서 보고서를 작성하되 유권자수와 유효표수와 무효표수와 당선에 필요한 표수 그리고 당선자의 이름과 당선자가 받은 표수를 기재하여야 한다.

당선권에 들지 않은 사람의 이름과 그 표수와 무효표로서 배제한 것이라도 그 표수와 배제된 이유를 기재하는 등 모든 상황을 보고서에 기재를 해야 한다.

(5) 투표권의 이의(異議)

회원의 투표권이나 유효성에 대하여 다투는 회원은 자격심사 위원회 내지 선거관리위원회에 이의를 신청하여 투표 개시전 적어도 문제의 투표권 행사 전에 행해야 한다.

이의를 수리한 위원회는 청문을 통하여 결정을 내려야 한다. 이러한 위원회가 없으면 본회의 자체가 이를 결정한다.

3장
언권, 토론, 질문

1. 언권 (발언권)
2. 토론 (토의)
3. 질문 (질의)

언권, 토론, 질문

 인간을 말하는 동물이라고 한다. 짐승은 다만 한정된 소리만 낼 뿐이지만 인간은 매우 복잡한 체제, 말하자면 매우 미묘한 소리 즉 언어를 구사하고 있다.
 언어는 인간 생활을 위한 필수적인 기구이며 현실 생활을 보다 풍요롭게 한다. 우리가 아침에 잠자리에서 일어나 다시 잠자리에 들어가기까지 말속에서 헤엄치고 있다고 해도 과언은 아니다. 그래서 말의 중요성을 강조하는 격언 중에 '장부일언중천금(丈夫一言重千金)', '한 마디에 천냥 빚을 갚는다' 는 등의 말이 있다.
 그러므로 일상 생활의 언어는 되도록 필요한 정보를 내포한 말을 정확하게 선택해야만 한다. 그렇지 않으면 듣는 사람이 말하는 사람의 말의 의미를 정확하게 파악하지 못하게 된다. 또 상대편이 우리의 말하는 것에 흥미를 갖고 같은 감정을 갖게 하기 위해서는 그들의 말에 우리가 바라는 것에 협조하도록 하여야 한다.
 회의란 각각 의견을 달리하는 많은 사람이 모여 말의 홍수를 이루는 장소이다. 그 중에서 회의의 효과를 얻기 위해 언권(발언권), 토의(토론), 질문(질의)을 다루려고 한다.

1. **언권**(발언권)

 언권의 자유는 민주주의의 기본 권리이다. 그러나 회의는 평등한 권리를 가진 다수의 회원이 모여서 이루어지는 이상 회의를 원만히 진행시키기 위해서는 발언하는 데 있어서 일정한 질서가 있어야 한다.

1) 언권의 요구

누구든지 회의에서 말을 하고자 하면 일어서서 "회장"하고 회장을 부른다. 이 말은 언권을 달라는 표시이다. 덧붙여서 "언권을 주십시오"하고 청구할 필요는 없다.

발언하고자 하는 회원은 반드시 회장의 허락을 얻어야 발언할 수 있다. 회장은 회장의 허락없이 발언하는 회원에게 발언 중지를 명할 수 있다.

발언자는 언제나 자기 좌석에서 일어나서 회장을 향해 발언하여야 한다. 발언대가 준비된 회의장에서는 발언의 질서를 위하여 발언대에서 발언하여야 한다. 그러나 극히 간단한 발언은 자기 자리에서 일어나 발언할 수 있다.

2) 언권의 행사

회장이 "말씀하십시오"하고 언권을 허락하기까지는 발언할 수 없다. 아무도 회장이 언권을 허락하기까지는 언권을 행사하지 못한다.

공교롭게도 여러 사람이 한꺼번에 일어나서 "회장"하고 언권을 요구했을 때 회장은 맨 먼저 회장을 부른 회원이 누구인지 잘 알 수 없을 때는 자연히 회장 자신이 먼저 회장을 부른 사람이라고 인정되는 회원에게 언권을 허락하게 된다.

이 때 다른 회원이 자기가 맨 먼저 회장을 불렀다고 불평을 하면서 마음대로 발언을 해서는 안된다. 그리고 한 사건에 두 번 발언을 하려는 경우에는 남보다 먼저 "회장"을 불렀어도 회장이 언권을 주지 않는 것이 법칙이다.

3) 발언 시간의 제한

언권을 얻은 회원은 회장이 발언 시간을 제한했을 경우 이외에는 얼마든지 길게 말할 수 있다. 그렇다고 횡설수설하면 회장이 발언을 중지시킬 수 있다.

정당한 발언은 발언 시간의 제한도 없고 구속도 받지 않는다.

4) 정당한 발언

정당한 발언이란 안건에서 탈선되지 않는 발언, 추측으로 말하지 않고 사실을 간단 명료하고 조리있게 하는 발언, 남의 감정을 건드리지 않고 인신 공격을 하지 않는 발언을 말하는 것이다.

어떤 이는 말을 "사상의 집"이라고 했지만 "말되네"라는 말이 유행한 때가 있었다. 누가 옳은 말을 하거나 공감이 가는 소리를 하면 금새 "그거 말이 되는데"라고 한다.

그러나 한국말의 관습으로 보면 말이 안된다는 말은 있어도 말된다는 말은 없다. 말이 된다는 말은 그야말로 말도 안되는 소리다. 발언할 때 말도 안되는 소리를 해서는 안된다.

5) 발언권의 남용

발언권의 남용이란 이런 발언이다.
① 혼자서 너무 길게 하는 발언
② 안건과 관련없는 말을 하는 것
③ 개인이나 단체의 명예를 손상시키는 발언
④ 불온한 말
이런 경우에 회장은 직권으로 발언을 제지할 수 있고 회원들은 발언 중지 요청을 회장에게 할 수 있다.

6) 특수 언권(규칙상 질문)

회장이나 회원이 회의 진행법을 어길 경우에 규칙을 따져 질문하는 것을 규칙상 질문이라고 한다.

이 질문은 아무 때나 할 수 있고, 다른 회원의 발언 중에도 할 수 있다. 회장은 이 규칙상 질문에는 언권을 아니 줄 수 없다. 그래서 특수 언권이라고 한다.

  이 질문을 하려면 일어서서 "회장, 규칙이오." 혹은 "규칙상 질문이오" 하고 외친다. 그 때 회장은 반드시 "말씀하십시오" 하고 발언의 우선권을 주어야 한다.

  그러면 규칙에 어긋난 것을 지적해야 한다. 어떤 회원은 다른 회원의 발언이 자기 의견에 맞지 않을 때 또는 다른 회원의 발언을 방해하고 싶을 때 "규칙이오" 하고 규칙상 질문을 일으키는 수가 간혹 있다. 그러나 이런 발언은 도리어 규칙상 질문에 맞지 않기 때문에 회장은 이를 제재하여야 한다. 회장이 제재하지 않으면 다른 회원에게 제재를 받게 된다.

  여기에 예를 들어 설명한다.

  A 회원 ― 나는 이번 음악회 출연자 ○○ 씨에게 사례금으로 ○○만 원을 보내는 것이 좋을 줄 생각합니다. 그런데 ……

  B 회원 ― 규칙이오.

  회　장 ― 말씀하십시오.

  B 회원 ― 사례금 주는 규칙은 우리 회칙에 없습니다. 그리고 ……

  회　장 ― B회원의 말은 규칙상 질문이 아닙니다. 앉으십시오. A회원 계속해서 말씀하십시오.

  A 회원 ― 먼저 나는 B회원이 음악 출연자 ○○씨와 사이가 좋지 않다는 것을 ……

  회　장 ― A회원은 개인 관계를 말해서는 안됩니다. 앉으십시오.

또 이런 예도 있다.

  C 회원 ― 회장, 아까 결정한 도서실 사건은 아무리 생각해도 좋지 않습니다. 재론하기로 동의합니다.

  D 회원 ― 회장, 규칙이오.

  회　장 ― 말씀하십시오.

  D 회원 ― C회원은 도서실 사건에 부편이었으니까 번안동의를 할 수 없습니다.

  회　장 ― 그렇습니다. 안됩니다.

또 이런 예도 있다.

S 회원 ― 회장, 긴급이오. 오후 순서에 있는 총무 선거를 지금 하기로 긴급동의합니다.

회　장 ― 재청이 있습니까?

K 회원 ― 재청합니다.

회　장 ― 찬동하시는 분은 "예" 하십시오.

N 회원 ― 긴급동의는 3분의 2이상의 찬동을 얻어야 하는데 어떻게 "예" 하는 소리로 3분의 2가 되는지 못되는지 알 수 있습니까? 거수 표결해야 합니다.

회　장 ― 고맙습니다. 실수했습니다.

이래서 회장은 거수 표결을 한다. 야유를 앉아서 마음대로 한다고 특수 언권으로 생각할 수 없기 때문에 야유는 금해야 한다.

무슨 질문이든지 무슨 설명을 요구하든지 "가부요" 하고 표결을 요구하는 일은 자연히 생기는 일이기 때문에 회의법으로 특수 언권의 허락은 아니다.

7) 제안 설명

제안 설명자는 언권을 얻어 제안한 의견을 찬성해 달라는 이유를 설명하여 회원들을 설득시키는 데 목적이 있는 만큼 특히 다음과 같은 요령에 의하여 설명하는 것이 효과적이라고 생각한다.

(1) 자기의 제안은 무엇을 어떻게 하고 싶다는 목적을 분명히 인식시켜야 한다.

(2) 제안하는 이유는 현재 상태로써는 무엇이 불편하고 불합리하다는 이유를 제시하면서 이 안을 제안하게 된 동기를 설명하여야 한다.

(3) 자기의 제안이 표결되어 실행하면 그 문제는 어떠한 상태로 개선된다는 결과를 설명해 주어야 한다.

(4) 자기의 제안이 실행될 경우에는 어떠한 단점이 있다는 것도 미리 알려주어야 한다.

(5) 그 단점을 미연에 방지할 수 있는 방안까지 지적해 주어야 한다.

2. 토론(토의)

회의는 어떤 공동문제를 놓고 회원들이 최선의 해답을 얻기 위해 반드시 토론의 형태를 거치게 되어 있다.

토론(토의)은 어떤 문제에 대하여 여러 사람이 서로 비판적으로 의논하거나 옳으니 그르니 하면서 의논하는 대화이다.

토론하는 권리는 모든 단체 구성원의 기본권이다. 모든 심의 기관은 회원이 제기한 동의(제안, 의안, 안건, 문제)에 대하여 참석자 전원이 잘 생각을 해보고 그것을 바탕으로 '결정'을 내리게 된다.

그러기 위해서는 토론과정을 거쳐 충분한 이해에 도달하여야 한다. 따라서 자유롭게 의견 교환의 보장과 아울러 부당한 방법으로 토론이 제한받아서는 안된다.

회원이 제안한 동의를 회원들에게 알리는 회장의 진술(陳述)이 끝나면 토론이 시작된다. 이때부터는 구성원은 누구나 발언을 할 수 있으나 그렇게 하기 위해서는 일련의 형식에 따라야 한다. 기립하여 "회장" 하고 회장을 불러 발언 허락을 얻지 않고는 발언을 할 수 없다.

토론은 정당한 동의에 대하여 시비를 걸어서 타당한 결정을 내리기 위한 대화이므로 본 문제(동의)와 관계가 있거나 연관성이 있는 것을 토의하여야 한다. 구체적 예를 들거나 에피소드를 말하거나 하여도 관련성이 있으면 그런 발언은 허용된다.

1) 토론의 시작

회원들을 개개인의 상태에서 토의 집단으로 집결시키려면 회의 지도자인 회장은 어떠한 역할을 수행해야 하는가에 대하여 깊이 생각해야 한다.

(1) 분위기의 조성

분위기는 그 단체의 지도자로부터 큰 영향을 받는다. 각기 의견이 다른 사람들을 모아 그들에게서 집단적인 노력을 기대하기 위해서 회장은 솔선해서 활동하여 회원들로 하여금 "우리들은 협력해서 문제를 해결하려고 있다"고 느끼게 하지 않으면 안된다. 그러기 위해서는 먼저 협력적인 분위기를 조성하여야 한다.

토의 시간 전에 이미 완전히 준비가 되어 있어야 한다. 개회에 즈음하여 회장은 회원들을 향해 온화하고 겸손한 자세로 인사를 하여야 한다. 어려운 문제를 토의할 형편일수록 회의 지도자들이 회의 분위기를 잘 이끌어 나가야 한다.

(2) 의제의 발표

부드러운 분위기를 만들면서 토의 의제를 발표하여야 한다. 의제를 발표하는 데 있어서 배려하지 않으면 안될 요점은 회원들에게 그 문제를 이해시키고 무엇을 극복해야 하는지를 분명하게 알려야 한다.

먼저 의제와 그 내용을 유인물로 알리면서 이어서 그 의제의 배경이 되어 있는 몇 개의 현실적인 문제를 지적해 주어야 한다.

이 현실적인 문제를 지적하는 데는 그 주제에 관계되는 사실을 말하고 또 그 사실을 구성하고 있는 조건을 알려주어야 한다. 필요한 때는 그것에 관한 설명서를 배부하여 일독을 시키고 나서 회장이나 제안자 개인의 견해를 말하는 것이 토의에 도움이 된다.

이렇게 회원들에게 토의 의제와 의미를 상세히 알리고 토의의 핵심이 어디에 있는지를 분명히 함으로써 회원들을 토의의 장으로 유도하는 것이다.

의제를 제시하고 그 의제를 현실적인 것으로 만들어가는 최초의 이 과정이 중요하며 그 후의 토의 성과에 결정적인 영향을 준다.

(3) 토의 방법의 결정

회원들은 서로 거리낌없이 편하게 대하며 토의할 문제의 내용을 이해하며 그것을 해결해야 되겠다는 필요성을 절실히 느끼면서 무엇을 하려고 생각하고 있음이 틀림없다.

성질이 급한 회원은 토의를 곧 시작하자고 서두르기까지 할 것이다. 그러나 여기서 바로 문제의 해결로 돌입하려는 데는 문제가 있다. 그래서 회의 지도자는 토의의 순서와 방법을 정해야 한다. 그렇게 함으로써 집단의 노력은 질서가 잡히고 소기의 목적을 달성할 수 있다.

회장은 그 의제의 몇 개의 토의 분야를 제시하여야 한다. 회원들이 순순히 제시한 것을 받아들이는 것만은 아니기 때문에 모든 회원이 토의 계획에 참가할 수 있도록 발언 기회를 주어야 한다.

토의의 룰(rules)로서 다음과 같은 점을 강조해야 한다. 발언은 누구나 언제라도 할 수 있다는 것, 그러나 자기의 발언과 마찬가지로 남의 발언에도 관심을 가져야 한다는 것, 인신공격이라든지 개인적 발언을 피해야 한다는 것, 비록 의견이 일치되지 않을 때라도 언제나 우호적이 아니면 안된다는 것, 그리고 sportsmanship과 teamwork의 중요성이 강조되어야 한다.

2) 토론의 기본 원칙

회의에 제안된 문제에 대한 설명, 토론 질문은 모두 자유로워야 한다. 그러나 설명, 토론, 질의에는 원칙이 있어야 한다.

(1) 토론의 순위

회원은 누구나 토론에 참여할 수 있으나 토론하는 차례가 있다. 토론의 순위는 제안자가 첫번째로 말하고 그 다음에 반대자가 발언하고 그리고 찬성자가, 두번째로 반대자, 찬성자 …… 이렇게 엇바꾸어 토의가 계속되어야 한다. 그렇게 하여야 찬성과 반대의 의견을 충분히 토론할 수 있다.

(2) 토론의 횟수(回數)

한 제안에 대하여 한 회원은 한 번밖에 토론하지 못하는 것이 원칙이다. 그러나 발언할 회원이 없으면 한 회원이 두 번 발언할 수 있다.

설명과 토론은 다르다. 질문과 토론도 다르다. 토론은 물론이요 설명과 질문도 자신이 한 말을 또 다시 되풀이해도 안되고 다른 회원이 한 말을 다시 뇌까리려도 안된다. 회장이 잘 처리해서 되풀이로 시간을 낭비하지 않게 해야 한다.

(3) 토론의 연관성(聯關性)

토론은 정당한 동의에 대하여 시비를 걸어서 타당한 결정을 내리려면 본 의제와 관계가 있는 것과 어느 면에 본 의제와 연관성이 있는 것을 토론해야 한다. 구체적 예를 거론하거나 에피소드를 말한다거나 하여도 관련성이 있으면 그러한 발언은 허용된다.

3) 토론의 공익론(公益論)

의제와 아무런 관계가 없는 말을 하거나 다른 이의 감정을 건드리는 말을 한다든지 쓸데없는 말을 해서는 안된다.

너무 혼자서 길게 말하거나 안건과 관계없는 말이나 남을 모독하는 말이나 개인이나 단체의 명예를 손상시키는 발언과 불온한 언사는 발언권의 남용이다. 이러한 경우 회장은 직권으로 제지해야 한다. 또 회원이 "규칙이오" 하고 제재를 요구할 수 있다.

회의 발전을 위하여 무엇을 해야 되겠다고 말하는 것이 공익론이다. 공익론(公益論)은 동의나 건의를 하지 않고 순전히 토론에 그치는 것이다.

4) 토론의 제한

토론을 하다보면 빗나갈 수도 있고 흥분한 나머지 본의와는 다른 표현을 쓰게 될 경우도 있다.

영국 의회에서는 의원들이 사용할 수 없는 언어가 많다. 거짓말쟁이라는 말은 절대금물이다. 강아지, 돼지, 바보 같은 저속한 말을 동료의원에게 빗대서도 쓰지 못한다. 이를 어기면 의장에게 주의를 받게 된다.

토론하는 중에 일단 잘못된 말에 대해서는 변명하기 보다 사과하고, 피해를 당한 측에 양해를 구하는 것이 최선이다.

회원은 토론하는 중에도 품위를 지키면서 자기 의견을 관철시켜야 한다. 회원은 그의 기본권으로서 몇 시간이고 몇 번이고 자유로이 토론에 참가할 수 있다. 그러나 실제로는 심의기간이 제한되어 있으므로 가급적이면 여러 회원에게 발언 기회를 주면서도 또 한편으로는 초점을 벗어난 발언이나 의사 방해를 위한 발언을 하면 토론을 제한하고 필요하다면 토론을 연장할 수도 있다.

상정된 의안이 동의가 되고 동의에 대한 회장의 진술(陳述)이 끝나면 토론이 허용되는 데는 한계가 있다. 동의는 토론의 정도를 따져 다음 3가지로 분류할 수 있다.

　첫째, 충분히 토론될 수 있는 동의
　주동의, 수정동의, 무기연기동의 등.
　둘째, 토론이 제한되는 동의
　휴식, 위원회 회부, 유기연기동의 등.
　셋째, 토론이 될 수 없는 동의
　일시연기, 토론 제한, 즉시 표결 등이다.
　이 동의를 토론하는 데 시간이 걸리면 동의 목적 자체에 위반되어 무의미해지기 때문이다.
　토론은 아니지만 보통 허용되는 발언이 있다. 동의의 제안자가 제안에 앞서 간단한 코멘트 정도의 말은 허용한다.
　회원은 동의의 내용이나 효과를 알 권리가 있기 때문에 이를 알기 위한 질문은 일반적으로 허용된다. 이런 질문은 회장에게 직접 향해서 질문하면 회장은 이를 받아 다시 대답할 자에게 그 질문을 돌리고 이 때 대답하는 발언은 토론으로 보지 않기 때문에 토론시간의 제한이 있더라도 그 시간만은 계산되지 않는다.
　발언 희망자가 전부 발언을 다 했다고 판단되면 토론 종결을 위하여 회장은 "더 의논할 것은 없습니까?" 하고 물어본다거나 "결정에 들어가도 되겠습니까?"라고 묻는다.
　이럴 때 또 발언 신청자가 있으면 토론은 재개되나 이 때 발언 희망자가 "결정합시다" 하거나 회원들이 침묵하고 있으면 회장은 일어나서 결정에 들어갈 것을 선언할 수 있다.

5) 토론 시간의 제한과 연장

　토론 자유의 원칙대로 하면 토론 시간은 제한할 수 없으나 개인의 토론 자유가 발언권을 남용해서 공중을 괴롭힌다면 개인의 토론 자유로 제한해도 좋다. 이런 경우에는 어떤 회원이 일어나서 "회장, 토론하는 데 한 회원의 발언 시간을 5분 이내로 제한하기를 동의합니다" 하여 재청이 있은 후 개의는 할 수 있으나, 토론없이 표결하여 출석 회원 3분의 2이상의 찬동을 얻어야 가결된다.

한 의안 토론에 대하여 그 전체 토의 시간을 제한하고 싶으면 회원이 일어나서 "회장, 이번 의안의 전체 토의 시간을 30분 이내로 제한하기를 동의합니다" 하여 재청이 있은 후 개의는 할 수 있으나 토론없이 표결하여 출석 회원 3분의 2이상의 찬동을 얻어야 가결된다.

이는 토론 자유의 원칙에 저촉되는 중대한 문제이기 때문에 토론 전에 행하여야 한다.

경우에 따라서는 제한된 토론 시간을 연장할 수도 있다. 토론 시간 연장 동의도 재청이 있은 후 개의는 할 수 있으나 토론없이 출석회원 3분의 2이상의 찬동을 얻어야 가결된다.

이는 결의된 시간을 뒤집어 엎는 일이므로 신중히 다루어야 한다.

6) 토론의 종결

(1) 자연 종결

토론하는 회원이 없거나 토론 시간이 다 되었으면 자연히 종결되어 표결로 들어간다.

(2) 결의 종결

토론이 될 대로 되었는데도 되풀이하는 토론이 오고 가고 하면 어떤 회원이 일어나서 "회장, 이제 그만 토론을 종결하고 곧 표결에 붙이기로 동의합니다" 하여 재청이 있은 후 토론없이 표결하여 출석회원 3분의 2이상의 찬동을 얻어야 가결된다.

이 동의는 토론 종결에만 관계 있다. 그러므로 토론하던 의안 자체는 곧 이미 표결해야 한다.

토론 종결 동의는 토론에 참가한 회원은 못한다. 부결되면 그 의안 토론 중에는 거듭 토론 종결 동의를 내지 못한다.

토론 종결이 적정하게 행해졌을 때는 일단 결정단계로 들어가며 이후부터는 더 이상의 토론 계속 주장은 일체 인정하지 않는다. 만일 토론 종결이 너무 빨리 행해졌다면 어떻게 할 것인가? 앞서의 결정 촉구 발언으로서의 침묵이란, 표결에 들어가도 좋다는 대답으로써 허용이 된다. 그러나 일부 회원들이 토론 재개를 강하게 원하면 종결을 서두를 필요는 없다.

 토론을 효과적으로 진행하는 데는 회장의 리더쉽이 크게 좌우된다. 회장은 항상 회원 전체에게 몇번이고 반복하여 의제의 내용을 이해하기 쉽게 알려주어야 한다.

 논의 중에 의제가 올바른 방향으로 진행이 되도록 토론의 내용을 정리하여 이른바 교통정리를 해주는 것이 회장의 중요한 역할이다.

7) 토론의 평가

 일반적으로 토론활동의 평가는 생략되어지는 경우가 대부분이다. 그러나 토론 과정에서 일어난 상황들을 종합해 보고 평가함으로써 토론의 목표와 실제 진행된 사항을 비교 검토해 볼 수 있다.

 (1) 토론은 강요적이어서는 안된다.

 토론 상대방의 행동을 변화시키기 위하여 강요하거나 충고하는 것보다 단순히 생각이나 정보를 제공해 주는 데서 그치는 식으로 이루어져야 한다.

 (2) 토론은 신뢰성이 있어야 한다.

 토론은 상호간에 신뢰의 관계가 형성된 때만이 효과적이다. 토론은 생산적으로 처리할 수 있도록 준비가 되어 있어야 좋은 결론을 얻을 수 있다.

 (3) 토론은 나타난 사실을 서술하는 방식이어야 한다.

 토론에서 서술적이 되기 위하여 동기보다는 행동에, 추리보다는 관찰에, 일반적인 것보다 구체적인 것에 초점을 두고 이루어질 때 보다 효과적이 된다.

 (4) 토론은 변화 개선이 가능한 것에 한하여 토의되어야 한다.

 토론에 참가하는 사람의 노력 여하에 따라 변화 가능한 것과 함께 거기에 따르는 대안적 행동까지 제시해 줄 때 가장 효과적이다.

3. 질문(질의)

질문은 토의의 심장이다. 질문은 상대방의 흥미와 관심을 불러 일으키는 힘을 지니고 있어서 사람의 사고(思考)를 자극하는 것이다. 그러므로 회의 지도자의 주된 임무는 질문을 발하는 데 있다.

질문을 함으로써 상대방의 사고를 자극할 뿐만 아니라 상대방의 태도를 관찰할 수가 있고 이로써 토의를 사람들에게 적합시킬 수가 있는 것이다. 그러므로 질문은 회의가 되었을 때 또는 토의의 실마리가 풀리지 않아 동기 유발이 필요할 때 또는 참석자에게 주의를 환기시킨다거나 참여 의욕을 각성시키고자 할 때 사용할 수 있다.

토의중에 문제를 바로잡아 밝히기 위한 물음이 질문이다. 회원은 토의로 들어가기 전에 누구든지 언제든지 질문할 수 있다. 회장은 토의에 들어가기 전에 질문 시간을 내어서 충분히 질문할 기회를 주어야 한다. 질문을 하겠다고 언권을 얻고는 자기 의견을 제시하는 것은 질문이 아니기 때문에 제재를 받게 된다.

회장은 질문을 골고루 사용할 방법을 다각적으로 구사하여야 한다. 질문할 때는 부드럽게 하며 도전적인 인상을 주지 말며 갑작스럽게 질문을 던져 당황해 하지 않게 하여야 한다.

질문을 받고 답변을 할 때 지나치게 꿰뚫어 보아 상대방에게 압박감을 주지 않아야 한다. 무언의 격려를 눈짓과 고개 끄덕임으로 할 수 있다.

1) 질문의 종류

여러 가지 형태의 질문을 분류하면 다음과 같다.

(1) 전체 질문

이 질문은 토론의 서두와 종결시에 사용한다. 전반적인 내용이 광범위하게 전 회원에게 던져진다. 또한 본질적인 질문(왜, 어떻게)이 사용된다.

전체 질문은 답할 사람을 지적하지 않고 참석자 전원에게 던지는 질문이다. 전체 질문은 토의를 시작하기 위한 유발 질문에 많이 사용되지만 그렇다고 해서 그러한 질문에서만 쓰이는 것은 결코 아니다.

문제의 결론을 내기 전에 전 회원의 의견을 확인하고 모든 사람에게 발언할 기회를 주기 위하여 "지금까지의 토의에 더 덧붙일 것은 없는가?" 하고 전체 질문을 한다.

"이런 일에 대하여 여러분은 어떻게 생각하십니까?" "누구 좋은 의견이 없습니까?" 이와 같은 식으로 한다.

전체 질문을 활용하는 데 있어서 유의해야 할 점은 다음과 같은 것들이 있다.

첫째, 질문하고 나서 잠시 동안 사이를 두어야 한다.

둘째, 동시에 두 사람 이상의 응답을 허락하지 않아야 한다.

셋째, 응답이 다변가(多辯家)에게 독점되지 않도록 하여야 한다.

(2) 직접 질문

직접 질문은 어느 특정 개인에게 답을 시키고 싶을 때에 그 개인을 지명해서 행하는 질문의 형식이다.

"○○ 씨 어떻습니까?" "○○ 씨 이런 경우 어떤 조치를 취할 수 있을까요?" 등이다.

직접 질문 형식을 채용하는 장면은 전체 질문을 활용하는 장면과 대조적인 장면이다.

회의 지도자는 이 두 형식의 질문을 교묘히 가려 씀으로써 토의를 다채롭게 만들 수 있는 것이다. 만일 이들 형식 가운데 어느 하나에만 치우치면 토의는 부자연스러운 것으로 되어간다.

(3) 반대 질문

회원들의 참여를 재고취시킬 때 혹은 사회자에게 도전적 질문을 했을 때 사용하는 질문이 반대 질문이다. "당신 자신의 의견은 어떻습니까?" 식이다.

(4) 중간 질문

회의 토론의 활기를 불러 일으키고 전체 참여를 불러 일으킬 때 사용한다.

(5) 유도 질문

토론을 확대시키거나 토론의 주제에서 벗어나려고 할 때 그리고 그 주제에로 환원시키려고 할 때 사용하는 질문이다.

(6) 선도 질문

집단 사고를 유발시키려고 할 때 사용한다.

(7) 추급 질문

추급(追及)질문을 추구(追求) 질문이라고도 하는데 명확하지 않은 문제를 명확하게 하거나 앞선 논의를 다시 새김질하여 토의할 필요가 있을 때 사용한다.

추급 질문의 가장 알기 쉬운 형식은 "예, 아니오"의 질문이다. 우리들이 한 콤비의 코미디언이 하는 회화에 자신도 모르게 끌려들어가서 열심히 귀를 기울이게 되는 것은 그들이 번번이 추급 질문을 써서 잇달아 새로운 사항을 끌어냄으로써 우리들에게 줄곧 흥미를 주고 있기 때문이다.

(8) 유발(誘發)질문

유발 질문은 발문(發問)이라고도 하는데 사고를 촉진시키고 말문을 열게 하여 토의를 활발히 하고자 할 때 사용한다.

질문에 의하여 명시(明示)된 문제를 소화해서 더욱 구체적으로 한정하고 어떤 요점을 특히 강조하여 사람들의 사고를 촉진시켜서 토의를 실제로 끌어 일으키기 위한 제2차 질문을 말한다.

(9) 릴레이 질문

릴레이(Relay) 질문은 참석자 편에서 나온 질문에 대한 조치로서 "지금 ○○ 씨로부터 ……라는 질문이 있었습니다. 여러분께서는 어떻게 생각하십니까?"라고 물어 전체를 대상으로 의견을 활발히 개진하게 하는 방법과, 지명하여 릴레이 할 수도 있다.

"○○○ 씨의 질문에 대해 ○○○ 씨의 의견은 어떠하십니까?" 이와 같은 형식은 사회자가 질문에 대해 답변해 버릴 때 다른 참석자가 생각해 보려 하지 않는 태도를 막을 때 사용하는 질문이다.

일반적으로 질문을 릴레이 하는 데는 먼저 A의 견해를 묻고 그 답이 있은 뒤 즉시로 B에게 "선생은 그 밖에 다른 의견을 갖지 않으셨나요?"라고 묻는다.

릴레이 질문은 이것을 교묘히 활용하면 토의의 분위기를 아주 좋게 만든다. 따라서 회의 지도자는 토의가 정체해 있다고 느꼈으면 릴레이 질문을 활용하는 것이 안성맞춤일 것이다.

2) 질문할 때 유의할 점

(1) 질문의 효과를 고려할 것
(2) 답변에 여유를 줄 것
(3) 답변에 대하여 사의를 표할 것
(4) 유익하고 합당한 질문을 하여 자유스러운 분위기를 조성할 것
(5) 참가자에게 공평하게 시간이 배분되도록 할 것
(6) 퀴즈형 질문은 피할 것
(7) 질문은 너무 쉽거나 어렵게 하지 말 것
(8) 한 번에 한 가지 질문만 할 것
(9) 참가자끼리 옥신각신하지 않도록 할 것
(10) 빗나가는 토론은 막을 것
(11) 개발적이며 사고활동을 요구하는 질문을 할 것
(12) 무응답에 대한 적당한 조치를 고려할 것
(13) 질문의 형을 선정하고 답변자의 경험과 지식의 범주를 고려할 것
(14) 질문자가 스스로 대답을 얻을 수 있도록 안내자 역할만 할 것

3) 좋은 질문

질문이 그 문제와 그 시기에 적합하여야 사람들의 사고를 개발할 힘을 발휘할 수 있다. 그렇게 하기 위해서는 질문 자체가 다음과 같은 조건에 적합하여야 한다.

(1) 간명(簡明)해야 한다.

질문은 간단하고 더구나 요점을 빠뜨리지 않아야 한다. 긴 질문으로는 상대방에게 그 요점을 이해시키기가 힘들다. 그러므로 질문에는 상대방이 이해하기 어려운 듯한 말은 피하고 간단 명료하게 말해야 한다.

첫째. 묻고자 하는 바를 명료하게 전달해야 된다.

둘째. 질문을 간명하게 하기 위하여 질문에 몇 가지의 요점을 내포하

고 있는 듯한 말은 쓰지 않아야 한다.
 (2) 뚜렷한 목적이 있어야 한다.

 질문은 특정(特定)한 목적으로 향해진 것이라야 한다. "일이란 무엇입니까?"란 질문은 막연한 질문이기 때문에 결코 명쾌한 답을 기대할 수가 없고 둘 이상의 대답을 기대하는 듯한 질문도 분명한 대답을 얻을 수가 없다.

 질문에 뚜렷한 목적을 갖게 하려면 언제나 왜(Why), 무엇을(What), 어디(Where), 언제(When), 누구(Who), 어떻게(How)란 의문사(疑問詞)를 강조해서 물어야 한다.
 (3) 상대방의 사고를 계발하는 질문이어야 한다.

 질문은 상대방의 사고 활동을 계발하는 것이어야 한다. 단지 기계적인 대답이나 습관적 응답밖에 듣지 못할 질문은 좋은 질문이 될 수 없다.
 (4) 답을 암시하지 않아야 한다.

 그 답을 암시하는 듯한 질문은 토의에 있어서 해(害)는 있을지언정 소득이란 아무것도 없다. 유도(誘導) 질문은 상대방에게 특정한 암시를 주기 때문에 토의에 있어서 금물이다.
 (5) 상대방의 능력에 적합한 물음이어야 한다.

 질문은 상대방에게 너무 어렵다고 느끼는 것이어도 안되고 또 너무 쉽다고 느끼는 것도 안된다. 질문은 상대방의 능력에 적합해서 광범한 반응을 일으킬 만한 물음이어야 한다. 그러므로 올바른 질문이란 상대방의 능력에 따르는 문제의 분석, 평가, 판단을 요구하고 있는 것이다.

4) 질문의 분위기

 질문은 그것을 말할 때 분위기가 상대방에게 여러 가지 변화를 주게 된다. 그러므로 질문자는 질문의 내용과 아울러 억양, 음향, 말과 말 사이, 속도 따위의 분위기에 대해서도 깊이 생각하고 질문을 시작하여야 한다.

 질문의 분위기가 중요한 것은 불필요하게 사람들의 감정을 자극하지 않아야 질문자의 뜻이 상대방에게 잘 전달될 수 있기 때문이다.

(1) 질문과 질문 사이

질문의 분위기에 있어서 첫째로 생각할 것은 질문과 질문 사이를 띄우는 문제이다. 예를 들면 "이 문제를 어떻게 생각하십니까"라고 질문하고 나서 또 다른 질문을 하면 상대방은 당황할 것이며 대답의 혼선을 일으킬 것이다. 왜냐하면 조금도 생각할 시간의 여유를 주지 않았기 때문이다. 그러므로 질문자는 질문을 했으면 생각할 시간의 여유를 주어야 한다.

토의는 결코 무대 위에서 배우들의 대담처럼 진행되는 것은 아니다.

(2) 부드러운 분위기

사람들은 단 둘이서 대화하고 있을 경우라도 그 때의 형편에 따라 의도하지 않았던 방향으로 이야기가 진행되거나 혹은 무심코 이야기한 말에 상대방이 버럭 화를 내는 경우도 있다.

회의에 참석하고 있는 회원들은 단 둘이서 대화하고 있는 경우에 비하여 회의 장소로부터 강한 압력을 받고 있다. 따라서 회원이 던진 말 한마디에 민감한 반응을 일으키게 된다. 그러므로 질문할 때 말 한마디 행동 하나하나에 조심하여야 분위기를 부드럽게 만들 수 있다.

질문의 형식도 어느 한 형식에만 치우치면 일부 사람에게 독점되거나 또는 집단 응답을 낳는 경향이 되기도 한다.

5) 질문 시간의 제한과 연장

회원은 토의 중 언제든지 질문할 수 있으나 토의와 관계있는 질문을 하여야 한다. 전체 문답식 질문을 하든지 일문일답식 질문을 하든지 질문 방식은 자유이다. 질문 시간은 제한하는 것이 원칙이다.

개인의 질문 시간 제한이며 전체의 질문 시간 제한이며 재청이 있어야 하고 개의는 할 수 있으나 토론없이 표결하여 출석 회원 3분의 2이상의 찬동을 얻어야 가결되는 모든 절차가 토론시간 제한의 경우와 같다.

그러나 필요에 따라 질문 시간을 연장할 수 있는데 질문 시간 연장 동의도 재청이 있은 후 개의는 할 수 있으나 토론없이 출석 회원 3분의 2 이상의 찬동을 얻어야 가결된다.

6) 질문의 종결

질문은 때가 되면 자연히 종결되지만 질문이 너무 지루할 때에 회원은 일어나서 "회장, 질문을 그만 종결하기를 동의합니다" 하면 재청없이 토론없이 표결하여 출석회원 3분의 2이상의 찬동을 얻어 가결한다.

규칙을 어기었다고 항의하는 규칙상 질문은 말이 질문이지 질문이 아니라 특권을 가진 동의요, 특수 언권을 가진 호소이다.

4장
표결

1. 표결(表決)
2. 표결의 방법
3. 표결의 순서
4. 표결의 선포
5. 표결의 결과
6. 가결, 부결, 미결
7. 표결의 발표과 의결(議決)

표결

1. 표결(表決)

회의에서 선거와 심의는 가부의 표결(表決)로써 확정이 된다. 표결이란 회원들의 찬성과 반대를 표시함으로 선거에서는 당선과 낙선이 결정되고 심의에서는 가결과 부결이 결정되는 것이다.

표결(表決)과 동음인 표결(票決)은 투표로 표결한다는 뜻이다. 표결의 권리는 각 회원의 기본권이다. 그러므로 회원은 반드시 회의에 참석하여 표결에 참가하여야 한다.

표결에 참가하지 않는 것을 기권(棄權)이라고 한다. 기권은 가부의 태도를 표시하지 않는 행동이다. 그러나 기권은 '부'에 가담한 셈이 된다. 기권은 회원의 권리를 포기하는 행동이므로 좋지 않다.

1) 다수결(多數決)

(1) 다수결의 근거

다수결은 민주주의의 원리로 인정되어 있다. 회의법은 민주주의의 실천적 률(rule)의 체계이기 때문에 당연히 다수결의 원칙이 적용되는 것은 다수의 의사가 무엇보다도 전체의 의사로 인정되기 때문이다.

무엇이 의(義)인가? 무엇이 정의(正義)인가에 대해서 각기 생각이 다른 십인십색(十人十色)의 생각을 민주사회에서는 다수결에 의해 하나로 결정을 하게 된다.

　가치란 상대적인 것이므로 누가 옳으냐 누가 틀렸는가를 객관적으로 결정할 수는 없는 일이다.

　따라서 다수결은 이러한 현상을 가장 합리적으로 결정을 지우는 척도로서 보편적 가치로서 민주사회에서는 적용하고 있는 것이다.

　다수결의 다수(多數)란 보통 과반수(過半數 반수 플러스 알파)란 뜻이다. 예를 들면 30명 가운데 다수는 반수 + α (1명)로 16명 이상을 의미한다. 31명일 때는 반수의 단수를 잘라서 16명 이상이다.

(2) 다수의 산정 기초

　다수가 과반수이라면 무엇에 기준해서 산정되느냐가 문제가 된다. 과반수의 산정 기준으로 몇 가지를 생각할 수 있다.

① 회원으로 인정받은 수를 기준한다.
② 회원 자격을 상실한 회원을 제외한 현재 인원수를 기준한다.
③ 출석한 회원수를 기준한다.
④ 투표에 참가한 인원수를 투표자수로 기준한다.
⑤ 기권자와 무효표의 수를 제외한 유효투표 총수를 기준한다.

　과반수라는 다수결의 원칙을 회의 규칙에 미리 규정하거나, 선거나 의안 심의하기 전에 어떤 기준을 미리 정해야 회의 질서와 권위를 위해 유익하다.

(3) 유효투표의 다수원칙

　유효투표의 원칙이란 결석자, 기권자, 무효투표자를 투표수에서 제외시키고 유효투표수를 기준으로 과반수를 정하는 것이다.

　예를 들면 회원 80명 정족수의 과반수는 41명인데, 출석자가 45명이라고 할 때 그중 찬성 20명, 반대 19명, 기권 6명의 경우에는 유효투표가 39표가 되므로 그중 찬성표 20이 있기 때문에 가결이 된다.

　따라서 35명의 결석자나 6명의 기권자는 표결에 참가하는 권리를 포기하여 투표자의 결정에 따른다는 것으로 간주한다. 이런 뜻이 있기 때문에 회의 소집 통보가 중요한 의미를 갖게 되는 것이다.

　기권자와 무효투표가 계산되지 않기 때문에 다음과 같은 극단적인 경우도 생각할 수 있다. 출석자 100명의 회의에서 회장이 결의를 채택하게 된 것은, 제안자 1명만이 찬성하고 기타 99명이 아무 의견 개진없이 찬성도 반대도 아니했다는 이유에서이다. 이런 현상은 찬성 1표 반대 0으로 가결이 됐다는 결과가 되는 것이다.

① 특별 다수결

과반수가 아닌 3분의 2이거나 4분의 3과 같은 가중 다수결(加重 多數決)로 결정한 경우이다. 안건이 중요한 것일 때 일어난다.

예를 들면 미국 대통령이 거부권(Veto)을 행사한 법안은 재제정(再制定)이 되기 위하여는 3분의 2가 하게 된다는 경우이다.

가중 다수결은 그것만으로 다수측의 횡포를 억제할 수 있다고 생각할 수도 있지만 반면에 그 제도 때문에 소수측을 강화하여 다수에 대항할 수 있게 하는 면도 있는 것이다.

구체적 예를 들어본다면 미국의 상원에는 100명의 의원이 있다. 조약의 기준에는 3분의 2가 있어야 하므로 67명이 찬성하면 통과가 된다. 그런데 이 67명의 반분에 약간 못 미치는 34명이 반대하면 부결이 된다. 이와 같이 가중 다수결은 그 이면으로 보면 소수결(小數決)이 되어 비민주적이 되고 마는 것이다.

이런 예는 극단의 경우이다. 또 다른 면에서 본다면 이른바 전원일치(全員一致)의 경우를 본다면 더욱 명백히 나타난다.

형사사건에 12명의 배심원이 전원일치로 평결했다고 하자. 1명이라도 반대하면 유죄도 무죄도 안된다. 유죄 무죄 어느 편에서도 전원일치가 되지 않으면 안된다. 1명이 절대의 거부권을 갖는다는 뜻이다.

12명이 100명이 되어도 1000명이 되어도 1명에 대항하여 이겨야 하는 것이다. 형사배심(刑事陪審)에서는 전원일치가 이루어지지 않으면 배심을 재구성하여 처음부터 심리를 다시 하여야 하나 이쯤되면 보통 검찰측에서 소를 취하게 된다.

② 비교 다수결

안건(또는 후보자)이 3개 이상 있을 때 제1위는 비교다수의 득표가 원칙이 된다. 이것이 다른 안건의 득표합계를 상회할 때 이외에는 과반수가 되지 않는다. 안건이 늘어나면 점점 반수에서 멀어진다.

극단의 예로는 투표자 100명의 표가 99명의 후보자 전부에 분산이 되면 99명이 한 표씩밖에 얻지 못하여 최후의 1표를 얻은 자. 즉 2표를 얻은 자가 비교 다수로 당선이 되는 것이다.

이런 것을 방지하기 위하여 일반적으로 영미 회의법에서는 특별한 규정이 없는 한 비교 다수결을 허용하지 않고 있다.

2) 가부동수의 결정표

(1) 두 종류의 가부동수

1개의 제안(또는 후보자) A에 대해서 투표를 하였을 때 가부동수. 다시 말하면 동점(同點 tie)이 되었을 때 회장에게 결정표(決定票)를 던지기를 요구하는 경우가 보통이다. 어떻든 이런 현상은 과반수에 부족하기 때문에 더 논의 여지없이 부결(否決)이 될 수밖에 없다.

경우에 따라서는 동점에서 무엇인가 결정을 하지 않으면 안되는 경우가 있다. 예를 들면 A. B 2개의 제안(또는 후보자)이 있다고 할 때 이 중 어느 쪽을 택할 것인가 하는 선택의 문제이다. 가부 동수일 때는 A. B 두 안은 과반수 미달로 둘 다 부결이 되는 것이나 이 두안 중 하나를 선택해야 할 때는 그 어느 한쪽도 해결이 안된다. 이럴 때는 회장의 결정표로 한쪽을 가결시키는 것이다.

(2) 결정표의 투표방법

회장이 자신의 한표를 던지는 방법에는 3가지가 있다.

① 제1은 투표에 참가하여 어느 쪽이고 한표를 던져 동점을 해소한다. (예를 들면 A안과 B안. 20대 20을 21대 20 또는 20대 21로 만든다)

② 제2는 투표 결과 동점으로 1% 부결이 된 것이므로. 가(可) 투표하여 1표차로 가결시키는 경우(예를 들면 20대 20으로 부결(否決)된 것을 21대 20으로 가결시킨다)

③ 제3은 한국에서는 잘 알려져 있지 않은 투표방법으로 1표차로 안건이 됐다고 볼 때. 부(否)로 투표해서 동점을 만들어 부결한다(예를 들면 가부 20대 19에서 20대 20으로 동점을 만든 후 부결시킨다).

(3) 고유표로서의 결정표

회장은 회원 평등의 원칙에서 그중 한 사람으로서 당연히 고유한 한 표를 갖는다. 회장은 불편부당한 사회자이어야 하기 때문에 회장이 회장 자격으로 안건을 제안하거나 토론에 참가할 일은 없다.

영국에서는 상원의장은 토론이나 의결에는 참가할 수 있으나 하원의장은 토론에는 참가하지 않는다. 관행상 원칙으로써 의결권도 행사하지 않는다.

이런 경우를 제외하고 통상의 회의에서는 회장은 당연 구성원으로서 고유의 한표를 던질 권리를 갖고 있다. 점호식으로 투표를 할 때는 회장의 이름은 최후로 부른다. 또한 회장만이 개표 후에 이 고유표를 결정표(決定票)로 사용할 수도 있다.

회장의 결정표는 고유표로서 결정표가 원칙이다. 그러나 고유표가 아닌 결정표가 있다.

미국의 부통령은 상원의원이 아니기에 고유표는 없으나 동점이 되었을 때는 이것을 해결하기 위하여 부통령이 결정표를 행사할 수 있도록 연방 헌법 제1조 3항에 명문으로 규정하고 있다.

이와 같은 결정표는 고유의 한표 위에 주어진 제2표가 된 셈이다. 예를 들면 영국의 회사법이나 지방자치법에는 명확히 2표 몫의 결정표를 인정하고 있다.

회장 자신이 투표한 결과 동점이 되었을 때 회장은 결정표를 갖는다고 명시되어 있는 것이다. 다시 말하면 회장은 고유표에 더하여 제2표로서의 결정표를 갖는데 이런 때는 반드시 명문의 규정이 있어야 한다.

(4) 회장의 결정표 포기

영국의 상원의장은 토론이나 의결에는 참가할 수 있으나 동점이 되었을 때도 결정표가 없다.

하원의장은 의결권을 행사하지 않는 것이 관행이나 동점이 되었을 때는 결정표를 던져야 한다. 그러나 이와 같이 의장의 결정표 행사에 의무를 부여하는 경우는 매우 적다.

의장은 불편부당을 전제로 찬부 상반(相半)으로 치열한 결론과 이해의 대립 가운데 의장이 결정표를 던진다는 것은 결코 현명한 것이라고만은 생각할 수 없다.

 한 사람의 한표로 엄청난 역전이 생기게 되므로 처음부터 의장은 일반 투표에 참가하여 미리 고유표로서 한표를 행사하면 이와 같은 큰 충격을 두지 않을 수 있다. 그러므로 투표시 고유표를 미리 행사함로써, 표결 후 동점이 된 후 사안을 결정하는 결정표가 되는 것을 해소할 수 있을 것이다.

2. 표결의 방법

 토론이 종결된 다음에는 회장이 표결에 들어갈 것을 선언하게 된다. 회장은 한번 더 표결 안건이 무엇인가를 반복 진술을 한다. 그러나 이 진술이 필요없다고 판단되면 진술할 것까지는 없다.

 그러나 회장은 토의된 문제를 확실히 하기 위해 회원에게 진술하는 것이 보통이다. 이때 표결에 들어가도 좋겠는가를 물어 발언이 없으면 표결에 들어간다.

 표결에는 다음과 같은 방법들이 있다. 이 방법들을 선거 표결에 쓸 것인가 심의 표결에 쓸 것인가는 각자의 재량에 맡긴다.

1) 약식(略式) 표결

 회원 전체가 찬성하는 기세가 보일 때에 가부를 묻지 않고 회장이 가결을 선포하는 표결 방식이다.

 회장이 회중에게 "이의 없습니까?" 하고 물었는데 "가부요" 하고 응답이 나오지 않고 "이의 없습니다" 하는 응답만 있으면 회장은 "그럼 전원 일치 가결로 인정합니다" 하고 가결을 선포한다.

 이 때 "안됩니다" 하는 소리가 있으면 가부를 물어야 한다.

2) 구두(口頭) 표결

 입으로 즉 말로 가부를 표시하며 결정짓는 표결 방식이다.

 회장 : 가하게 여기시는 분은 '예' 하십시오.

회원들이 '예' 한다.
회장 : 부(否)하게 여기시는 분은 '아니오' 하십시오.
회원들이 '아니오' 한다.
회장은 소리가 큰 편을 따라 가결 부결을 선포한다.
만약 어느 쪽이 다수측인가를 자신있게 말할 수 없을 때는 "찬성이 다수로 생각됩니다만"이라고 일단 운을 띄어본 후 회중으로부터 아무런 반응이 없으면 그 때는 "찬성 다수로 가결되었습니다"라고 단정적으로 선언을 하면 된다.
회원은 이상과 같은 구두 표결에 의문이 있으면 찬반의 수를 확인해 줄 것을 요청할 수도 있다.
이 때 "표결에 의문이 있습니다"를 제안한다.
구두 표결과 비슷한 박수(拍手) 표결도 있는데 "찬성하는 분은 박수하십시오" 해서 박수하는 것은 좋으나 "반대하는 분은 박수하십시오" 해서 반대에 박수하는 것은 좀 이상한 느낌이 있다. 결국 모두 찬성하리라고 믿을 때에 찬성만 묻는 것이 격식에 맞는다. 박수에 의하여 전원 일치로 선임하거나 신임 채택의 결의를 성립케 하는 데 사용하는 방식이다. 만약 이의나 수정동의가 나오면 이런 표결은 성립이 되지 않는다.
박수의 표결 방법은 보통 교회 관계 회의에서 널리 쓰여지고 있다.

3) 침묵(沈默) 표결

회장이 당연히 전원 찬성을 전제로 이의 유무를 묻거나 또는 "이의가 없으면 이렇게 결정하겠습니다" 하고 말할 때 전원이 침묵하고 있으면 찬성 표명으로 간주하여 전원일치의 결정이 된다.
예를 들면 회록 승인을 위하여 서기가 회록을 낭독한 후 회장이 정정 여부를 물어 지적이 있으면 정정하고 그렇지 않으면(잠시 아무 반응이 없으면) 회록을 낭독한 대로 승인한 경우이다.

4) 거수(擧手) 표결

회원들이 앉아서 손을 들어 가부를 표시하여 결정짓는 표결 방식이다.

회장 : 찬성하는 분은 거수하십시오.
회원들이 손을 든다.
회장 : 반대하는 분은 거수하십시오.
회원들이 손을 든다.
거수는 오른편 손을 드는 것이 보통이다. 두 손을 드는 것은 아니다.

5) 기립(起立) 표결

일어서는 것으로 가부를 표시하여 결정 짓는 표결 방식이다. 거수 표결보다 확실하다. 때로는 기립 표결에 찬성, 반대를 양편으로 갈라서 서게 하는 수도 있다.

6) 점호(點呼) 표결

회장이 회원을 한 사람씩 이름을 불러 찬성 반대를 대답하게 하여 결정 짓는 표결 방식이다. 이때 회장은 "동의에 찬성하는 사람은 이름을 부를 때 가(可)로 말하고 반대자는 부(否)로 말해 주시오. 서기가 점호(點呼)하겠습니다"라고 한다.

이때 기권할 수 있으며, 기권하려는 사람은 대답을 않거나 출석하지 않으면 된다.

7) 투표(投票) 표결

투표 표결의 투표에는 기명투표와 비밀투표가 있으며 보통 투표표결이라고 말할 때는 비밀 투표를 말하게 된다.

이것은 선거나 중요안건에 사용되는 표결 방법이다. 투표 용지에다 찬성 반대를 표시하여 결정 짓는 표결 방식이다. 투표는 시간이 많이 걸리므로 중요한 결정에나 사용한다.

대리 투표는 허용되지 않는 것이 원칙이며 다만 단체의 규칙에 별도로 정해져 있으면 그에 따르는 것은 별문제이다.

규칙에 정해져 있음에도 그에 따르지 않거나 그 규칙의 효력을 정지하는 일이 있으면 그런 일을 하면서 선거 또는 결의된 것은 무효가 된다.

(1) 투표의 명칭

투표의 명칭을 종류상 명칭, 방법상 명칭, 행위상 명칭, 효과상 명칭으로 구분한다.

- 종류상 명칭

㉮ 무기명(無記名) 투표

무기명 투표는 투표하는 사람의 이름을 쓰지 않고 투표한다.

심의 투표에서는 투표지에 '가'나 '부' 혹 '찬성'이나 '반대'만 쓰면 된다.

선거 투표에서는 당선시키고 싶은 후보자의 이름만 쓴다.

㉯ 유기명(有記名) 투표(기명투표)

심의 투표에서는 '가'나 '부'(찬성이나 반대)도 쓰고 투표자의 이름도 쓴다. 선거투표에서는 당선시키고 싶은 후보자의 이름과 투표자의 이름을 쓴다.

- 방법상 명칭

㉰ 단기식(單記式)투표(단기명 투표)

후보자 한 사람의 이름을 한 투표지에 쓴다. 적당한 이름을 뽑아낼 수 있는데 이 방법에는 한 파(派)에서만 모든 임원이나 대표가 나오기 쉽다.

㉱ 연기식(延記式) 투표(연기명 투표)

후보자 여러 사람의 이름을 한 투표지에 한꺼번에 쓴다. 임원이나 위원이나 대표를 한꺼번에 한 투표지에 쓰게 되므로 인물 본위로 당선시키기는 어려우나 각 파에서 골고루 당선자가 나오게 된다.

- 행위상 명칭

㉲ 공동(共同)투표

모든 회원이 투표용지를 받고 제자리에서 같은 시간에 투표를 한다. 회장의 투표 선포를 따라 시작하고 끝나고 투표지를 걷는 것이다.

개표위원이 투표지를 걷을 때에 투표 그릇에 투표지를 넣어야 한다.

㉳ 개인 투표

회원이 서기의 호명에 따라 기록석에서 회원 명부에 서명한 후 투표용지를 받고 후보자의 성명을 써서 투표함에 넣는다.
- 효과상 명칭

㉮ 유효(有效) 투표

법대로 잘된 투표를 말한다.

㉯ 무효(無效) 투표

ㄱ. 투표용지가 지정 용지가 아닌 것

ㄴ. 후보자의 성명을 잘못 쓴 것

ㄷ. 아무것도 쓰지 않은 것 등이다.

(2) 투표 준비

투표를 하는데 미리 준비할 것은 회인(會印)을 찍은 투표 용지, 투표한 용지를 걷는 주머니나 그릇 또는 투표지를 넣을 투표함, 득표(得票) 계산에 쓸 칠판이나 종이판 등이며 투표위원 개표위원 혹은 감표(監票)위원을 미리 택해 두어야 한다.

(3) 투표절차

① 출석 회원수를 조사한다.

공동투표 때에 정원수가 못되면 투표를 못하는 것이다. 명패(名牌)를 사용하거나 회원명부로써 출석회원을 대조하는 때에는 출석 회원수를 조사할 필요가 없다. 왜냐하면 개인 투표에서는 투표함을 닫을 때까지 투표할 수 있기 때문이다.

② 투표 용지를 나누어 준다.

투표위원들이 먼저 각자가 가진 용지 수효를 계산하고 투표 구역을 분담한 후 같은 시간 때에 자리 차례로 회원 하나하나에게 투표용지를 준다. 한 회원에게 용지를 한 장 이상 주어서는 안된다. 그리고 빼고 안주어도 안된다. 돌려준 투표용지가 회원수와 똑같아야 한다

③ 투표를 시킨다.

회장이 "투표하십시오" 선언하여 투표를 시키고 약간 시간을 준 후에 "다 투표하셨습니까?" 하고 물어서 투표가 완전히 끝나기를 기다린다.

투표 중에는 일체 발언을 금한다. 또한 자리를 뜨지 못하게 한다.

④ 투표지를 걷는다.

투표위원들이 투표용지를 나누어 주던 때와 같이 차례 차례대로 각 회원에게서 투표지를 걷는다.
　회원들이 대개 투표지를 접어서 투표 주머니나 그릇이나 투표함에 넣는다. 회장이 "투표 다 하셨습니까?" 하고 선포한다. 투표 마감 선포 후에는 절대로 투표를 할 수 없다.
　투표를 걷을 때 투표위원들이 투표 주머니나 그릇이나 투표함이 완전히 빈 것인가를 확인해야 한다.
　⑤ 개표를 한다.
　개표위원은 먼저 투표용지수를 세어서 회원수보다 모자라는 것은 좋으나 초과가 되면 회장에게 빨리 알려야 한다. 투표지가 회원수보다 많으면 투표 무효선언을 하는 것이 원칙이다.
　⑥ 득표수를 계산한다.
　개표위원 중 한 사람은 부르고 다른 한 사람은 지켜서서 보고 또 다른 한 사람은 부르는 대로 기록한다. 후보자별로 투표용지를 나누어 계산해도 좋다. 회원들이 공개하기를 요구하면 공개해야 한다.
　투표지에 쓴 글자가 흐리면 따로 모아 두었다가 개표 위원들이 심사하여 유효 무효를 판정해야 한다.
　⑦ 개표 결과를 보고한다.
　개표위원은 개표 결과를 보고서에 써서 회장에게 주면 회장이 당선자를 발표한다. 개표위원은 당선자를 발표할 권리가 없다.
　회장은 회원들에게 다음과 같이 보고한다.
　㉮ 총 투표수
　㉯ 후보자 별(別) 득표수
　㉰ 무효 투표수
　㉱ 당선자

3. 표결의 순서

　동의자 여럿이 나왔을 때 어느 동의부터 먼저 표결에 붙여야 하는 것은 동의 순위에 따라야 한다.

원동의가 나오고 개의와 재 개의가 있을 때에는 맨먼저 재 개의를 표결하고 그 다음에 개의를 표결하고 마지막으로 원동의를 표결한다.
그런데 수정안을 표결할 때에는
(1) 회원의 수정안을 위원회의 수정안보다 먼저 표결한다.
(2) 수정안이 여럿인 경우 원안과 비교해서 원안에서 먼 것부터 표결한다.
(3) 여러 수정안에서 같은 부분은 함께 묶어서 먼저 표결하고 다른 부분은 따로따로 표결한다. 같은 부분이라도 각 수정안을 따라 따로따로 표결해도 좋다.

4. 표결의 선포

표결할 때는 회장이 반드시 "지금 표결하겠습니다" 하고 표결을 선포해야 한다. 선포하기 전에 정원수가 되어 있는지 먼저 알아보아야 한다. 그리고 무엇을 어떻게 표결할지를 밝혀 말해야 한다.
표결이 선포되면 회원의 발언권은 청구할 수 없다. 회장이 표결할 의제나 그 방법에 대하여 동의자에게 설명을 부탁할 때에는 회장이 발언권을 주는 것이고 회원이 자기의 동의 설명을 위하여 발언권을 청구할 수는 없다.

5. 표결의 결과

표결은 표결권이 있는 회원이라야 한다. 결석한 회원에게는 표결권이 없다. 회장은 표결권을 가진 회원의 수효를 세어 정원수가 되어야 표결을 선포할 수 있다.
표결의 권리는 한번 행사하면 다시 같은 사안에 행사할 수 없다. 한 번 투표했으면 그만이요 또는 한 번 거수했으면 그만이다.

6. 가결, 부결, 미결

선거에서는 당선이라는 말을 쓰고 의제에서는 가결이라는 말을 쓴다. 가결에는 이런 것들이 있다.

1) 가결

(1) 전원 일치(全員一致) 가결

  만장일치(滿場一致) 가결이라고도 한다. 반대자가 하나도 없는 경우이다.

  기권은 '부'에 가담한 셈이지만 회원 100명에 '가'에 손든 이가 80명 가량되고 '부'에 손을 들지 않았으면 회장은 '전원 일치 가결되었습니다' 하고 선포하는 것을 볼 수 있는데 사실은 전원 일치 가결이 아니지만 전원 일치 가결이라고 선포해도 무방하다.

  회원 100명에 30명 가량만 '가'에 손을 들고 나머지가 '부'에 기권해도 전원 일치 가결이라고 선포하는데 이는 종다수(從多數) 가결이다. 사실은 부결된 셈이나 부결이라고는 하지 않는다.

(2) 절대 다수 가결

  거의 전원 일치인 경우이다.

(3) 3분의 2 이상 가결

  가편이 적어도 부편의 갑절이 되어야 한다. 출석 15명의 3분의 2이상은 적어도 10명은 되어야 3분의 2이상 가결이라고 할 수 있다.

(4) 과반수(過半數) 가결

  출석 회원이 반수 이상이 되어야 한다. 100명의 과반수는 51명이다. 50명은 반수요 과반수는 아니다. 과반수는 반수보다 많은 것이다. 과반수의 기준을 재적수로 하는 경우도 있다.

(5) 종다수(從多數) 가결

  많은 수를 따라 가결된다는 것인데 예를 들어 출석회원이 200명인데 '가'가 15명이고 '부'가 14명이면(기권이 171명이다) 종다수 가결이 된다. 선거에 있어서 출석회원 100명이 거수 표결을 하는데 후보자 A 씨에게 30, B 씨에게 25명, C 씨에게 20명, D 씨에게 15, E 씨에게 7, 기권 3이라면 30점을 얻었어도 A 씨가 당선이 되는 것이다.

(6) 회장의 결정권 행사

  표결의 결과 가부가 같은 수인 경우에는 회장이 가편이나 부편에 가담하여 결정을 짓는다.

원상 유지(原狀維持)의 원칙이 있다. 회장의 결정권을 "부"로 아주 정해두는 것을 원상유지의 원칙이라고 부른다.

가결은 원상을 깨뜨리기 때문이다. 회칙에 정해져 있어야 이 원칙을 적용할 수 있다.

(7) 추첨 결정

회장이 가부 어느 편에도 가담하기 싫으면 결정을 지어야 할 때에는 추첨으로 결정 짓는 일도 있다.

2) 부결

반대하는 수가 많으면 부결이 된다. 부결된 의안은 부결된 그 날 회의에서는 다시 의제로 제안할 수 없다.

일사부재의(一事不再議)의 원칙이란 한 가지 일을 같은 회기(會期)에서 두 번 의논하지 않는다는 말이다.

번안(飜案)을 재론(再論)이나 재심의라고도 하는데 가결된 의안을 다시 심의에 붙이는 행위이다.

3) 미결

가부가 결정되지 않은 것이 미결이다. 미결은 결의되도록 하는 것도 있고 다음 회의로 넘기는 것도 있고 아주 폐기하는 것도 있다. 이 폐기는 부결과 같다.

미결은 보통 세번째에 가서 가부를 결정 짓는다. 무제한 미결로 끌지는 않는다. 그러나 선거에서는 당선이 결정될 때까지 얼마든지 미결로 끄는 수가 있다.

7. 표결의 발표와 의결(議決)

표결한 후 회장은 반드시 득점수를 발표하고 가결, 부결, 미결을 선포해야 한다.

표결 결과 발표가 잘못되었다고 생각할 때에는 그 자리에서 바로 재표결을 요구할 수 있다.

  회장의 가결, 부결 선포로써 그 문제는 의결되는 것이다.

  한번 의결된 문제는 다시 그 회의에서 심의하지 않는 것이 원칙이다. 그리고 회원은 의결에 복종해야 한다. 기권한 회원이거나 반대한 회원이거나 누구나 다 한번 의결이 된 후에는 이를 달게 순종해야 한다.

5장
동의(動議)

1. 동의의 제출
2. 동의의 재청
3. 동의의 진술
4. 동의의 종류
5. 동의의 목적
6. 동의의 처리
7. 동의의 우선 순위
8. 동의에 관한 일람표

동의(動議)

　회의가 시작되고서부터 끝날 때까지의 사이에는 여러 가지 동의가 제출된다. "회의는 동의로써 움직인다"고 해도 지나친 말이 아니다.
　어떤 의견을 제안하는 것을 동의라고 한다. 그러나 단순히 의견을 진술하는 것만으로는 동의가 되지 않고 진술할 뿐만 아니라 어떤 행동을 취할 것을 다른 회원에게 권유하는 적극성이 있어야 동의가 된다.
　이 규칙은 현상(現狀)에 맞지 않다고 할 뿐이라면 그것은 단순한 의견에 지나지 않기 때문에 동의라고 할 수 없지만 이 규칙은 현상에 맞지 않으니 개정(改正)하자고 제안하면 그것은 훌륭한 동의가 된다.
　이렇듯 동의는 다른 사람에게 어떤 행동을 권유하는 것이므로 자기만 아니라 다른 사람에게도 관심이 있는 문제이어야 한다.
　첫째, 단체 의사를 대표하게 한다든가
　둘째, 어떤 조치(措置)를 취하게 하다든가
　셋째, 회의에 필요한 사항을 처리할 것을 제안하는 것 등이다.
　동의는 무엇을 어떻게 하자는 제안이고 제안이 없으면 회의가 진행될 수 없다. 이 제안하는 것이 동의이고 동의로써 회의가 움직이게 된다. 회의에서는 여러 종류의 동의가 제안되고 이 제안된 동의가 진행되어야 회의는 그 목적을 달성할 수 있다.

1. 동의의 제출

동의가 회의에 정식으로 제출되면서 심의를 거쳐 결정을 하게 된다. 동의의 제출을 발의라고도 하며 이런 뜻에서 '문제', '제안', '제의'라고도 한다. 따라서 동의 제출의 순서는 다음과 같다.
① 회원이 기립하여 회장을 부른다.
② 회장은 그 회원에게 발언을 허락한다.
③ 회원은 동의를 제출한다.
④ 다른 회원은 그 동의를 재청한다.
⑤ 회장은 회원들을 향해 그 동의를 진술한다.
이런 과정을 거친 다음 토론과 표결 순으로 들어가게 된다.

1) 동의의 제안

회원들이 의견만 말하면 의사(議事)가 진행되지도 않을 뿐만 아니라 어떤 결정을 할 수 없다.

그러므로 회원들이 의견만 계속 말하면 회장은 "이제는 의견을 제안하시지요" 하고 동의를 성립시키기 위해 제안하기를 권유하기도 한다. 의안을 제안한다는 것이 곧 동의가 되는 것이다.

제안 성립의 세 가지 조건이 있다.

(1) 행동으로 옮길 수 있는 것이라야 한다.

가령 다음 회의 장소를 작성하는데 어느 회원이 "내년 9월에는 그 장소의 건축이 완성될지 모릅니다" 하고 말하면 의견이요 제안은 되지 못한다. 그 말에 행동할 아무것도 없기 때문이다. 그러나 "내년 4월에는 그 장소의 건축이 완성될지 모르니까 학교 강당으로 장소를 정합시다" 하면 제안이 된다.

(2) 처리할 수 있는 것이어야 한다.

"내년 9월에도 그 장소의 건축이 완성될지 모르니까 모이기가 어렵습니다"라고 말하면 그것은 의견일 뿐이요 제안이 안되는 이유는 처리할 수가 없기 때문이다. 그 장소에는 모이지 못하게 되지만 어디서 모이자는 대안이 없다.

(3) 반드시 긍정적(肯定的)이어야 한다.

찬성과 반대를 물을 수도 있고 표시할 수도 있는 의견이어야 한다는 것이다.

무엇을 "하자" 하면 찬성이든 반대이든 분명히 할 수 있지만 "무엇을 하지 말자"는 의견에는 찬성은 괜찮지만 반대하기는 어색하게 된다.

그러므로 "말자"는 부정(否定)으로 끝내지 말고 뜻은 같으나 "중지(中止)하자", "거절하자", "반대하자"고 긍정으로 끝막아야 찬성과 반대를 분명히 할 수 있다.

위의 설명을 정리하면 동의는 무엇을 어떻게 하자는 제안없이는 동의가 성립되지 않고 제안을 바탕으로 한 동의가 없이는 회의가 진행될 수도 없고 어떤 결정도 할 수 없다.

그러므로 제안하는 것이 동의가 되고 동의가 있어서 회의가 움직이게 된다. 회의에는 여러 종류의 동의가 제안되고 이 제안된 동의가 진행되어야 회의는 성과를 거둘 수 있다. 제안과 동의는 떨어질 수 없는 관계이다.

2) 동의의 형식

동의를 제안하는 형식(形式)은 말로 하는 구두(口頭) 제안과 글로 제안하는 서면(書面) 제안이 있다.

(1) 구두제안(口頭提案)

구두제안은 제안의 내용이 간단하고 어떤 회원이라도 그 제안을 들으면 쉽게 납득(納得)할 수 있는 것일 때, 혹은 제안의 내용을 서면으로 할 필요를 느끼지 않을 때 제안하는 것으로 회장으로부터 발언권을 얻어 말로 제의(提議)하는 것이다.

구두제안은 회원수가 적을 때 쓰이는 형식으로 흔히 건의(建議)라고도 한다.

(2) 서면제안(書面提案)

서면으로 제안할 때는 회의가 시작되기 전에 미리 제출하여 회의 순서에 넣도록 하거나 회의 중에 제출하여 건의안 심사위원회에서 통과를 얻어 회의 순서에 나오게 하는 것이 좋다.

서면 제안은 회의 개회 전에 미리 서식에 맞추어 제안의 내용을 제출하고 의사 일정에 상정시켜 주는 것을 원칙으로 하지만 회의 중 발언권을 얻어 의안을 낭독하고 난 후, 회장에게 직접 전달하는 경우도 있다.

서면 제안을 의안(議案) 또는 건의안(建議案)이라고도 한다. 건의안은 회장의 요청으로 제안자가 읽고 설명한다.

의안이라면 개인이나 몇 사람의 합의 제안을 의미하지만 결의안(決議案)이라면 의안과 같은 성격의 제안이지만 임원회나 각 부(部)나 위원회 같은 기관의 제안을 결의안이라고 한다.

2. 동의의 재청(再請)

동의 제안을 발의라고도 한다. 이런 뜻에서 제의(提議) 또는 제안(提案)이라고도 한다.

회원이 일어나 "회장" 하고 불러 언권을 얻은 후에 "5월 5일에 회원간 친회를 열기로 동의합니다"라고 말하면 동의는 성립된다. 동의가 사안상 중대한 것이거나 내용이 복잡하고 긴 것이라면 구두제안보다는 서면으로 하는 것이 좋다. 서면으로 할 때 2통을 제출하여 한 통은 회장이, 한 통은 서기가 참고하게 하여야 한다.

동의 제안 때 제안 이유 같은 것을 길게 말하지 않고 토론 때 최우선적으로 설명할 수 있으면 토론에 도움이 된다.

제안자가 기립하여 동의를 말하고 자리에 앉으면 이 때 회원 중의 한 사람이 재청(再請 second)을 한다. 재청은 그 동의에 찬성한다는 뜻으로 "그 동의에 재청합니다"라고 말한다. 재청은 엄밀한 의미에서 "동의를 의논하자"는 데 찬성한다는 뜻이다. 그렇다고 동의 내용에 대한 찬성이나 지지라고는 보지 않는다. 그러기에 동의에 재청한 회원이 그 동의안에 반대할 수도 있다. 그러므로 재청이란 동의로 제안된 안건을 의논하는 데 찬성한다는 뜻이라고 생각해야 한다.

동의의 제출이 있은 후 재청이 없으면 동의는 무효가 된다. 그러므로 동의에 대한 재청이 나오지 않으면 회장은 "조금 전의 동의에 대해서 재청이 없습니까?"라고 묻는다.

경우에 따라서는 발언자의 발언 내용이 불분명하므로 동의의 뜻을 이해하지 못해서 재청이 나오지 않을 수도 있다.

그러므로 회장은 그 동의를 좀더 명확하게 설명할 필요가 있다. 이렇게 해서도 재청이 없으면 회장은 "동의에 재청이 없기 때문에 각하(却下)하겠습니다"라고 한다. 회장은 동의에 재청이 없기 때문에 동의성립이 안된다고 공포한다.

재청할 때는 회장을 불러 언권을 얻을 필요없이 회원이 "재청합니다" 하면 재청이 성립된다. 동의에 재청이 있어야 회의를 계속할 수 있다.

3. 동의의 진술(陳述)

동의가 정식으로 제출되어 재청이 있으면 회장은 회원들에게 동의를 잘 알 수 있도록 진술을 해야 한다. 회장의 진술에 동의와 틀린 점이 있으면 어느 부분의 표현이 의미가 다르다는 점이 있다고 이견(異見)으로 제기하면 어느 편 동의에 따르느냐는 문제가 제기되기도 한다.

이런 때는 회의법상 적법한 동의는 관례상 회장이 진술한 것이 적법한 것으로 보고 있다.

그렇기 때문에 회장이 진술한 동의가 제출되고 재청이 성립되어 의안으로 상정된다. 이 때 회장은 "…… 이라는 내용의 동의와 재청이 있습니다" 라고 동의 내용을 설명한다.

회장이 회원들에게 진술을 하면 그후로부터는 토론으로 들어간다. 토론의 대상이 되어 있는 동의는 계속중의 동의라고 한다.

원동의가 제출되면 회원들은 찬반으로 나누어지며 반대측은 그것을 매장(kill)하려 하고 찬성측은 그것을 구(rescue)하려고 한다. 이러한 각자의 목적을 위하여 다음과 같은 전략을 가질 수 있다.

① 토론 : 찬반의 뜻을 정정당당하게 펴서 상대방을 설득하려고 노력한다.

② 표결 : 최후까지 회의장에 남아 있어서 표결할 때 한표라도 잃지 않으려고 한다.

③ 재청 : 찬성측은 즉시 재청을 해서 동의를 성립시키려 하고 반대측

은 침묵으로 임하게 된다.

④ 무기연기(無期延期) : 이 동의가 채택이 되면 토의는 무기연기가 되기 때문에 원동의는 사실상 실패로 돌아가는 셈이 된다.

⑤ 즉시 표결 : 유력한 찬성론이 나올 가능성이 있으면 반대측은 즉시 표결 동의를 제출한다. 설득할 기회를 주지 않기 위함이다. 표결 방법은 여러 가지가 있다.

⑥ 수정동의 : 입장에 따라 다르지만 찬성 측은 수정동의를 이용하여 동의의 형식과 내용을 정비하여 통과하도록 하고 반대측은 수정동의를 악용하여 통과를 방해하려고 한다.

다음은 지연전술로서 반대측이 할 수 있는 동의에는 다음과 같은 것이 있다.

㉠ 유기연기(有期延期)(예를 들면 다음 회의 때까지 연기)
㉡ 일시연기(一時延期)
㉢ 위원회 회부
㉣ 휴식(휴식 시간을 이용하여 상대방의 공작을 무너뜨리는 것이다)
㉤ 폐회(閉會)(의사일정이 폐기되기를 바라는 것이다)

4. 동의의 종류

회의 진행에서 제일 중요한 것이 동의이고 동의 종류를 잘 알아야 의사 진행이 잘 될 수 있다. 동의의 종류는 사람마다 다르게 나누나 대개 4가지로 나눈다.

① 주동의(원동의) ② 보조동의 ③ 부수동의(임시동의) ④ 특권동의

1) 원동의(原動議)

원동의는 원안, 의안, 기본동의, 주요동의라고도 일컫는다. 의사(議事)에 중심이 되는 제안이다.

이것이 제출되어 회장이 회원들에게 진술하면 토론을 거쳐 마지막으로 표결순으로 이어진다.

이러한 과정을 거치는 사이에 직접 간접으로 관련된 다른 동의가 제출

되면서 회의가 진행된다.

　원동의는 이와 같이 의사진행의 기초로서 가장 중요한 동의가 되므로 주동의(主動議)라고도 일컫는다. 의사(議事)에 중심이 되는 제안이다.

　원동의는 하나가 표결되기 전에는 다른 동의를 내지 못한다. 그러므로 이것을 '일의제(一議題)의 원칙'이라고 한다.

　가령 '친목회'에 대한 원동의가 나왔다면 음악회를 하자는 다른 원동의가 나올 수 없다는 말이다.

　원동의 중에서도 예외적으로는 다음 3개의 원동의는 특정한 명칭을 갖고 있어서 이것을 특정 원동의 혹은 특정 주동의라고 부르며 보통 원동의와는 다르게 취급한다(동의 각론 특정 원동의를 참조할 것).
　(1) 재심의(再審議)
　(2) 취소(取消)
　(3) 심의 재개(審議 再開)

2) 보조동의(補助動議)

　보조동의는 원동의 없이 있을 수 없다. 보조동의는 계속 중(係屬中)에 원동의를 변경, 심의, 처리하기 위하여 하는 동의이기 때문에 원동의에 대한 보조적, 종속적인 것이다. 보통 사용하는 보조 동의는 다음 7가지가 있다.
　(1) 무기 연기(無期延期) 동의
　(2) 수정(修正) 동의
　(3) 위원회 회부(委員會 回附) 동의
　(4) 유기 연기(有期延期) 동의
　(5) 토론 제한 연장(討論 制限 延長) 동의
　(6) 토론 종결(討論 終結) 동의
　(7) 보류(保留) 동의
　(8) 보류되었던 동의의 재상정 동의

3) 부수동의(附隨動議)

부수동의를 부대(附帶)동의, 임시동의라고도 한다. 부수동의는 의사진행중에 의사에 부수 또는 관련되어 일어나는 동의이다.

동의에는 직접 관련되지는 않으나 엉뚱하게 튀어나오는 호소와 요구 또는 원동의에 덩달아 일어나는 제안이다. 부수동의는 원동의나 보조동의보다 먼저 결정지어야 한다. 부수동의에는 다음 10가지가 있다.

(1) 규칙정지(規則停止) 동의
(2) 철회(撤回) 동의
(3) 심의반대(審議反對) 동의
(4) 서류제출(書類提出) 동의
(5) 문제분할(問題分割) 동의
(6) 회의법상의 질문(會議法上 質問) 동의
(7) 의사진행(議事進行)에 관한 이의(異議) 동의
(8) 회장의 결정에 대한 상소(上訴) 동의
(9) 번안(飜案) 동의
(10) 무효 취소(無效取消) 동의

4) 특권동의(特權動議)

특권동의는 계속 중에 원동의 내지 보조동의와는 직접 관계가 없는 동의이다. 이 동의는 비상사태에 대비한 것이기 때문에 긴급성이 높고 최우선적으로 심의할 수 있게 취급해야 할 동의이므로 우선동의라고도 한다.

이것은 회원 개인에 관한 것과 단체 전체에 관한 것이 있다. 특권동의 자체는 혹시 계속 중인 동의가 없을 때는 원동의가 되는 것이다. 특권동의는 그 긴급성 때문에 다른 동의가 계속 중일 때도 이것이 제출되면 우선적으로 심의해야 할 특권이 있는 것이다.

그러므로 특권동의는 우선동의의 성격을 띤 동의이다. 특권동의에는 다음 세 가지가 있다.

(1) 일정 변경의 동의
(2) 일정 촉진(促進)동의

(3) 특권을 위한 동의
(4) 휴식 동의
(5) 정회 폐회 동의
(6) 다음 회의 일시 및 장소를 위한 동의

5. 동의의 목적

동의를 목적과 성질에 따라 분류할 수 있는데 그 목적으로서 다음 12가지를 생각할 수 있다.

1) 목적에 따른 분류

(1) 제안해서 심의와 결정을 구하기 위함이다. ─ 원동의, 결의, 약식 심의 등
(2) 계속중(係屬中)의 동의를 개량한다. ─ 수정(修正) 문제분할(問題分割) 등
(3) 토론을 규제하고 끝낸다. ─ 토론, 제한, 연장, 즉시 표결 등
(4) 결정을 늦춘다. ─ 위원회 회부, 유기연기, 일시연기, 휴식 등
(5) 제안을 제지한다. ─ 심의반대, 무기연기, 철회 등
(6) 비상사태에 대처한다. ─ 특권의 문제, 규칙 정지 등
(7) 계속 중의 동의에 관한 정보를 얻는다. ─ 회의법에 관한 질문, 정보의 요청, 회원에 대한 질문 허락을 요청, 특권의 문제 등
(8) 회장의 결정을 질문한다. ─ 의사진행에 관한 이의, 회장의 결정에 대한 상소 등
(9) 회원의 권리와 특권을 행사한다. ─ 회의체 분할, 회의법상의 질문, 의사 진행에 관한 이의, 회장의 결정에 대한 상소 등
(10) 문제를 재심의한다. ─ 심의 재개, 재심의 취소, 재제출(갱신) 등
(11) 기종의 변경을 변경한다. ─ 재심의 취소, 신 주동의에 의한 수정 등
(12) 회의를 종료시킨다. ─ 폐회, 휴식 등

2) 분류상의 주의

동의에 관한 전항의 분류는 동의의 우선순위에 관계가 되기 때문에 회장은 제출된 동의를 올바르게 처리하기 위하여는 나름대로의 지식을 갖고 있어야 한다.

이러한 부분에 관하여 주의해야 할 것으로 한두 가지를 거론하면 무엇보다도 제안자가 동의에 관한 명칭이나 발언 중에 사용한 용어를 가지고는 동의를 분류하기가 어렵고 오로지 동의의 실체와 내용에 눈을 돌려 결정해야 한다.

예를 들면 "이 동의는 10시까지 일시 연기(보류)합시다"라고 제안하는 동의는 말대로 일시연기 동의가 아니라 기간이 명시되어 있기 때문에 유기연기의 동의가 된다.

특권 동의, 보조 동의 내지 부수 동의 원동의와의 구별은 절대적 또는 고정적인 것은 아니다. 상황에 따라 서로 바뀌질 수 있는 것이다.

예를 들면 "5분 간 휴식을 합시다"(특권 동의), "특별 위원회의 보고는 전부 금요일 저녁까지 연기합시다"(보조 동의), "운영위원회 중 내빈의 강연을 금하는 규칙을 일시 정지해서 오늘 저녁 회관 건축 위원장의 강연을 부탁합니다"(부수 동의) 등도 현재 계속 중의 동의가 없을 때 제출된다면 언제나 그 자체는 원동의가 되는 것이다.

6. 동의의 처리

원동의가 재청을 얻어 회의에서 의제가 되면 여러 방편 가운데 하나로 처리된다.

① 동의가 채택된다(가결된다).
② 동의가 거부된다(부결된다).
③ 동의가 말살된다.
  심의 반대, 보류, 무기한 연기, 동의의 철회로.
④ 동의가 변경된다.
  개의와 재개의로.
⑤ 동의가 지체된다.
  질문과 설명 요구로, 토론 연장으로, 정회 동의로, 위원회 회부로, 기

한 붙은 연기 동의로, 조건 붙은 보류로, 규칙상 질문으로, 특청으로.
  ⑥ 동의가 촉진(促進)된다.
  토론 종결로, 토론 제한으로, 동의의 분할로
  ⑦ 동의가 재심의 된다.

7. 동의의 우선 순위

우선 순위의 우선이란 계속 중의 동의가 있는 곳에 별도로 동의가 제출되어도 '우선하여' 수리가 되며 원동의보다 먼저(우선) 심의(토론), 처리(표결)할 수 있다.

여러 종류의 동의 사이의 우선 순위는 1순위는 특권 동의, 2순위는 보조 동의, 3순위 원동의의 순이 된다.

부수 동의는 위의 3종의 동의에도 부수하여 제출이 허용되며 보통 곧바로 그 자리에서 처리된다. 같은 종류의 동의 사이에도 우선 순위가 있다(다만 부수동의 사이에는 우선 순위의 문제는 없다). 이러한 여러 동의를 우선 순위별로 따지면 다음 번호 순이 된다.

• 특권 동의
① 폐회 ② 휴식 ③ 특권의 문제
• 보조 동의
④ 일시연기 ⑤ 즉시 표결 ⑥ 토론제한 연장 ⑦ 유기연기 ⑧ 위원회 회부 ⑨ 수정 ⑩ 무기연기
• 원동의
⑪ 원동의 / 특정 원동의

부수 동의는 계속 중의 동의에 부수하여 제출될 수 있지만 보통 제출이 되면 우선적으로 곧바로 처리하기 때문에, 부수 동의와 또 다른 부수 동의간의 우선 순위의 문제는 일어나지 않는다.

이상에서 보는 바와 같이 원동의는 비록 시간상 먼저 발의되더라도 일반 다른 동의에 비하여 맨 나중 순으로 뒤처진다.

1) 우선 순위의 기본원칙

(1) 동의가 계속 중에는 우선순위가 상위(上位, 우선한)인 동의가 제출될 수 있지만 하위(下位)의 동의는 제출될 수 없다.

이 규정에 관한 것을 예시하면 원동의(11위)가 계속 중에 보조 동의(예를 들면 무기 연기(10위))의 제출은 가능하다.

여기에 덧붙여 별도의 보조 동의(예를 들면 내월의 정례회의까지 유기연기(7위))도 제출된다(이것과는 반대로 유기연기(7위)가 먼저 제출된 후 무기연기의 동의(10위)의 제출은 허용되지 않는다).

그런 후에도 상위의 특권 동의 예를 들면 휴식(2위)의 제출도 허용된다. 마치 경매입찰 때 점점 높은 값이 받아들여진 것과 같은 모양새를 갖는 것이 '우선순위'의 원리라고 할 것이다.

(2) 동의의 우선순(다른 면에서 제출의 역순(逆順)으로 심의 처리한다. 다시 말하면 최후에 제출된 동의는 최초에 처리된다.

다음은 제2항의 규정의 예를 설명해 본다.
① 휴식의 특권 동의(우선순 2 제출순 3)
② 유기연기의 보조 동의(우선순7, 제출순2)
③ 원동의(우선순11, 제출순1)

이상의 3가지의 동의는 적법하게 병존하고 있다. 이것들을 우선순(제출순의 역순)대로만 처리하면 혼란은 일어나지 않는다. 다시 말하면 휴식동의(2위)가 처리(가결 또는 부결)된다고 할 때 만약 이것이 부결될 경우는 다음의 연기동의(7위)로 옮겨가며 그것마저 부결이 되면 그 다음은 최하위의 원동의(11위)로 돌아오게 되는 것이다.

2) 복잡한 우선 순위의 적용

이상의 경우는 순조롭고 직선적인 동의의 우선 순위 적용의 예가 되겠으나 사안에 따라서는 보다 복잡하게 얽혀 동의의 우선 순위가 지그재그식으로 진행되는 경우가 있다. 그 예를 들어본다.

휴식 동의(2위)가 부결된 후 유기연기 동의(7위)로 돌아왔다. 앞에서 중단되었던 동의가 다시 심의가 재개되는 것이다. 그런데 이 단계에서 현재 계속 중인 같은 동의보다 우선 순위가 상위인 동의가 나올 수도 있다. 이렇게 한 후에 3가지의 동의가 다 부결되면 최초의 원동위(11위)로 다시 오게 되는 것이다. 원동의보다 상위인 동의는 무엇이나 제출될 수 있기 때문이다.

다음으로 상위의 동의가 가결이 되었다면 어떻게 될 것인가? 이러한 때는 동의의 실제 내용에 따라 다음의 세 가지 경우로 나누어 보게 된다.

(1) 최종적 처리

예를 들면 다음 회의 여부를 정하지 않고 무조건 폐회 동의(1위)의 경우는 회의제의 해산이 되기 때문에 이것으로 하위의 동의(예를 들면 원동의)는 항구적으로 불성립이 되는 효과를 초래하게 되는 것이다.

(2) 일시적 처리

폐회 동의(1위)에 조건이 붙여져 다음 회의가 정해졌다면 그 원동의는 다음 개회된 회의에서 거론의 기회를 갖게 된다.

(3) 부결과 같은 경우

토론 제한, 연장 동의가 처리되면 가결 부결을 물을 것 없이 당연히 직전의 동의(예를 들면 그의 원동의)로 돌아가게 된다.

3) 동의에 관한 특별한 법칙

지금까지는 동의의 종류와 우선 순위를 설명하였다. 이제부터는 회의법의 핵심적 부분이며 구체적 상황에서 정확하게만 응용할 수 있으면 된다.

동의가 정족수를 채워 유효하게 성립된 후에는 다음 단계로 토론에 들어가게 되고 최후에는 다수결의 원칙에 따라 처리가 종결된다. 이러한 과정에서 동의 목적이나 성질에 따라 이론적으로 볼 때 예외적 상황으로 취급되는 특별한 법칙에 관한 사항이 있다.

상식적, 실제적, 현실적 사고의 바탕에서 통상인(법률의 전문가가 아니더라도)이면 충분히 추론(推論)할 수 있는 일들이 회의 진행상 나타난다. 이러한 것들을 규정하는 것을 특별한 법칙(法則)이라고 하며 그 예를 다음에서 소개한다.
(1) 발언 허락을 요하지 않는 동의
 동의제출은 원칙적으로 누구든지 기립하여 회장으로부터 발언권 허락을 받아야 한다. 그러나 긴급의 도가 높은 동의는 발언 허락을 구하지 않고 때로는 발언자를 제치고 발언할 수 있는 경우로 다음 2종류가 있다.
- A클래스
① 특권의 문제(특권 동의)
② 의사진행에 관한 이의(부수 동의)
③ 회의법상의 질문(부수 동의)
- B클래스
① 재심의(특정 원동의)
② 심의반대(부수 동의)
③ 상소(회장의 결정에 대한 동의, 부수 동의)
④ 회의체 분할(부수 동의)

 A클래스는 긴급도가 높아 현재 발언중의 사람을 제치고 제출할 수 있다. B클래스는 원칙으로는 발언허락을 받아야 하지만, 아직 발언을 시작하지 않은 자를 모두 제치고 제출할 수 있다. "회장" 하고 부르면서 몇 마디 말을 하였으면 발언자가 된다.
 A클래스의 동의는 회원 내지 회의체의 직접적인 권리나 특권에 관한 것을 말한다. 언제나 발언자의 발언이 끝날 때까지 기다려야 할 필요는 없다. 특권의 문제는 예를 들면 "비가 들이치고 있는 남쪽 창문을 급히 닫읍시다"라고 하거나 규약 개정안의 복사(copy)를 오늘 오후 회의 때까지 준비해 달라고 하는 것들을 들 수 있다.
 '의사진행에 관한 이의'는 지금까지 구체적인 예가 이미 나왔으나 언제나 발언중의 그 발언이 회의상의 잘못에 관한 것이어야 하며 회의상의 질문 역시 같은 경우로 간주된다.
 B클래스의 동의는 동의를 제출하는 데에 시간적 제한이 있는 동의이

다. 장소나 회의체 분할의 동의는 어떤 의사에 이행하기 전에 제출되지 않으면 안된다. 심의 반대 동의는 원동의의 심의가 진행되기 전에 또한 그 원동의에 다른 동의(부수, 보조, 특권)가 지원하기 전에 제출해야 한다. 대심의의 동의는 원동의를 표결한 그 회의가 종료되기 전에 제출하지 않으면 안된다.

(2) 정족수가 안되어도 좋은 동의

정족수 결여의 경우에는 행해지지 않는 것이 원칙이다. 정족수는 유효한 의사의 요건으로 회의 중 어느 시점에서도 결여가 되어서는 안된다.

회의를 개최하는 데는 정족수가 채워져야 한다. 회의 도중에 정족수가 모자랄 때는 회장은 정족수를 확보하기 위한 노력을 해야 한다.

정족수가 부족할 때는 폐회가 될 수밖에 없다. 이렇게 될 경우 출석한 회원도 회장에 협력해서 다음과 같은 적당한 동의를 유효하게 제출하여야 한다.

① 폐회(보통으로는 특권 동의이지만 이곳에서는 원동의로 한다)
② 휴식(위와 같음)
③ 정족수 확보를 위한 방안(원동의)

폐회의 동의에는 첫째, 단순히 폐회한다. 둘째, 다음 번의 일시를 정해서 폐회한다. 셋째, 회의의 일시와 장소를 정해서 폐회한다. 위의 세 가지 방법이 있다.

(3) 재청을 요하지 않는 동의

동의는 적어도 두 사람 이상의 지지를 얻지 못하면 심의가 될 수 없는 것이 원칙이다. 한 사람이 제출하고 또 한 사람이 재청(찬부를 떠나서 심의하는 것을 찬성한다는 뜻만으로)을 한다.

이것도 예외가 있어 재청이 필요하지 않은 동의가 있다. 이런 동의는 분류상으로는 동의로 취급을 하고 있으나, 다음의 경우는 재청을 요하지 않고 발의할 수 있는 동의가 된다.

① 의사진행에 관한 이의(부수 동의)
② 회의법상의 질문(부수 동의)
③ 철회(부수 동의)

④ 특권의 문제(특권 동의)

 이상의 것 중에서도 특권의 문제와 철회는 때로는 정말 동의로서 정식 제출되는 경우가 있다. 이런 경우는 요청이 아니기 때문에 재청이 필요하다.
(4) 토론될 수 없는 동의
 동의에는 토론이 될 수 없는 것이 있다. 토론이 될 수 있느냐 없느냐 하는 식별법은 그 동의가 실체적이냐 수속적인 것이냐에 달려 있다. 한편, 토론될 수 있는 동의도 충분히 토론될 수 있느냐는 것과 토론이 제한되는 것 두 가지가 있다. 이에 관한 3가지의 클래스를 소개한다.
 첫째, 충분히 토론될 수 있는 동의
  (1) 원동의(재심의와 취소의 두 가지 특정 원동의를 포함)
  (2) 수정(다만 첫번의 동의로)(보조 동의)
  (3) 무기연기(보조 동의)
  (4) 상소(회장의 결정에 대하여)(부수 동의)
 둘째, 토론이 제한된 동의
  (1) 휴식(특권 동의)
  (2) 토론제한(보조 동의)
  (3) 유기토론(보조 동의)
  (4) 위원회 회부(보조 동의)
 셋째, 토론을 할 수 없는 동의
  (1) 폐회(특권 동의)
  (2) 특권의 문제(특권 동의)
  (3) 일시연기(보조 동의)
  (4) 즉시표결(보조 동의)
  (5) 심의재개(일시 연기를 해제하고 심의에 들어간다) (특정 원동의)
  (6) 규칙정지(부수 동의)
  (7) 심의반대(부수 동의)
  (8) 의사진행에 관한 이의(부수 동의)

(9) 회의법상 질문(부수 동의)
(10) 철회(부수 동의)
(11) 문제분할(부수 동의)
(12) 회의체 분할(부수 동의)
 첫째 원동의가 충분히 토론될 수 있다는 것은 당연한 일이다. 수정동의 역시 원동의의 일부로서, 무기연기 동의는 실질적으로 원동의의 기각 동의로서 재심의와 취소의 특정 동의도 원동의의 토론재개를 가져오는 것이므로 충분히 토론되지 않으면 안될 성질의 동의이다.
 다음으로 둘째의 동의는 토론이 제한된다. 다시 말하면 약간의 특정 포인트에 관해서만 간단히 논의가 허용된 것을 말한다.
 휴식 동의에는 휴식의 적부와 시간에 관하여, 유기연기의 동의는 연기의 적부와 기간에 관하여, 위원회 각부 동의는 회부의 적부, 위원회의 선임방법, 구성, 임무, 위원회의 지시와 같은 사항에 관하여만 토론이 제한된다.
 이와 같은 동의의 토론은 원동의의 토론까지 가지 않도록 제한적 토론을 하게 된다. 그러나 가령 시간에 대하여 긴 논란이 일어나게 되면 동의 자체의 목적이나 성질에 반하게 되는 것이다.
 최후로 셋째의 동의는 특권의 문제를 제외한 것 이외에는 일반적으로 논의를 요하지 않는 간단한 수속문제에 관한 것이다. 부수 동의 전부가 이 범극에 속하게 된다(단, 상소는 제외된다).

(5) 수정할 수 없는 동의
 동의가 발의중일 때 수정할 수 없는 동의가 있다. 수정할 수 있느냐를 식별하는 방법은 말을 바꾸어 어떤 내용으로 동의가 바뀌느냐를 보는 것이다. 예를 들면 "10분간 휴식을 합시다"의 동의에는 "15분간 ……"으로 바꾸어 놓을 수 있기 때문에 수정될 수 있는 동의가 된다.
 이에 반하여 "무기한으로 연기합시다"의 동의는 "휴식"과 "연기"는 별개의 것이므로 수정이 될 수 없는 것이다. 한편 수정될 수 있는 동의에도 다음과 같이 자유롭게 수정이 될 수 있는 것과 수정이 제한되는 것이 있다.

- 자유롭게 수정될 수 있는 동의
(1) 원동의
(2) 수정 동의(보조 동의)
- 수정이 제한받는 동의
(1) 휴식(특권 동의)
(2) 토론제한(보조 동의)
(3) 유기연기(보조 동의)
(4) 위원회 회부(보조 동의)

상기중 수정이 제한받는 동의에서 (1)(2)(3)은 시간에 관하여 (4)는 위원의 산출방법, 구성, 임무 내지 위원회에서의 지시에 관한 부분이 수정될 수 있다.
(6) 특별 다수결을 요하는 동의
동의를 표결하는 데는 단순 다수결(과반수에 의한 것)을 원칙으로 하고 있으나 예외적으로는 3분의 2를 요하는 것이 있다. 이것을 다음 4가지로 구분해 본다.
(1) 즉시표결(보조 동의)
(2) 토론제한(보조 동의)
(3) 규칙정지(부수 동의)
(4) 심의반대(부수 동의)
동의의 제출, 토론, 표결을 하는 권리는 회원의 기본권이다. 이러한 동의가 상기의 이유에 의하여 중요한 자기 권리가 제한될 수 있기 때문에 쉽게 이런 권리의 제한을 허용하지 않기 위하여 특별 다수결을 요구하게 되는 것이다.
(7) 재심의 할 수 있는 동의
일체의 동의가 일단 가결 또는 부결되었다면 동일 회의 중 재심이 되지 않는 것이 원칙이다. 이것을 일사부재의(一事不再議)의 원칙이라고 한다. 동일회의 중에는 재심이 될 수 없기 때문에 다음의 회의 이후에서는 재제출되어 재심이 될 수 있는 것이다.

그러나 당해 회기내 법안이 불성립이 되어도 다음 회기에서 당연 재제출 재심의 될 수 있는 안건이 있다. 이런 때 재심의 문제는 동일 회의 중에 예외적으로 재심의가 허용되는가이다. 여기에도 특별 법칙이 적용된다.

예를 들면 강연회의 연사를 결정할 직후에 초청된 사람이 다른 사람으로 결정되었다면 또는 큰 교통사고로 입원해 있는 것을 뒤늦게 알게 되었다면 이를 바로 잡는 경우이다.

이상의 경우에 두 가지 방법이 있다. 먼저 재심의의 동의(특정 원동의)가 제출되었다고 하자 재심의의 동의는 물론, 회장의 발언 허락과 재청을 얻어 토론에 회부된다. 그 결과 다수결의 성립에 따라 원동의의 재심의가 개시된다. 이 재심의의 동의는 동일회의 중 어느 때나 제출되지만 이 동의는 한번에만 제출될 수 있다. 재심의 동의의 재심의는 성립되지 않는다.

두번째의 방법으로는 간단한 갱신(재제출)을 하는 것이다. 회장이 재심의한 결과가 잘못되었다고 판단이 될 때 재제출을 허용하는 방법이다. 동일회의 중이라면 이와 같은 조건이 붙을 수 있으나 다음 회의 이후에서는 갱신은 이와 같은 제한이 붙지 않고 자유로 제출될 수 있다.

재심의 동의에 의하여 재심된 원(原)동의는 주(主)동의에 한한다. 갱신은 주동의에 한하지 않는다. 그러나 재심의를 해도 별도리가 없는 원동의의 경우에는 재심의가 이루어질 수 있다.

예를 들면 먼저의 결정에 바탕을 두고 계약이 이미 체결되어 버렸다거나 돈을 이미 지불해 버렸다거나 선거가 행해져서 당선자가 사퇴를 해 버렸다거나 한 경우이다. 재심의는 일사부재의(一事不再議)의 원칙이란 점에서 일사(一事)의 해석에 문제가 생긴다.

"A를 사무국 차장에 임명한다"라는 동의는 가결과 부결은 서로 다르다. 가결이 되었으면 "A를 사무총장으로 한다"라는 동의도 "사무국 제1과장으로 임명한다"는 동의도 일사부재의의 원칙에 반하게(겸임할 수 있지 않고는) 된다.

그러나 이것이 부결이 되면 이 원칙에 반하지 않게 된다. 다시 말하면 사무국차장의 임명은 부결되지만 사무총장 내지 제1과장 어느 위치로의 임명동의는 다시 제출될 수 있는 것이기 때문이다.

8. 동의에 관한 일람표

1) 토론할 수 없는 동의

(1) 토론 시간의 제한과 연장
(2) 질문 시간의 제한과 연장
(3) 토론 종결
(4) 질문 종결
(5) 규칙상 질문
(6) 다음 회의 시간과 장소의 작정
(7) 긴급 동의
(8) 보류 동의
(9) 청원서 제출
(10) 추천 중지 동의
(11) 규칙의 일시 정지
(12) 동의의 철회
(13) 특청
(14) 회의 순서의 재촉과 변경
(15) 정회, 폐회, 산회의 동의

2) 재청이 필요없는 동의

(1) 구두 호천
(2) 특청
(3) 규칙상 질문
(4) 심의의 반대
(5) 동의의 철회
(6) 동의의 분할

(7) 재표결의 요구
  (8) 질문의 종결
  (9) 서류의 제출 요구와 보충
  (10) 청원서의 제출
  (11) 회의 순서의 촉진

3) 개의할 수 없는 동의

  (1) 재개의
  (2) 토론 종결 동의
  (3) 질문 종결 동의
  (4) 보류 동의
  (5) 추천 중지 동의
  (6) 규칙의 일시 정지
  (7) 동의의 철회
  (8) 심의 반대 동의
  (9) 긴급 동의
  (10) 특청
  (11) 청원서의 제출
  (12) 번안 동의
  (13) 회의 순서 변경 동의
  (14) 무기연기 동의
  (15) 폐회 동의

4) 출석회원 3분의 2이상의 찬성으로 가결되는 동의

  (1) 토론 시간의 제한
  (2) 토론 시간의 연장
  (3) 토론 종결
  (4) 질문시간의 제한
  (5) 질문시간의 연장

(6) 질문 종결
(7) 회의시간의 변경과 촉진
(8) 규칙의 일시 정지
(9) 변안
(10) 추천의 중지
(11) 보류된 의안의 재상정
(12) 무기연기된 의안의 재상정
(13) 회칙의 개정
(14) 긴급동의

6장
동의의 각론(各論)

1. 원동의
2. 특정 주동의(特定主動議)
3. 보조동의(補助動議)
4. 부수동의(附隨動議)
5. 특권동의(우선동의)
6. 기타 동의

동의의 각론(各論)

동의에 관한 각론을 해설하려고 한다. 동의 중에서 원동의, 보조 동의, 부수 동의, 특권 동의 순으로 각 동의를 자세히 설명한다.

1. 원동의

원동의는 어떤 의안을 제출하는 가장 근본이 되는 동의이므로 주동의(主動議) 또는 원안(原案) 기본(基本) 동의라고도 부른다.

원동의의 목적은 회의에 제안하여 그 심의와 결정을 얻고자 하는 데 있다. 원동의 표결 결과는 회록에 기록되며 그 단체와 전 회원을 구속하는 효력이 있다.

원칙적으로는 일사부재의 원칙이 적용되어 동일 회의 중 부결된 동일한 원동의는 그대로의 상태에서는 재제출이 되지 않는다.

동의안이 제안되고 재청이 성립되면 회장은 회원들을 향해 진술을 하고, 토론을 거쳐 표결(表決)의 순으로 이어진다.

이런 과정을 거치는 사이 직접 간접으로 관련된 다른 동의가 제출되면서 회의가 진행된다. 원동의는 이와 같이 의사(議事)의 기초로서 가장 중요한 동의가 되기 때문에 원안이라고 부르는 것이다.

원동의가 표결되기 전에 다른 동의를 내지 못한다. 이것을 일의제(一議題)의 원칙이라고 한다.

가령 '친목회'에 대한 원동의가 나왔다면 '음악회'를 하자는 다른 원동의가 나올 수 없다는 것이다. 친목회를 어디서, 언제, 어떻게 하자는 동의는 할 수 있다. 그것은 원동의 즉 친목회를 돕는 동의이므로 할 수 있다는 것이다.

그리고 원동의를 토론하고 있는데 어느 회원이 정회(停會)하자는 동의를 했다면 정회 동의는 원동의가 아니고 특수 동의이기 때문에 할 수 있는 것이다.

동의 네 종류중에 보조 동의, 부수 동의, 특권 동의가 나오면 원동의는 뒤로 돌려진다. 그러나 같은 순위(順位)에 있는 다른 원동의는 이미 상정되어 있는 원동의에 표결 후가 아니면 제안할 수 없다.

㉠ 재청(再請)을 필요로 한다.

재청없이는 의논할 수 없다. 재청자는 한 사람으로 족하다. 이 뜻은 동의를 제출하는 데는 최소한 2명이 필요하다는 것을 의미한다. 실제로는 몇 사람이라도 재청을 할 수 있으나 다만 제안자는 재청을 겸할 수는 없다.

㉡ 회장이 동의에 대해 진술한다.

재청된 동의를 회장이 회원들에게 정식으로 진술(陳述)한다는 것은 질서 있는 회의에서는 반드시 있어야 할 중요한 수속인 것이다. 진술은 회장의 의무이기도 하다.

회장의 진술이 끝나면 동의를 문제라고 불리우게 된다. 예로 말하면 회원이 "회장, 지금 무슨 문제(동의)가 본회의에 상정되어 있습니까?"라고 말한다.

동의와 문제라는 두 가지 용어는 동의어(同義語)로 서로 구별없이 불려지고 있다.

회장의 진술이 거치면 동의 제출자라 하더라도 변경, 철회를 마음대로 할 수 없게 한다. 반드시 회의에 동의를 받아야만 그 처리가 가능하게 된다.

회장의 동의 진술이 끝나면 곧바로 토론에 들어간다. 이러한 진술 과정을 거치지 않고는 토론이 허용되지 않는다.

㉢ 토론할 수 있다.

토론 단계에 들어가면 회원은 기립하여 발언을 하게 된다. 몇 사람이 동시에 기립을 하였을 때는 동의를 제출한 자에게 최우선적으로 발언을 허락한다. 이런 점에서 제안자가 동의를 제의할 때는 제의 이유를 말하지 않고 토론 단계에서 설명하는 것이 유리하다.

토론 종결 전까지는 누구든지 일어서서 발언 허락을 구하여 토론에 참가할 수 있다.

㉣ 채택에는 과반수의 찬성이 있어야 한다.

토론이 끝나면 회장은 표결로 들어간다. 위원회 회부와 같은 동의를 통과시키기 위하여 표결까지 가지 않는 원동의가 있을 수 있다. 모든 원동의가 제출된 이상 반드시 어떤 형태로든지 처리되어야 하며 방치될 수는 없다.

㉤ 표결에 대하여 재심의 번안할 수 있다.

표결 결과 가결이 되면 회의는 필요한 행동과 조치를 취한다. 만일 구체적인 실행안이 결정되어 있지 않았을 경우에는 곧 그것을 준비할 필요가 있다.

부결이 되면 그 안(案)은 그 회기 중에는 다시 제출할 수 없다.

2. 특정 주동의(特定主動議)

특정 주동의에는 재심의(再審議) 취소(取消) 심의재개(審議再開)의 3가지가 있다.

1) 재심의(再審議)

재심의를 개론(槪論) 번안(飜案) 동의라고도 하는데 특별한 종류의 동의이다.

이것은 한번 결정된 의안을 다시 토의해서 결정을 뒤집자는 동의인데 그 가결된 것이나 부결된 것이 분명히 잘못되었다고 절대 다수의 회원에게 인정되기 전에는 재심의(번안) 동의는 삼가야 한다.

(1) 재심의(번안) 동의의 규칙

① 발언 허락을 받아야 한다.

② 재청을 해야 한다.
③ 토론할 수 있다(원 주동의의 토론이 재개된다).
④ 수정할 수 있다.
⑤ 표결에 과반수가 필요하다.
⑥ 다른 어느 동의에도 우선하지 않는다.
⑦ 결의하고 나서 금방은 제안하지 못한다. 조금 시간이 지난 다음 같은 회기에서 한다.
⑧ 표결 때 가결이면 부편에, 부결이면 가편에 가담했던 회원은 재심의(번안) 동의를 못한다. 다시 말하면 가결이고 부결이고 이긴 편에 가담했던 회원이라야 재심의(번안) 동의를 할 수 있다.
⑨ 재심의 동의는 표결 때 결정 지은 회원 전체의 찬동을 얻어야 하는 것이 원칙이다. 그러나 3분의 2이상의 찬동을 얻으면 재심의(번안) 동의가 성립되게 마련이다. 재심의 동의에는 개의가 있다.

(2) 목적과 효과

이 동의의 목적은 원동의에 대해서 동일회의 중에 행해졌던 표결을 취소하고, 회장에 의하여 표결에까지 오는 모든 과정(토론 등)이 존재하지 않았던 것으로 만들어 원점에서 토의를 다시 시작하려는 데 있다.

이 동의가 제출되면 이것이 결정되기까지 원동의를 바탕으로 한 결정이 정지되는 효과가 발생한다.

이 동의가 가결되면 원 주동의의 토론은 재개되며 그 결과 앞에서 토론으로 발언자(예를 들면 2회 이상 발언을 허용하지 않는 결정에서 2회 발언을 한 자)도 다시 이 재심의의 토론 단계에서는 발언한도의 제약에서 벗어나 토론에 참가할 수 있다.

(3) 형식

이 동의 제출자는 예를 들면 다음과 같은 형식을 취한다.

A 회원 : 오늘 아침에 ○○○ 씨에 관한 동의를 통과시킨 사안(事案)에 대해서 재심의 할 것을 동의합니다.

B 회원 : 오늘 아침에 채택한 ○○○ 씨에 대한 안건을 재심의할 것을 동의합니다.

회장은 재청을 받아 동의를 정식으로 다음과 같이 진술한다.
　　회장 : ○○○ 씨에 대한 안건을 재심의하자는 동의가 제출되어 재청이 들어왔습니다. 서기는 지난 번 동의 채택과정을 기록한 회록을 읽어 주십시오.
　다음 단계는 토론으로 들어간다. 계속해서 표결을 하게 되면 표결결과를 다음과 같이 회장은 선언한다.
　　회장 : 표결결과 가(부)로 나왔습니다.
　　　　　재심의 동의는 가결(부결)되었습니다.
　　　　　재심의가 통과(부결)됐습니다.
　이상의 표결을 통해서 부결이 되면 그것으로 끝나며 가결이 되면 그 효과로써 이전의 원 주동의가 제출되어 재청된 단계로 다시 돌아오게 된다.
　따라서 회장은 다시 원 주동의를 정식으로 진술하고 토론으로 들어간다. 이때 회장의 표현 형식은 다음과 같다.
　　회장 : ○○○에 대한 동의는 서기에 의하여 낭독한 대로 다시 토의에 들어가겠습니다.
　　　　　지금 본회의에 제출되어 있는 안건은 ○○○에 관한 원주동의가 올려져 있습니다. 토의에 들어가겠습니다.
　토론이 종결되면 표결로 들어간다. 이때의 표결은 다른 모든 동의의 표결 방식과 같이 진행된다.
　(4) 제출의 시기
　이 동의는 원주동의의 표결이 행해졌던 동일회의 중에 한하며 1회만이어야 하고 발언 허가는 요하지 않으나, 다른 의사가 진행중일 때는 필요하면 발언자를 제치고 제출할 수 있다. 이 동의가 제출되고 재청이 나오면 회장은 서기에게 명하여 그것을 기록케 한다.
　(5) 재심의 회록 등재의 동의
　재심의와 회록 등재의 동의라는 것이 있다. 이것이 제출되어 재청이 나오면 성립했던 원동의에 기초한 처치를 다음 회의까지 정지하게 하는 동의인 것이다.

일반적으로 재심의 동의의 처리 연기는 인정하지 않는다는 것과 같은 이유 때문에 이러한 동의는 회의법상 인정하고 있지 않다.

그러나 단체의 규정에 명문으로 되어 있으면 다른 문제이다. 이 동의의 취지는 일시적 다수의 횡포로 부당하게 통과시킨 동의를 억제하려는 수단으로써 그 효용이 있음을 인정한 것에서 본 것이다.

2) 취소(取消)

(1) 취소에 대한 규칙
① 발언 허락을 받아야 한다.
② 재청을 해야 한다.
③ 토론할 수 있다(원 주동의 토론이 재개된다).
④ 수정할 수 있다.
⑤ 표결에 과반수가 필요하다.
⑥ 다른 어느 동의에도 우선하지 않는다.
⑦ 전에 결정한 사항이 도저히 변경할 수 없는 성질의 것일 때는 이 동의는 제출할 수 없다.

(2) 목적과 효과
이 동의의 목적은 전에 가결된 주동의를 폐기하고 취소시킨다. 그 효과로써 취소의 날로부터 폐기 취소가 된다고 하여도 소급 효과는 없다. 예를 들면 이미 징수 내지 부과된 과태금과 같은 것에는 이 동의가 가결되어도 영향을 주지 않으며, 일단 취소 후는 그 이후부터는 징수할 수 없다.

(3) 형식
이 동의의 제출자는 다음과 같은 문형으로 제안을 하게 된다.
 A 회원: 5월 ○일 회의에서 ○○○를 하기 위하여 통과된 안건을 취소해 줄 것을 동의합니다.

회장은 재청을 기다려서 이 동의를 정식으로 진술하고 서기로 하여금 기록으로부터 원 주동의를 읽게 한 후 토론에 넘기고 표결에 넘기고 표결시켜 가부를 얻어 그 결과를 선언한다. 가결되면 이전에 결의한 사항은 무효가 된다. 부결되면 같은 회기중(會期中)엔 다시 제출하지 못한다.
(4) 취소될 수 있는 동의
취소동의가 될 수 있는 것은 주동의로 주동의가 가결된 것을 취소 대상으로 한다. 가결 시기가 동일회의인가, 이전회의인가는 구애받지 않고 원동의를 취소할 수 있다. 그러나 취소할 수 없는 원동의는 취급할 수 없다.
(5) 통지와 표결
원 주동의가 통지를 요하는 것일 경우 통지없이는 취소 동의를 심의할 수 없다.
원 주동의가 가중다수결(加重多數決)을 요하는 것이라면 취소되어도 그것만큼의 정족수가 높아야 한다.
(6) 취소와 말소(抹消)의 동의
이것은 취소와 말소의 동의라는 것으로 원동의를 취소하고 그것을 회록으로부터 말소하는 2가지의 동의가 결합이 된 것으로 본다. 이를 표현하는 문형으로는 예를 들면
　A회원 : ○○○에 관하여 5월 1일에 통과된 동의를 취소하고 회록에
　　　　　서 이를 말소할 것을 동의합니다.
이러한 경우 동의가 가결이 되면 서기는 회록으로부터 기록을 지워 없애는 것이 아니라 다만 선을 해당 부분에 그어 회의체의 명에 의하여 말소라고 기재하고 말소의 날짜를 기입하고 서명을 한다. 이후 이 동의의 내용은 공용 간행물의 회록에는 나타내지 않는다.

3) 심의 재개(審議再開)

(1) 심의 재개에 대한 규칙
① 발언권을 요한다.
② 제청이 필요하다.
③ 토론할 수 없다.
④ 수정하지 못한다.
⑤ 과반수의 찬성이 있으면 가결된다.

⑥ 다른 새로운 주동의에만 우선한다.
⑦ 한번의 표결 결과에 대한 심의 재개는 한 번밖엔 못한다.
(2) **목적과 효과**
 이 동의의 목적은 회의체가 일시연기시킨 또는 보류시킨 주동의를 동일 회중에 다시 상정하여 심의하려는 데 있다. 그 효과로서 원 주동의가 일시연기(보류) 전의 상태로 회의체에 재제출될 수 있게 된다.
(3) **형식**
 이 동의 제출자는 다음과 같은 형식으로 동의를 제안하게 된다.
 회원: 이 회의 이전에 일시 연기했던 ○○○에 관한 동의를 재심의할 것을 동의합니다.
(4) **제출의 시기**
 이 동의를 제출할 수 있는 시기는 원 주동의를 보류케 한 동일 회의중에 한다. 여러날 회의를 계속할 경우에는 이 동의의 제출은 표결한 그 날이다. 늦어도 이튿날까진 해야 한다.
 보류시켰던 회의가 끝나면 그 주동의는 자동으로 소멸하기 때문에 새롭게 주동의로써 제출할 수는 없는 것이다.
(5) **우선 순위**
 심의재개의 동의는 다른 계류중의 동의가 없을 때만 제출이 가능하다. 그런데 이 동의가 다른 신주동의에만 우선한다는 규칙의 의미는 무엇인가? 예를 들면 심의재개 동의를 제출하려고 생각하고 있는 A회원이 기립을 한 가운데 B회원도 동시에 기립을 하여 회장이 B회원에 발언 허락을 주었다고 하자. 이때 B회원이 새롭게 주동의를 제출하였다고 하면 A회원이 말하기를 자신이 한 것은 심의재개의 동의를 제출하기 위해서라고 그 취지를 고하면 회장은 A회원에 우선권을 주어야 한다는 것을 의미한 것이다.
(6) **원 주동의에 부착되어 있는 동의**
 원 주동의가 보류가 되었을 때 여기에 부착하고 있는 동의 — 예를 들면 수정 동의도 — 원 주동의와 함께 보류가 된 것으로 본다. 때문에 이 특정 주동의(심의재개)가 통과되면 원 주동의에 수정 동의가 '부착'된 상태에서 심의가 재개된다. 다시 말하면 수정동의도 이에 따라 살아난 다는 것을 의미한다. 수정동의에 우선하는 토론제한 동의, 여기에다 다시 우선하는 즉시표결 동의가 부착되어 있으면 역순으로 우선 순위에 따라 재동의가 처리되는 것이다.

(7) 특정 주동의 종합정리

이상에서 소개한 3가지의 특정 주동의를 요약해보면 ① 재심의와 ② 취소 동의는 일사부재의 원칙에 예외로서 이미 결정된 주동의를 고쳐 심의하는데 있는 것이며 ③ 심의재개의 동의는 심의의 중도에서 미결된 상태로 남아 있는 주동의의 심의를 속행하기 위한 것이다.

3. 보조동의(補助動議)

보조 동의는 어떤 원동의가 이미 상정되어 있을 때 그 동의에 관해서 수정(修正)이나 특별한 조치를 요구하며 그 동의를 목적대로 능률적으로 처리하기 위하여 제출되는 동의이다.

이 동의의 목적은 원동의의 토론 내지 표결을 지지하기 위하여 또는 직접 표결을 피하여 원동의를 말살하기 위함이다.

이 동의가 제출되면 그 효과로써 보조 동의에 관한 토론이 가능해진다. 동시에 이와 병행하여 원동의에 대해서도 새롭게 토론할 수 있으며 이 동의가 가결되면 원동의는 사실상 부결되는 셈이 된다. 반대로 이 동의가 부결되면 계속해서 원동의의 처리로 들어가게 된다.

보조 동의는 심의중에 있는 원동의를 위하는 동의이므로 원동의 없이는 있을 수 없기 때문에 원동의에 대한 보조적이며 종속적인 것이다. 보조라는 이름은 붙어 있으나 그 관련되는 원동의보다 우선적으로 처리하도록 되어 있다.

그리고 보조 동의에 속하는 여러 동의들 사이에도 저마다 상정(上程)시키는 데 있어서 순위(順位)가 정해져 있어서 어떤 것은 다른 것보다 상위(上位) 즉 우선적 동의라고 하는 식으로 되어 있다.

여기에서 설명하는 여덟 가지의 보조 동의는 순서가 낮은 것부터 높은 것으로 차례대로 기술(記述)되어 있다.

예를 들어 말하면 5)의 토론의 제한 연장의 동의가 미결(未決)일 동안에는 1)에서 4)까지의 동의를 제출하는 것이 허용되지 않지만 6)이나 7)의 동의라면 제출할 수 있다는 것이다.

1) 무기 연기 동의

원동의를 당장에 처리하기가 어려우면 무기 연기하기를 동의해서 원동의를 무기 연기시킬 수 있다.

이 동의의 목적은 원동의를 덮어두는 데 있다. 다시 말하면 원동의를 실질적으로 부결시키려는 것이나 마찬가지이다.

무기 연기 동의는 보류 동의와 비슷하나 보류 동의는 토론이 없으나 무기연기 동의는 토론을 할 수 있다. 그러나 개의(改議)는 할 수 없다.

무기 연기에 대한 규칙은 이렇다.

㉠ 이 동의는 원동의에 대해서만 우선한다.
㉡ 재청을 필요로 한다.
㉢ 토론할 수 있다. 이 동의가 상정되어 있을 때에는 지금 문제가 되어 있는 원동의에 대해서도 토론할 수 있다.
㉣ 수정은 할 수 없다.
㉤ 무기 연기된 동의를 누가 다시 끄집어내지 않으면 그 동의는 자연히 말살된다.
㉥ 가결에는 과반수의 찬성을 필요로 한다.
㉦ 번안 동의를 제출하여 재심의할 수 있다.
㉧ 무기 연기 동의를 재상정(再上程)시키자면 출석 회원 3분의 2이상이 찬동해야 한다.

이 동의가 가결되면 원동의는 부결된 것이나 마찬가지가 되며 그 회의 중에는 다시 제출할 수 없다.

부결되었을 경우 같은 문제(원동의)에 대해서는 다시 이 동의를 제출할 수 없다.

2) 수정(修正) 동의

원동의 일부를 삭제하거나 덧붙이거나 어구(語句)를 삽입하거나 수정하는 것이 이 동의의 목적이다.

수정동의에는 대안(代案)이라는 것이 있다. 원동의의 골자는 건드리지 않고 내용을 바꾸는 개의를 대안이라고 한다. 수정동의에는 개의와 재개의가 있다.

㉠ 수정동의는 원동의와 같은 문제에 관한 것이라야 한다. 원동의와 같은 성질의 것인지는 회장의 판단에 맡긴다. 그러나 회장의 결정에 대해 회원이 이의(異議)를 제기할 수 있다.

㉡ 수정동의를 낼 때 문구와 용어에 주의하여 원동의와 사이에 용어상의 모순이 없어야 한다.

㉢ 이 동의는 원동의에 대해서만 우선적이고 위원회 회부 및 기한부 연기의 동의 등 각 동의보다는 낮은 순위에 있다.

무기 연기의 동의와는 같은 순위이므로 이 수정 동의를 심의하고 있을 때에는 무기 연기의 동의는 낼 수 없다.

㉣ 재청을 필요로 한다.

㉤ 토론할 수 있다.

㉥ 재심의(再審議)할 수 있다.

㉦ 수정안(修正案)을 다시 수정(修正)할 수는 있으나 재수정에 대한 수정은 할 수 없다.

동의에서 문구를 빼고 보태고 싶으면 개의를 한다. 개의에 재청이 있으면 회장은 동의보다 먼저 개의를 표결해야 한다.

개의도 수정할 수 있다. 동의의 골자는 건드리지 말고 다시 한번 수정하는 것을 재개의라고 한다.

재개의에 재청이 있으면 표결로 들어가 맨먼저 재개의, 그 다음에 개의, 마지막으로 동의를 표결하는 것이다.

㉧ 표결하는 데 있어서는 원안(原案)과의 사이가 가장 먼 수정안 즉 재수정안부터 표결에 붙인다. 그 이유는 가령 재수정안이 가결되다면 그 후에 수정안이며 원안에 대해서 일일이 표결할 필요가 없기 때문이다.

재수정안, 수정안이 모두 부결되었을 때는 원안에 되돌아가서 심의 →

표결이라는 절차를 밟게 된다.

　동일(同一)한 의안에 대하여 여러 개의 수정안이 제출되었을 때는 원안에 가장 먼 것(즉 원안이 가장 많이 수정된 것)부터 먼저 표결한다. 그 순서는 회장이 결정한다.

　㉢ 가결에는 과반수의 찬성이 필요하다.

　원동의 즉 원안을 수정하는 것을 개의라고 하고 재수정하는 것을 재개의라고도 한다.

　표결 결과 가결되면 수정안은 원안(原案)의 일부(一部)가 되고 심의(審議)의 대상이 된다.

　동의, 개의, 재개의에 대한 본보기를 예를 들어 설명한다.

A회원: 회장, 회원 간친 다과회를 이번 토요일 저녁 8시에 ○○○ 씨 댁에서 하되 회비는 3만원을 각자 부담하기로 동의합니다.

B회원 : 회장, 재청합니다.

회장 : 이의 있습니까?

C회원 : 회장, 다과회를 만찬회로 하고 8시를 오후 6시로 하고 ○○○ 씨댁을 평화관으로 하고 회비는 실비를 각자 부담하기로 개의합니다.

D회원 : 회장, 재청합니다.

회장 : 이의 있습니까?

E회원 : 회장, 간친회 그만두기로 재개의합니다.

회장 : 그것은 재개의의 성질이 못됩니다.

F회원 : 회장, 간친회는 하기는 하되 10월 중 어느 공휴일을 택하여 하루를 유쾌하게 놀도록 가족을 동반하되 전권을 임원회에 맡기기로 재개의합니다.

G회원: 회장, 재청합니다.

회장: 재개의까지 들어왔으니 가부를 묻겠습니다.

　　　재개의부터 묻습니다. 다 잘 들으셨으니 설명은 하지 않겠습니다. 재개의에 찬동하시는 분은 거수하십시오. 찬동하시는 분이 25명입니다. 반대하시는 분이 47명입니다.

회장은 재개의는 부결되었다고 선포한다.
회장 : 그러면 이제는 개의를 묻습니다. 찬동하는 분이 32명입니다. 반대하는 분이 40명입니다.

회장은 개의는 부결되였다고 선포한다. 그러면 회장은 이제는 동의를 묻는다.

회장 : 동의에 찬동하시는 분은 거수하십시오.

찬동하는 분이 57명, 반대하는 분이 15명이면 회장은 동의가 가결되었다고 선포한다. 만일 동의 표결에서도 반대 거수가 많으면 부결된다. 재개의, 개의, 동의 셋이 모두 부결된다는 것은 간친회를 하기 싫다는 뜻이다.

재개의, 개의, 동의 세 의안의 표결은 하나만 가결시키든지 셋 다 부결시키든지 할 수 있으나 둘이나 셋 전부를 가결시킬 수는 없다.

선거 표결을 하는데 세 사람 중에서 한 사람을 선거하는 경우에는 세 번 표결에 한번만 찬성을 표시하여야 하지만(이때 회장은 찬동만 묻고 반대는 묻지 않는다) 세 의안 표결에서는 재개의가 부결되면 재개의 찬동자가 다시 개의나 동의를 선택해서 표시할 수 있다. 결국 친목회를 찬성이냐 반대이냐가 주요한 처사요 그 조건은 다음 문제이기 때문이다.

A회원 : 다음 번 회의에서 협의회 이사 대리를 선정하기로 동의합니다.

B회원 : 재청합니다.

회장 : 이의 있습니까?

C회원 : 우리 협의회 이사장에게 이사 대리를 임명할 권한을 허락하고 그 임기는 1년간으로 하기로 개의합니다.

D회원 : 재청합니다.

이 때 개의는 대안이다. 이사 대리 두는 것이 의안의 골자이므로 조건의 내용은 바꿔도 좋다는 것이다.

사교실을 새로 설치하자는 동의가 나왔는데 재청이 있은 후 동의를 토론하다가 어느 회원이 "토론을 종결하기로 개의합니다" 했다면 이는 규칙에 어긋난다. "개의합니다" 할 것이 아니라 "동의합니다" 해야 한다.

사교실을 어떻게 하자는 것이 아니고 토론을 그만두자는 것은 개의가 안된다.

　토론종결 동의는 하나의 보조 동의이니까 동의가 둘이 나란히 나온 것이 아니고 원동의를 촉진시키는 것뿐이다.

　원 동의보다 보조동의는 먼저 표결되어야 한다.

3) 위원회 회부 동의

　이 동의는 원 동의를 본 회의에서 결의하자면 복잡할 듯할 때 어떤 위원회에 맡기어 심사시키고 보고를 받자는 데 목적이 있다.

　이런 경우에 임원회에 맡기자면 문제가 간단히 낙착되나 특별 위원회에 회부한다면 그 위원회가 아직 구성되지 않았을 경우에는 위원회 이름, 구성 인원수, 위원회 조직, 보고 기한 등 먼저 작정하여야 할 일이 많다.

　회에 조직되어 있는 어느 부(部)에 관련된 것이면 회장이 그 관련 있는 부(部)에 맡기는 것이 어떻겠느냐고 물어서 맡기기로 동의가 있고 재청이 있어서 가결되면 그 부에 회부하게 된다.

　㉠ 이 동의는 지금 문제가 되어 있는 원동의와 앞서 설명한 무기 연기 동의와 수정 동의보다 우선 순위에 있지만 앞으로 설명할 4)이하의 보조 동의보다는 순위가 낮다.

　㉡ 재청을 필요로 한다.

　㉢ 수정할 수 있다.

　㉣ 토론할 수 있다. 그리고 원동의 그 자체에 대해서도 토론할 수 있다.

　㉤ 과반수의 찬성이 있으면 가결된다.

　표결 결과 가결되면 원동의 및 그 때에 미결로 있던 수정동의는 전부 회부되고 회의는 다음 의사로 진행된다. 부결되더라도 나중에 원동의가 수정되든지 했을 경우에는 다시금 동의를 제출할 수 있다.

　재회부(再回附)의 동의는 첫째, 위원회로 하여금 더욱 심의를 계속 시키고 싶을 때에 제출하는 동의이다.

　둘째, 가결되면 먼저 회부되었던 동의는 다시금 그 때와 같은 위원회에서 심의하게 된다.

셋째, 재회부(再回附)의 동의 대신 다른 위원회에 회부하는 동의를 제출할 수도 있다.

4) 유기 연기 동의

원동의를 당장에 처리하기가 곤란할 때에 기한을 정하고 연기시킬 수도 있다. 이것을 기한부 연기 동의라고도 한다.

심의 중인 원동의에 대해서 충분히 생각해 볼 시간을 주기 위하여 일정한 일시까지 심의를 연기하는 것이 이 동의의 목적이다.

유기 연기에 대한 규칙은 이렇다.

㉠ 이 동의는 무기 연기의 동의와 수정 동의와 위원회 회부 동의보다 우선한다. 그리고 만일 위원회 회부안의 심의중에 이 동의가 제출 가결되었을 경우에는 위원회 회부안은 그 원동의와 더불어 일정한 일시까지 토론이 연기된다.

㉡ 재청을 필요로 한다.

㉢ 회의의 기한(期限)에 대해서만이라면 토론도 수정도 개의도 할 수 있다.

㉣ 다음 회의 이후에까지 연기할 수는 없다.

㉤ 가결에 과반수의 찬성을 필요로 한다.

㉥ 번안할 수 있다.

표결 결과 가결되면 모든 미결된 동의는 일시적으로 처리되는 것이 된다. 그리고 다음 회의(이 동의에 의하여 심의를 속행(續行)하기로 지정된 회의) 때 회장이 연기된 동의를 의제로 상정할 것을 선언한다.

그때 상정되는 것은 원동의와 수정 동의뿐이며 그 밖의 보조동의는 제출되지 않았던 것이나 마찬가지 결과가 된다.

부결되었을 경우 원동의가 수정되지 않는 한(限) 동일한 문제에 대하여 다시금 이 동의를 제출하지 못한다.

5) 토론 제한 연장의 동의

토론 자유의 원칙대로 하면 토론시간을 제한할 수 없으나 개인의 토론 자유가 여러 사람을 괴롭힌다면 개인의 토론 자유를 제한할 수밖에 없다.
이 동의는 회의 능률을 올리고 시간을 유효하게 쓰기 위하여 토론 제한과 연장 동의를 하는 데 목적이 있다.
㉠ 이 동의는 회원의 발언 횟수의 제한과 발언 시간의 제한, 그리고 회의 전체에 필요한 전(全)시간의 제한 또는 연장에 관하여 제안할 수 있다.
㉡ 이 동의는 토론할 수 있는 동의의 심의중에만 제안하는 것이 옳다.
㉢ 재청이 필요하다.
㉣ 수정이나 재심의(번안)할 수 있다.
㉤ 토론하지 못한다.
㉥ 가결에는 출석회원 3분의 2이상의 찬성을 얻어야 한다.
토론의 자유를 제한하는 것은 중대한 문제이기 때문이다.
표결 결과 가결이 되면 그 문제에 대한 토론을 제한된 그대로 제한 또는 연장되어야 한다.
부결되면 이 동의가 제안되지 않은거나 마찬가지로 다시금 토론이 계속된다.

6) 토론 종결 동의

지금 심의되고 있는 동의에 대한 토론을 종결하려고 표결에 붙이자고 요구하는 것이 이 동의 목적이다.
토론 종결에는 두 가지 종결이 있다.
첫째는 자연 종결이다.
토론하는 회원이 없거나 토론 시간이 다 되었으면 자연히 종결되어 표결로 들어간다.
둘째는 결의 종결이다.
토론이 계속 되풀이 되어 오고 가고 하면 어느 회원이 일어나서 "회장. 이제 그만 토론을 종결하고 곧 표결에 붙이기로 동의합니다" 하여 재청이 있은 후 토론없이 표결하여 출석 회원 3분의 2이상의 찬동을 얻으면 가결된다.

이 동의는 토론 종결에만 관계 있다. 그러므로 토론하던 의안 자체는 곧 이어 표결해야 한다. 토론 종결 동의는 토론에 참가한 회원은 못한다. 부결되면 그 의안 토론 중에는 거듭 토론 종결 동의를 내지 못한다.

제안마다 토론이 반드시 있어야 하는 것은 아니다. 토론할 수 없는 동의도 있다.

㉠ 이 동의는 토론하고 있는 동의가 심의되고 있는 동안에 있어서만 제안하는 동의이다.

다음 설명되는 보류 동의와 위원회 회부 동의 그리고 기한부 연기의 동의보다는 순위가 낮다.

㉡ 재청을 필요로 한다.

㉢ 수정이나 토론은 하지 못한다.

㉣ 출석회원 3분의 2이상의 찬동을 얻어야 가결된다.

㉤ 이 동의는 제안할 때 특히 '○○○에 대하여'란 식으로 그 적용될 범위를 표시하지 않으면 그 때의 미결중(未決中)인 모든 동의에 적용된다.

따라서 만일 몇 가지 있는 미결된 동의의 일부(一部)만에 적용하고 싶을 때에는 "나는 ○○와 ○○의 두 동의에 대하여 토론 종결할 것을 제안합니다" 하는 식으로 제안하여야 된다.

㉥ 이 동의는 토론을 시작하기 전에 제출할 수도 있다. 그리하여 만일 이것이 가결되면 모든 토론은 저지(沮止)된다.

㉦ 이것은 재심의(번안)할 수 있다. 그러나 토론 종결의 동의가 가결되어서 어떤 문제가 표결에 붙여진 다음에는 불가능하다.

표결 결과 가결되면 즉시 그 때에 미결중인 동의에 대하여 각각 표결한다. 그러나 위에서 말한 ㉥과 같은 경우에는 그 한정(限定)된 동의에 대해서만 즉시 표결한다.

부결되었을 경우에는 원동의가 수정되거나 또는 이 동의보다 순위가 낮은 다른 동의가 제출된 뒤가 아니면 다시금 같은 문제에 대하여 이 동

7) 보류 동의

원동의를 심의하는 중에 동의가 가결되면 안되겠다고 생각하는 경우, 또는 동의의 토의가 감정문제로 흘러 결정짓기도 어렵고 결정지어도 안될 경우, 곧 이러기도 어렵고 저러기도 어려울 경우에는 심의하기에 편리할 때까지 연기하고자 할 때 하는 것이 이 동의의 목적이다.

㉠ 이 동의는 다른 모든 '보조 동의'보다 우선적으로 이루어진다. 보조동의에 있어서 가장 순위가 높다. 그러나 임시 동의와 우선 동의의 각 동의보다는 순위가 낮다.
㉡ 재청을 필요로 한다.
㉢ 토론할 수 있다.
㉣ 수정도 할 수 있다.
㉤ 과반수의 찬성이 있으면 가결된다.

표결 결과 가결되면 그 당시에 미결된 채로 있는 동의의 심의는 모두 보류된다.

부결되면 원동의가 다시 토론되고 표결된다. 거저 보류시키면 그날 회의에서는 안 되고 다음 날 회의에서 회원들이 이 보류 동의를 끄집어 내어 출석회원 3분의 2이상의 찬성으로 이를 살릴 수 있다. 이것을 보류 동의의 재상정(再上程)이라고 한다.

아무도 아무 말을 하지 않으면 보류된 동의는 언제까지든지 잠자게 되는 것이다. 그러므로 보류 동의를 할 때에 언제까지 보류하자고 시간을 명시하면 자연히 그 시간이 되면 보류된 동의가 살아나는 것이다.

8) 보류되었던 동의의 재상정

보류되었던 동의를 부활시키는 것이 이 동의의 목적이다.

이 동의의 상정 형식은 "나는 보류되어 있는 ○○○의 동의(안)를 다시 상정할 것을 제안합니다"라고 한다.

㉠ 이 동의는 보류 동의의 경우와 같이 다른 모든 보조 동의보다 우선

적으로 다루어진다. 그러나 부수 동의(임시 동의) 특권 동의(우선 동의) 보다는 순위가 낮다.
  ⓒ 재청을 필요로 한다.
  ⓒ 토론할 수 없다.
  ㉣ 수정도 할 수 있다.
  ㉤ 과반수의 찬성으로 가결된다.
 표결 결과 가결되면 보류되어 있던 원동의와 그 수정 동의가 다시금 심의에 붙여지며 보류 동의가 가결되었을 때에 나와 있던 위원회 회부라든지 토론종결 등의 동의는 그대로 취소된다.
 부결되더라도 부결된 직후가 아니면 다시 한번 제안할 수 있다.

4. 부수동의(附隨動議)

 부수 동의는 안건을 처리하는 중에 엉뚱하게 불쑥 튀어나오는 호소와 요구 그리고 의사의 순서며 절차에 관한 것으로 원동의에 덩달아 일어나는 동의이다.
 회의 진행중에 부수적으로 일어나는 동의이므로 임시(臨時) 동의 또는 부대(附帶) 동의라고도 한다. 동의에는 직접 관련되지는 않으나 의사(議事) 진행에 관한 것이다.
 회장의 결정이 잘못되었다거나 불공정하다고 생각되는 회원은 누구나 그것을 유지해 둘 것인가 파기할 것인가에 대하여 표결을 구하는 것이 임시 동의의 목적이다.
 표결 결과 회장의 결정이 유지되면 그것은 회의에서 결정한 것이 되며 파기하면 회장의 결정은 무효가 된다.
 임시 동의(부수 동의)는 우선 동의를 제외한 다른 모든 동의보다 순위가 위이므로 이 동의가 제출되었을 때는 그것이 처리된 후가 아니면 다른 의사를 진행시키지 못한다.

1) 규칙 일시정지 동의

 단체의 규칙 중에 기본 법규는 총회에서 개정하기 전에는 회원 전체가 찬성한다 하더라도 건드리지 못할 부분이 있다.
 그러나 회칙에 변동 혹은 정지할 수 있다는 조건이 붙어 있는 부분은 일시 변동할 수 있는 것이다. 이 동의의 목적은 기본 법규를 제외한 세칙 따위의 통용을 일시 정지시키려는 것이다.
 규칙을 일시 정지시키려면 다음의 규정을 지켜야 한다.
 ㉠ 세칙에 규칙 정지에 관한 규정이 마련되어 있지 않으면 이 동의를 내지 못하는 것이 원칙이다.
 ㉡ 이 동의는 우선 동의에 대해서만 우선권을 빼앗긴다. 이 동의보다 우선 동의가 먼저 처리되어야 한다.
 ㉢ 재청이 필요하다.
 ㉣ 토론이나 수정이나 재심의(번안)를 하지 못한다. 규칙 일시 정지 요구 동의는 재청만 하고 토론도 없고 개의도 없이 표결에 들어간다.
 ㉤ 출석 회원 3분의 2이상의 찬동을 얻어야 가결된다.
 표결 결과 가결되면 그 특정 규칙은 그 의사(議事)에 있어서만 일시 정지된다.
 부결되면 같은 회의에서 다시 제출하지 못한다.

2) 동의의 철회 동의

 동의가 표결에 들어가기 전에 동의자가 자기가 제안한 안건을 취하(取下)하기를 요구하는 것이 이 동의의 목적이다.
 어떠한 동의라도 회장에 의하여 일단 상정(上程)이 선포되면 회의의 승인이 없이는 철회할 수가 없기 때문에 이 동의가 필요한 것이다.
 ㉠ 어떤 동의의 철회를 요구할 수 있는 자는 그 동의의 제안자뿐이다.
 재청이 있기 전이면 동의자의 철회 요구로 동의가 철회되지만 재청이 있었으면 재청자의 찬동을 얻어서 회의의 승인을 받아야 한다.
 ㉡ 동의 철회에 재청은 필요없다.
 ㉢ 토론하지 못한다.
 ㉣ 재심의(번안)할 수 없다.
 ㉤ 과반수의 찬성으로 가결된다.

ⓗ 원동의가 철회되면 그에 따르는 모든 동의도 같이 철회된다.

표결 결과 가결되면 결국 아무 동의도 제출되지 않았던 것과 마찬가지가 된다. 그리고 한번 철회된 동의를 다시 제출할 수는 없다.

부결되면 그 문제에 대해서는 철회 동의는 제출하지 못한다.

3) 심의 반대 동의

원동의를 표결에 붙이지 않고서 취소해 버리자는 것이 이 동의의 목적이다.

의안은 심의하는 것이 원칙이다. 그러나 의안이 토론하기 거북하고 결의가 되면 난처하겠다는 걱정이 되는 경우에는 동의와 재청이 있은 후 토론에 들어가기 전에 심의 반대를 회에 호소할 수 있다.

심의의 반대는 과반수의 횡포 곧 많은 회원들이 미리 짜고 들어와서 좋지 못한 결의를 하려고 할 때에 이것을 막아낼 수 있는 좋은 호소 방법이다.

그런데 회장이 그 축에 들어 있다면 심의 반대가 성립 안된다. 심의 반대는 표결을 한다고 해도 소용이 없기 때문이다. 벌써 과반수가 합의되었기 때문이다.

㉠ 이 동의는 원동의에 대해서만 제출할 수 있다.
㉡ 이 동의 제출은 반드시 수정이나 토론이 개시되기 전에 해야 한다.
㉢ 이 동의가 미결인 동안은 '보조 동의'는 일체 제출하지 못한다.
㉣ 재청은 필요없다.
㉤ 발언권을 얻지 않고서도 즉 다른 사람의 발언중에라도 제안할 수 있다.
ⓗ 토론이나 수정도 번안(재심의)도 못한다.
㉥ 3분의 2이상의 찬성으로 가결된다.

표결 결과 가결되면 원동의는 취소되어 버린다.

부결되면 이 동의가 제출되지 않았던 것이나 마찬가지가 되므로 원동의는 회의에 붙여져서 심의된다. 그리고 동일한 문제에 대해서는 다시금 이 동의를 내지 못한다.

4) 서류 제출 요구의 동의

회에 제출되어야 할 서류가 제출되지 않았으면 어느 회원이든지 서류를 제출할 것을 요청하는 동의를 낼 수 있고, 제출된 서류가 미비되었으면 보충할 것을 요구하는 동의를 낼 수 있다.

미결중인 동의를 심의하는 데 필요하다고 생각되는 서류를 낭독할 것을 요구할 수도 있다.

의안 중에 공백(空白) 곧 빈 자리가 있으면 날짜, 숫자, 이름 등을 집어 넣자는 동의나, 의안의 글이 잘 안되었으면 정정하자는 동의를 낼 수 있다.

㉠ 심의 중인 동의와 관련이 없는 서류의 낭독에는 재청이 필요하다.
㉡ 토론은 못하나 재심의는 할 수 있다.
㉢ 과반수의 찬성으로 가결된다.

가결되면 그 서류는 낭독되고 회원이 요구하는 서류는 제공되어야 한다.

부결되면 그 서류에 대해서는 동일한 회의에서 다시 서류 낭독을 요구하는 동의를 내어놓지 못한다.

요구와 호소는 물론 회에 하는 것이다. 그런데 이 요구와 호소를 회장이 물리칠 수 있다. 이런 경우에는 항의를 할 수 있다. 그러면 회장은 즉시 회에 물어서 종다수로 결정한다.

회원이 회원들에게 무슨 광고하기를 요구하든지 무슨 서류를 공개하기를 요구하든지 서류 낭독은 일체 서기가 하게 되어 있다.

추천받은 회원이 사퇴를 요구하든지 무슨 안건의 취소를 요구하든지 그 밖의 모든 요구와 회장의 사회와 결정에 대한 회의에 호소는 재청없이 토론없이 개의없이 가부를 물어 종다수로 결정한다.

회장에게 대한 호소는 회장 자신이 가부를 묻지 못하고 부회장이 묻는다.

5) 문제 분할 동의

문제를 토론하기 쉽도록 한 동의를 둘 이상의 부분으로 분할해서 심의하자는 동의이다. 그러므로 심의 방법에 관한 동의이다.

따라서 분할된 동의와 각 부분이 독립된 문제로서 채용될 수 있는 성질의 것일 때에만 이 동의는 적용된다.

본보기를 들어 말하면 야유회 가자는 동의가 나왔는데 그 시일과 장소 선택을 따로 떼어서 결정짓자는 제안을 할 수 있다. 이것이 동의의 분할 동의이다.

동의 : 5월달 공휴일에 백운대로 야유회 가기를 동의합니다.
개의 : 5월달 공휴일에 관악산으로 야유회 가기로 개의합니다.
재개의 : 5월달 공휴일에 우이동으로 야유회 가기로 재개의합니다.
이렇게 동의, 개의, 재개의의 재청이 들어왔다고 하자.
A회원 : 회장, 야유회 가자는 데는 찬성하겠는데 장소가 서로 맞지 않으니 시일과 장소를 따로 떼어서 심의해 주시기를 요구합니다.
회장 : 지금 요구하신 심의 방법은 참 좋습니다. 이의 없으면 그대로 하겠습니다.
먼저 야유회 가는 것을 찬성하는 분은 거수하십시오(거수자 42명).
반대하는 분은 거수하십시오(거수자 15명).
가결되었습니다.
그리고 시일에 대하여 재개의, 개의, 동의 순서로 가부를 묻고 장소에 대하여도 재개의, 개의, 동의 순서로 묻는다.
회장 : 분할해서 심의한 결과 5월달 공휴일에 백운대로 야유회 가기로 결정되었습니다
의안이 복잡할 때는 분할 심의하는 것이 편하고 좋다.
문제를 분할하여 결정 지으려면 다음 사항에 유의하여야 한다.
㉠ 어떻게 분할하는지를 분명히 표시해야 한다.
㉡ 토론 종결이 요구되고 나서도 동의의 분할을 요구할 수 있다.
㉢ 삭제나 삽입의 동의는 분할하지 못한다.
㉣ 수정할 수 있다.
㉤ 재청은 필요없다.

ⓗ 토론하지 못한다.
ⓢ 재심의도 못한다.
ⓞ 과반수의 찬성이 있으면 가결된다.
표결 결과 가결되어 문제가 여러 부분으로 분할되었을 경우 각 부분은 하나씩 차례로 심의 처리된다.
부결되면 원동의는 본 내용 그대로 남는다.

6) 표결방법에 관한 동의

표결 방법이 세칙에 규정되어 있지 않은 경우에는 그 방법을 회에서 결정지어야 한다. 표결을 하는 데 있어서 가장 적당하다고 생각되는 방법으로 할 것을 요구하는 것이 이 동의의 목적이다.
㉠ 표결이 행하여지기 전이면 언제라도 할 수 있다.
㉡ 재청을 필요로 한다.
㉢ 수정할 수 있다.
㉣ 토론할 수 있는 것이 원칙이지만 토론이 생략된다.
㉤ 재심의(번안)할 수 있다.
㉥ 과반수의 찬성이 있으면 가결된다.
표결 결과 가결되면 이 동의에서 제안된 방법으로 표결하게 된다.
부결되면 다른 방법이 다시 제안되지 않는 한, 회장의 재량으로 결정된 방법에 의하여 표결하게 된다.
표결 방법은 여러 가지가 있다.
① 선거인 편에서
㉠ 무기명 투표
투표하는 사람의 이름을 안쓴다. 심의 투표에서는 투표지에 '가'나 '부' 혹은 '찬성'이나 '반대'만 쓰면 된다.
선거 투표에서는 당선 시키고 싶은 후보자의 이름만 쓴다.
㉡ 유기명 투표
심의 투표에서는 '가'나 '부'(찬성, 반대)도 쓰고 투표자의 이름도 쓴다.

선거 투표에서는 당선시키고 싶은 후보자의 이름과 투표자의 이름도 쓴다.
　ⓒ 거수 혹 기립투표
　회원들이 그냥 앉아서 손을 들어 가부를 표시하여 결정짓는 방식이 거수표결이다.
　회원들이 일어서는 것으로 가부를 표시하여 결정짓는 방식이 기립 표결이다.
　그 밖에도 결선투표, 추첨투표, 공동투표, 개인투표 등이 있다.
　ⅱ) 피선거인을 상대로
　㉠ 단기식 투표(단기명 투표)
　후보자 한 사람의 이름을 한 투표지에 쓴다. 적당한 인물을 뽑아낼 수 있으나 때로는 어느 한편에서만 모든 임원이나 대표가 나오기 쉽다.
　ⓒ 연기식(連記式) 투표(연기명 투표)
　후보자 여러 사람의 이름을 한 투표지에 한꺼번에 쓴다.
　임원이나 위원이나 대표를 한꺼번에 한 투표지에 쓰게 되어 인물 본위로 당선시키기는 어려우나 각파에서 골고루 당선자가 나오게 된다.

7) 의사진행에 관한 이의

　의사(議事)가 규칙대로 행해지지 않을 경우 또는 그릇된 조처가 취해졌을 경우에 그것을 바로 잡는 것이 이 동의의 목적이다.
　회장이 순서에 맞지 않는 동의를 채택하였거나 수정안에 적합하지 않을 경우, 그 자리에서 곧 이 동의를 제출한다.
　나중에는 이 동의를 제출할 수 없으므로 "회장 규칙입니다" 또는 "나는 의사진행에 관해서 이의(異議)가 있습니다"라고 하여야 한다.
　㉠ 다른 회원의 발언중에도 제출할 수 있다.
　ⓒ 회장에게 발언권을 얻을 것 없이 제출할 수 있다.
　ⓒ 회장은 이 동의가 제출되면 우선적으로 채택해서 "규칙을 말씀하십시오" 또는 "의사 진행에 관한 이의를 말씀해 주십시오"라고 하여 발언하기를 허락해야 한다.

㉣ 이의 제출자는 규칙 위반이라고 생각되는 점에 대하여 분명하고도 간결하게 설명해야 한다.
㉤ 재청은 필요없다.
㉥ 토론은 하지 못한다.
㉦ 회장은 결정을 내리기 전에 다른 회원의 의견을 구할 수도 있고 규칙이나 의사법 위반의 유무(有無)를 표결에 붙여서 결정 지을 수 있다.
㉧ 회장이 회의의 결정을 거치지 않고서 결정을 내렸을 때는 회원은 그 결정에 대하여 상소(上訴)할 수 있다.

8) 회장의 결정에 대한 상소

회장이 회원을 향하여 물어볼 의무를 지니듯 회원들은 회장의 잘못된 진행이나 결정에 대하여 상소의 권한을 가진다.

회원이 전체적으로 승인하고 있지 않는 것을 회장이 결정한 데 대하여 이의(異議)를 제기하는 것이 이 동의의 목적이다.

㉠ 상소는 보통 다음의 문제에 관한 회장의 결정에 대해 행해진다.
- 회의의 법칙이나 규정에 위배된 사항
- 동의에 대한 토론 여부의 결정
- 수정 여부의 결정
- 수정의 합법성 결정
- 규칙 발언에 관한 결정
- 발언 중지 결정
- 발언권에 관한 결정

㉡ 상소 제기하는 회원은 "규칙이오" 또는 "법이오"라는 말과 함께 손을 들고 그 내용을 말한다.

"회장, 본인은 회장의 …… 에 대해 상소합니다"라고 한다.

상소 제기는 어떤 것에도 우선되며 상소가 제기되면 회장은 다른 회원의 재청을 물어보아야 한다.

㉢ 수정은 하지 못하나 상소의 내용이 토론할 수 있는 것이라면 토론할 수 있다. 토론할 수 있는 경우 각 회원은 한번밖엔 자기의 생각을 진

술하지 못한다.

ⓔ 회장은 토론할 수 없는 경우라도 먼저 기립해서 자기의 결정에 대한 이유를 진술할 수 있다. 이때에는 사회를 부회장에게 넘길 필요는 없으나 두 번 이상 발언해서는 안된다.

ⓜ 이 동의의 표결은 회장의 결정에 대해서 찬성이냐 반대냐라는 형식으로 행해진다. 찬성은 회장의 결정을 지지하고 반대는 이의(異議)를 각하한다는 것이다.

ⓗ 과반수의 찬성이 있으면 가결된다. 그리고 이 경우에 한(限)해서 가부동수(可否同數)도 가결과 마찬가지가 된다.

회장의 표는 으레 찬성쪽에 들어갈 것이 예상되지만 회장은 당사자이므로 찬부 어느 쪽을 택하든간에 표결에 참가한다는 것이 옳지 않다는 견지에서 상소의 경우에 있어서만은 회장의 표결권을 행사시키지 않고 동수일 때는 그대로 가결이 되는 것이다.

표결 결과 가결 즉 회장의 결정이 지지되고 이의가 각하된 경우 의사는 종전대로 진행된다.

부결된 경우 즉 이의가 정당하다고 인정된 경우엔 회장은 자기의 결정사항을 즉시로 변경해야 한다.

상소가 처리된 뒤 회장은 오해를 막기 위하여 심의중인 동의를 다시 한번 선언해야 한다.

9) 번안 동의

번안 동의는 이미 표결된 동의를 한번 회의에 붙여서 심의시키는 데 목적이 있다.

번안 동의는 재론(再論) 재심의(再審議)라고도 하는 특별한 종류의 동의이다. 이것은 한번 결정된 의안을 다시 토의해서 결정을 뒤집자는 동의이므로 가결된 것이나 부결된 것이 분명히 잘못되었다고 절대 다수의 회원에게 인정되기 전에는 번안 동의는 삼가하여야 한다.

번안 동의에 지켜야 할 규칙이 있다.

㉠ 결의하고 나서 금방은 못한다. 연일(連日)회의를 계속한 경우에는

조금 지나거나 늦어도 이튿날까지 해야 한다.

ⓒ 이 동의를 제출할 수 있는 자는 재심의 될 그 동의의 표결에 있어서 다수자 쪽에 있었던 회원에 한(限)한다.

다시 말하면 표결 때 가결이면 부편에 있던 회원, 부결이면 가편에 있던 회원은 번안 동의를 할 수 없다.

그러나 재청은 아무라도 할 수 있다. 그리고 그 표결이 무기명 투표로 행해졌을 경우는 누가 어느 쪽에 투표했는지 모르므로 아무나 제출해도 무방하다.

ⓒ 번안 동의는 표결 때 결정지은 전체 회원의 찬동을 얻어야 하는 것이 원칙이다. 그러나 3분의 2이상의 찬동을 얻으면 번안 동의가 성립될 수 있다.

ⓔ 번안 동의에 재청이 필요하나 수정하지 못하며 개의가 없다.

ⓜ 한번의 표결 결과에 대한 번안동의는 한번밖엔 못한다.

다음과 같은 경우에는 번안(재심의)의 요구는 할 수 없다.

① 폐회 동의, 규칙 일시 정지의 동의, 재심의(번안)의 동의에 대한 재심의 요구

② 보류 동의나 보류되었던 동의를 재상정하자는 동의에 대한 재심의(번안)(가결 되었을 경우)

③ 토론 종결의 동의에 대한 재심의(번안) (그것이 가결되어 그 결과 어떤 문제가 표결에 붙여져 버렸을 경우)

④ 임원 선거의 표결에 대한 재심의(번안) (임원이 사회하였을 경우는 제외)

⑤ 먼저 결정한 사항이 도저히 변경할 수 없는 성질의 것일 경우의 재심의(번안)

표결 결과 가결되면 전의 의안은 무효가 되고 원동의는 다시금 심의된다.

부결되면 같은 문제에 대하여 다시는 이 동의를 제출할 수 없다.

10) 무효 취소의 동의

재심할 수 있는 기간이 지나버린 뒤에 먼저 의결한 문제를 무효(취소)로 하자는 것이 이 동의의 목적이다.

㉠ 이 동의에는 재청이 필요하다.
㉡ 토론은 할 수 있으나 수정은 하지 못한다.
㉢ 과반수의 찬성이 있으면 가결된다.

정식 일정으로 상정되어 있을 경우에는 과반수의 찬성만으로 가결되고 그렇지 않을 경우에는 3분의 2이상의 찬성이 있어야 한다는 설(說)도 있다.

㉣ 전에 결정한 사항이 도저히 변경할 수 없는 성질의 것일 때는 이 동의는 제출할 수 없다.

표결 결과 가결되면 이전의 결의사항은 무효가 되고 부결되면 회기중에 다시 제출하지 못한다.

5. 특권 동의(우선 동의)

특권 동의는 회원의 권리이며 특권에 관한 동의이므로 특수 동의라고도 하며 어느 동의보다도 우선적으로 처리되지 않으면 안된다는 의미에서 우선 동의라고 한다. 따라서 제안되는 즉시 심의되어야 한다.

아무 동의도 없을 때는 물론이요 다른 회원이 발언 중이거나 다른 동의의 심의 중일 때도 이 동의는 낼 수 있으며, 일의 시비를 논(論)하는 것이 목적이 아니므로 토론도 허락되지 않으며 보조동의도 없이 곧 처리해야 한다.

보조동의처럼 우선순위가 정해져 있는데 그중 순위가 낮은 것부터 설명한다.

1) 일정 변경의 동의

회의 순서를 재촉하는 동의. 어떤 의안(議案)을 앞당겨서 먼저 상정시켜 심의하거나 일정에 전혀 들어 있지 않은 어떤 긴급한 의안을 새로이 제출하여 곧 상정시켜 심의하거나 손님에게 언권을 주거나 회의 순서에 관련되어 시급히 결의하자고 제안하는 것이 이 동의의 목적이다.

긴급 동의라고 부르는 것과 같다.
㉠ 재청이 필요하나 토론할 수는 없다.
㉡ 수정할 수 없고 재심의도 못한다.
㉢ 3분의 2이상의 찬성이 있어야 가결된다.
㉣ 이 동의와 이에 딸려서 제출된 안건이 심의 중일 때에는 일정촉진(日程促進)의 동의는 제출할 수 없다. 단 다른 특별일정(特別日程)을 위하여 정해 놓은 시간이 되었을 경우에는 할 수 있다.

표결 결과 가결되면 일정(日程)이 변경되어 그 긴급 안건을 상정 심의하게 된다.

부결되면 정식 일정대로 의사가 진행된다. 부결되었음에도 불구하고 동일 안건의 일정 변경의 동의를 같은 날에 다시 발의할 수 있다.

몇 가지 안건을 처리한 뒤거나 그날 일정에 올랐던 안건이 철회되었거나 또는 의사가 의외로 빨리 진행되어서 먼저 그 일정 변경의 동의가 부결될 때와는 사정이 달라졌을 경우에는 같은 날이라도 동일 안건의 일정 변경의 동의를 제출할 수 있다. 그러나 이것은 전회원이 이의(異議)가 없을 때에 하는 것이므로 결코 함부로 해서는 안된다.

2) 일정 촉진 동의

의사일정이 정한 시간보다 지연되었을 때 의사가 예정대로 진행되도록 촉진하는 것이 이 동의의 목적이다.

회의가 예정대로 진행되고 있을 때에 이 동의가 제출되면 회장은 그것을 각하(却下)할 수 있다.
㉠ 재청이 필요하다.
㉡ 의사 진행중에도 제출할 수 있다.
㉢ 토론하지 못하고 보조 동의는 적용하지 못한다.
㉣ 과반수의 찬성이 있으면 가결된다.

표결 결과 가결되면 그 때까지의 의사(議事)는 중지되고 다음 차례의 의사 일정에 들어가게 된다. 그리고 중지된 의사는 다음 번 회의에서 심의 미료(審議未了)의 의사 때에 심의된다. 부결되면 그때까지 심의되었던 의사가 계속 진행된다.

3) 특권을 위한 동의

어떤 사람들의 권리가 부당하게 침해당했을 때 그 특권을 지키는 것이 이 동의의 목적이다.

특권이란 무엇인가? 회원 전체나 회원 각 개인의 권리, 명예, 안전, 쾌적, 편의와 같은 것이 관계된 것을 내용으로 하는 것들이다. 어느 회의법 학자는 이런 내용을 기억하기 쉽게 'SHIP'(safe, health, integrity, and property)이라고 한다.

회의 장소가 너무 덥거나 춥거나 소음으로 회의장이 소란하거나 발언자가 폭언을 하거나 공기 소통이 잘 되지 않아 상쾌하지 않아 회원 일부나 또는 전부의 특권이 침해된다고 생각될 때에 제출하는 것이다.

회원이 일어나서 "회장, 나는 특권 문제를 제출합니다" 또는 "회장, 특청(特請)이오" 하고 나서 요구 사항을 이야기한다.

㉠ 회장은 이 동의가 나오면 우선적으로 발언시켜야 한다. 그리고 이 제안자의 발언이 과연 특권 문제인지 아닌지를 먼저 결정해야 한다. 회장의 결정이 잘못되었으면 공소를 할 수 있다.

이 동의가 제출되면 의사를 일시 중단하고 이 동의를 처리한다.

㉡ 회원 전체의 문제는 회원 개인의 문제보다도 우선 처리되어야 한다.

㉢ 재청은 필요없다.

㉣ 수정이나 토론을 하지 못한다.

㉤ 가결에는 과반수의 찬성이 필요하다.

표결 결과 가결되면 이 동의에서 요구하고 있는 것은 즉시 실시되어야 한다. 그리고 이 동의는 상황이 바뀌어지면 다시 제출할 수 있다.

4) 휴식 동의

회의를 일시 중지하여 휴식하자는 것이 이 동의의 목적이다. 식사 때라든지 투표의 결과를 계산하는 동안에 이 동의가 제출된다.

⊙ 이 동의는 다음에 설명하는 5)와 6)이외의 모든 동의에 우선한다.
ⓒ 얼마 동안 휴식하는지(재개의 시각)를 말해야 한다.
ⓒ 재청을 필요로 한다.
ⓔ 정족수에 미달일 경우라도 제출할 수 있다.
ⓜ 시간에 대해서 다시 수정할 수 있다.
ⓗ 재심의는 못한다.
ⓢ 과반수의 찬성으로 가결된다.
ⓞ 이 동의는 투표중에 제출할 수는 없지만 투표가 끝난 다음 그 결과의 발표가 있기 전이라면 제출할 수 있다.

이 경우 휴식이 끝난 다음에는 그 투표 발표를 제일 먼저 해야 한다.

가결이 되면 모든 의사는 휴식 시간이 끝날 때까지 중단하여야 한다.

부결이 되었을 경우 그 직후만 아니면 다시 한번 휴식 동의를 제출할 수 있다. 단, 단순히 의사 진행을 방해할 목적으로 제출하는 일은 없어야 한다.

5) 정회, 폐회 동의

정회(停會)는 잠깐 회의를 쉬는 것을 뜻한다. 정회는 순서에 쓰여진 시간대로 또는 회원이 정회 동의를 하여 가결되었을 때 또는 회의 장소가 너무 소란하여 회장이 여러 번 경고하여도 진정되지 않을 때 회장이 정회를 선포하면 정회가 된다.

폐회는 폐회 예정 시간이 되었거나 예정 시간은 안되었어도 회의 순서가 다 끝났으면 회장이 폐회를 선포한다.

회장은 폐회를 선포하기 전에 회원의 의사를 물어야 한다. 가령 예정 시간은 되었으나 순서가 다 지나지 않았으면 회장은 "폐회 예정 시간은 되었는데 순서는 끝나지 않았으니 어떻게 하면 좋겠습니까?" 하고 물을 것이다.

이때에 어떤 회원이 "순서를 끝내기까지 폐회를 연기하기로 동의합니다" 하고 재청이 있은 후에 회장이 이의를 묻고 표결하여 가결이 되면 연회(延會)한다.

그러나 회원이 폐회 동의를 하고 재청이 있으면 토론은 하지 않고 곧 표결에 붙여야 한다.

폐회 동의나 정회 동의는 어느 회원이든지 언제든지 내놓을 수 있는데 회장이 이를 의사 진행의 방해로 인정할 때에는 받지 않아도 된다.

정회(停會)는 회를 잠깐 멈춘다는 뜻이다.

휴회(休會)는 회를 쉰다는 뜻이다.

속회(續會)는 회를 계속한다는 뜻이다.

연회(延會)는 회를 연기한다는 뜻이다.

산회(散會)는 회기가 여러 날이면 그날 그날의 폐회를 산회라고 한다.

폐회(閉會)는 회를 아주 끝냈다는 뜻이다.

폐회 동의와 재청이 들어왔을 때의 지킬 규칙은 이렇다.

㉠ 폐회 동의가 표결에 붙여지기 전에 제출할 수 있는 동의는 다음 번 회의 일시(日時)와 장소를 결정하는 동의와 그 동의에 대한 수정 동의 그리고 표결 방법에 관한 동의뿐이다.

㉡ 재청을 필요로 한다.

㉢ 수정이나 토론이나 번안할 수 없다.

㉣ 정족수가 되지 않아도 가결한다.

㉤ 과반수 찬성이 있으면 가결한다.

㉥ 다음 경우에는 폐회 동의를 하지 못한다.

ⓘ 다른 사람이 발언 중일 때

ⓙ 다음 번 회의의 일시 장소를 결정하는 동의가 미결되었을 때

표결 결과 가결되면 폐회 선언을 하게 되는데 그 때 아직 미결된 동의가 남아 있을 경우에는 그것이 다음에 있어서의 심의 미료(審議未了)된 의사 때에 제일 먼저 상정된다. 이때 상정되는 것은 원동의와 수정동의뿐이다.

부결되었을 경우 그 직후만 아니면 이 동의를 다시 제출할 수 있다.

한 회기 중에 의결되지 않은 것은 모두 소멸되고 만다는 뜻으로 회기 불계속(會期不繼續)의 원칙이 있다.

회기가 달라지면 의안(議案)이 무의미하게 되고 혹은 불필요하게 되기

때문인데 다음 회기에 계속하자는 결의가 있으면 이 원칙은 자연히 성립되지 못한다.

6) 다음 회의의 일시 및 장소를 위한 동의

단체 규칙에 회의를 위한 일시와 장소에 대한 규정이 없으면 회를 폐회하기에 어떤 결정이 있어야 한다.

이 동의는 다음 번 회의의 일시, 장소를 결정하는 것이 목적이다. "오늘 폐회한 후 다음 번 회의는 ○월 ○일 ○시부터 ○○장소에서 모이기로 동의합니다" 하고 말한다. 재청이 있은 후 결정한다.

㉠ 이 동의는 모든 동의에 우선한다.
㉡ 이 동의는 폐회 동의가 표결된 뒤라도 폐회가 선언되기 전에는 제출할 수 있다.
㉢ 제청이 필요없다.
㉣ 일시와 장소에 관해서는 수정할 수 있다.
㉤ 다른 안건의 심의중에 이 동의가 제출되었을 때는 토론할 수 없지만 아무 동의도 상정되어 있지 않을 때는 토론할 수 있다.
㉥ 과반수의 찬성이 있으면 가결된다.
㉦ 재심의(번안)할 수 있다.
㉧ 정족수가 되지 않아도 제출할 수 있다.
㉨ 다음 번 회의 일시는 반드시 다음 번 정기회의 일시보다 앞당겨지도록 정해야 한다.

표결 결과 가결되면 이 동의로 중단되었던 의사(議事)는 속행된다.
부결되었을 경우 상황이 달라지면 다시 제출할 수 있다.

6. 기타 동의

지금까지 설명한 원동의, 보조 동의, 임시 동의, 특권 동의는 일반적으로 많이 쓰이는 동의들이다. 지금부터 설명하려는 것은 웬만한 회의에서는 그다지 쓰이지 않는 동의이나 간단한 설명으로도 알 수 있는 것들을 설명하려고 한다.

1) 공백을 메우는 동의

이 동의는 수정 동의와 같은 순위이다. 회에 제출되는 문서에 일자(日字) 명칭(名稱) 숫자(數字) 따위를 공백으로 제출되는 일이 있는데 이 공백을 메우기 위하여 제안되는 것이 이 동의이다. 또 그와는 반대로 이미 기입한 날짜나 숫자 따위를 지워버리고 공백으로 내놓을 수도 있다.

이 동의는 수정동의와 달라서 두 번 이상 수정해도 무방하며 재청도 필요없다.

표결 방법도 회장이 맨 나중에 선포한 동의부터 표결에 붙인다는 일반적인 원칙에 따를 필요가 없다.

2) 보고서 수리(受理) 동의

임원회나 각 부회(部會) 또는 위원회 등에서 제출된 보고서 또는 구두보고는 특별한 동의 없이 그대로 수리되는데 만일 이의(異議)가 있을 경우에는 이 동의를 내고 재청을 받아 수리여부(受理與否)를 표결에 붙여야 한다.

그 보고서에 청원이 있어서 어떤 조처를 강구하고자 하면 보고서가 낭독된 다음 동의 재청으로 처리되어야 한다.

토론하고 표결한 끝에 가결된다면 그 보고서는 만족스러운 것임을 표시한 것이고 청원건은 하나씩 차례대로 채용이 되어야 한다.

부결되면 보고서는 작성한 임원회나 각 부에 재회부(再回附)한다.

3) 회의록 승인 동의

이것은 회의록을 회의 경과의 정식 기록으로 삼기 위한 동의이다. 서기가 낭독한 회의록은 정식적인 동의가 나오든 안나오든간에 그 승인여부에 대하여 회의의 결정이 있어야 한다. 회의록은 회원 전원의 승인을 얻는 것이 아니면 아무런 가치도 권위도 없다.

그러나 회의록을 승인하기 전에 회의록을 수정(정정)할 수도 있고, 이 표결을 재심의(번안)할 수도 있다. 정정할 사항이 확정되면 회장은 서기에게 문구를 삽입 혹 정정시킨다. 삽입 정정에도 회원이 동의 재청을 하면 회장은 이의를 묻고 가부(可否)를 물어 표결해야 하지만 그냥 수리를 선포하고 정정을 시행해도 된다.

4) 지명 및 구두호천과 호천중지 동의

회의 세칙이나 의사 운영 규칙에 의하여 지명(추천)의 권한을 임원회나 위원회에게만 부여하지 않은 이상 회원은 누구나 지명(구두호천)을 할 수 있다.

후보자의 수는 회에서 결정하지만 어떤 때는 전 회원이 후보자가 되는 수가 있다. 구두호천은 어느 회원이든지 피선거인이 될 사람을 입으로 불러서 추천하는 것이다. 구두호천은 무제한 추천하는 것이 원칙이다.

그러나 여러 사람이 추천을 받아 추천을 그만 했으면 좋겠다고 생각할 때에는 어느 회원이든지 일어서서 "회장, 그만 추천하기로 동의합니다." 하여 재청이 있으면 이것을 추천 중지 동의라고 한다.

구두호천은 종결이 되고 토론없이 표결하는데 가결에는 출석인 3분의 2이상의 찬성이 필요하다.

5) 사후 승인 동의

임원회, 회장, 회에 소속된 각 부(部) 또는 위원회 등에서 회의에서 사전(事前)에 허락을 받지 않고 일을 하는 수가 있다.

이 동의는 그러한 행동을 회의에서 사후에 승인하기 위한 동의이다. 특별한 사건이 아니면 과반수 찬성으로 가결한다.

7장
특별한 형식의 회의

1. 세미나(Seminar)
2. 패널식 토의(Panel discussion)
3. 심포지엄(Symposium)
4. 분반식 회의(Huddle Buzz Group)
5. 워크숍(Workshop)
6. 버즈(Buzz)식 회의
7. 공개토론회의(公開討論會議)
8. 실연식 회의(Role Playing)
9. 대화식 토의(Interviews, Dialogues, Trialogues)
10. 필립스 66(Phillips 66)

특별한 형식의 회의

일반적으로 회의라면 문제를 제기하는 동의와 재청이 있으면 토론(토의)과 질문의 과정을 거쳐 결론에 이르러 표결로 회의의 목적을 달성한다.

이러한 일반적인 회의 형식을 거치지 않는 모임을 특별한 형식의 회의라고 한다. 다음에서 한국 사회에서 흔히 쓰는 특별한 형식의 회의 몇을 설명한다.

1. 세미나(Seminar)

세미나는 강사의 강연 혹은 강의가 끝난 뒤에 강사가 한 말을 중심으로 강사의 강의를 들은 청중들이 질의를 하고 강사는 그 질의에 답변하는 형식의 회의이다.

원제 '세미나'라는 말은 못자리(苗床)를 뜻하는 라틴어에서 유래되었다고 한다. 못자리에서 무엇인가 자라난다는 뜻에서 교육용어로 발전한 것이 세미나이다. 따라서 세미나는 본래 적은 수의 학생이 교수의 지도 하에 토론을 하면서 연구하는 수업 방식으로 이미 16세기의 유럽대학에서 채용되기 시작했다고 한다.

1) 필요성

(1) 분단 토의가 불가능할 정도로 인원은 많고 장소가 협소할 경우에

세미나가 필요하다.

(2) 인원이 적으나 많으나 취급할 문제가 모인 사람들에게 생소한 경우에 세미나가 필요하다.

(3) 시간이 제약되어 짧은 시간안에 어떤 결론이나 결정까지 지으려 할 경우, 취급할 문제에 대하여 전문적인 연구나 지식이 있는 사람이 한 사람뿐일 때 많은 사람으로 그의 말을 듣게 함으로 세밀한 문제까지도 짧은 시간에 취급할 수 있는 방법으로 세미나가 필요하다.

2) 준비

(1) 강사의 말이 주가 될 것이므로 강사는 취급하는 문제를 전문적으로 연구하는 권위 있는 사람을 초청해야 한다.

(2) 세미나에서 다루는 문제는 청중들이 꼭 필요하다고 인정되는 문제이어야 한다.

3) 방법

(1) 강사의 말이 끝난 후 청중이 질문한다.

(2) 강사의 강연 또는 강의 중에 의문되는 점이나 질문할 문제를 적어두었다가 질의하여야 한다.

(3) 청중이 구두로 질의하면 강사는 질의할 때마다 즉시 답변해야 한다.

(4) 여러 사람이 질의할 경우에는 질의할 문제를 기록하여 강사에게 전하고 강사는 여러 문제를 종합분류하여 답변할 수 있다.

4) 장점

(1) 짧은 시간으로 많은 청중이 문제의 핵심을 포착할 수 있다. 또 새로운 지식을 습득하고 문제를 분석, 해석할 수 있다.

(2) 복잡한 문제라도 결론이나 혹은 어떤 결정에 속히 도달할 수 있다.

(3) 전문적인 강사의 말을 들은 회원들이 익숙하지 않은 문제라도 바

르게 취급할 수 있다.

5) 단점

(1) 강사의 강의나 연설에 흥미를 잃은 청중들이 딴 생각을 하게 된다.
(2) 강사가 다루는 문제에 전문 지식이 없거나 편견적인 견해를 가지고 있을 때 옳지 않은 결론이나 결정을 할 수 있다.
(3) 강사와 청중 사이에 인격적인 교제가 선행되어야 좋은 세미나가 된다. 강사와 청중 사이에 인격적 교제가 그리 쉽지 않기 때문에 세미나에 문제가 많다.

6) 문제점

(1) 질문이 몇몇 사람에게 편중되지 않도록 하여야 한다.
(2) 질문이 많을 경우 중복되지 않게 하기 위해 서면으로 질문케 하여야 한다.
(3) 질의 응답하는 중에 서로간에 모멸감을 주거나 면박을 당할 우려가 있으므로 주의 깊게 질문하고 성실하게 답변하여야 한다.

2. 패널식 토의(Panel discussion)

패널식 토의는 미리 몇 명의 강연자를 패널 멤버(panel member)로서 선정한다. 패널 멤버의 수는 일반적으로 4, 5명이 알맞으며 많아도 8명을 넘지 않도록 한다. 이들 패널 멤버는 보통 그림에 표시되어 있는 바와 같이 좌석이 지정되어야 한다(p.186 그림참조).
좌석은 되도록 일반 참석자와 같은 높이로 마련하는 것이 좋으며 더욱이 전체 참석자가 원탁 토의와 같은 분위기에서 서로 마주 보이도록 좌석을 배정하여야 한다.

1) 사전준비

회의 지도자는 패널 멤버가 자리에 앉았으면 먼저 그 멤버를 한 사람씩 청중에게 소개한다. 이어서 토의할 의제와 각 멤버의 담당 구분을 소개한다. 이 뒤를 이어서 각 패널 멤버는 자리에 앉은 채로 좌담식으로 자기의 의견을 발표한다.

온 멤버가 다 발언을 마쳤으면 회의 지도자는 각 멤버의 발언 내용을 요약하여 그것을 일반 참석자에게 전달하여 전반 토의를 하도록 하여야 한다.

패널 멤버의 발언과 참석자의 전반 토의와의 사이의 지도 절차에는 몇 가지 방법이 있다. 예를 들면 패널 멤버가 일단 발언을 마쳤을 때 계속해서 패널 멤버만의 토의를 행하고, 적당한 시기에 그 토의를 끝내어 회의 지도자가 그것을 요약해서 일반 참석자의 토의로 옮기는 수도 있다.

참석자가 5, 60명을 넘는 경우에는 참석자 가운데서 미리 선정해 둔 소수의 사람들과 토의를 실시하고 그 뒤에 일반에게 토의를 공개하는 방법도 있다.

· 그림(패널 토의의 좌석표)

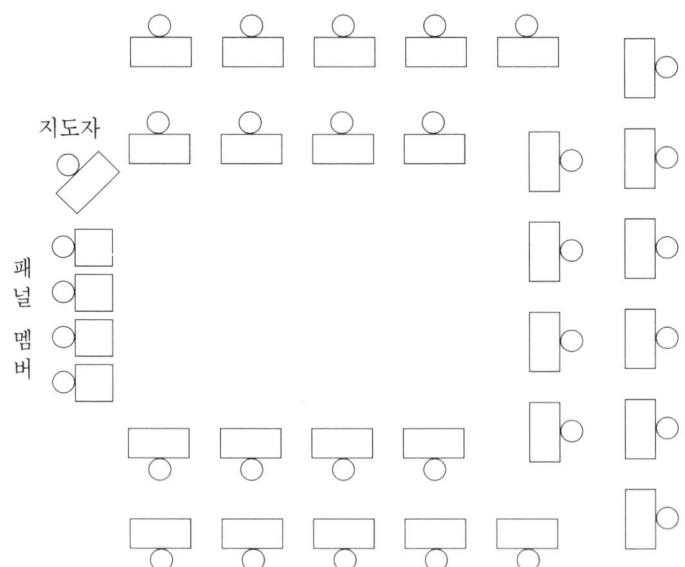

2) 특징

패널식 토의는 회의처럼 형식에 치우치지 않고 자유로이 자발적으로 많은 사람을 토의에 참가시킬 수 있다.

이 패널식 토의를 지도하려면 다음과 같은 점에 유의하여야 한다.

(1) 패널 멤버와 사전 의논을 너무 알뜰하고도 상세하게 행하지 않아야 한다.

(2) 될 수 있는 대로 패널 멤버와 일반 참석자와는 서로 가까워질 수 있도록 좌석을 배치하여야 한다.

(3) 패널 멤버의 발언은 전체 토의 시간의 3분의 2를 넘지 않도록 하고 되도록 공개 토의 시간을 길게 해야 한다.

이와 같이 청중과 토론자와의 질의 응답에 의해 일체감을 깊게 하며 참석자 전원이 참가하는 형식을 실천함으로써 토의가 활발해지며 참석자에게는 토론에 참여했다는 만족감을 주는 것이 패널식 토의의 특징이다.

3) 의제의 선정

패널식 토의에서 다루어야 할 의제는 회의 지도자가 그 자리에서 설명해도 참석자들이 충분히 이해될 만한 간단 명료한 것이라야 한다. 의제를 선정함에 있어서 특히 다음과 같은 점을 배려해야 한다.

첫째, 특별한 자료를 제공하지 않아도 참석자의 경험과 지식만으로도 능히 토의되고 이해될 수 있을 정도의 간명한 것을 선정해야 한다.

둘째, 참석자의 공통된 관심과 이해를 포착할 수 있는 것을 선정해야 한다.

셋째, 참석자로 하여금 사전에 연구토록 할 필요는 없으나 다각적으로 토의할 필요가 있는 것을 선정해야 한다.

회의 지도자는 패널 방식으로 토의할 의제를 선정하였으면 그 토의를 어떻게 지도할 것인가에 관하여 계획을 세워야 한다. 그 계획과 준비를 하는 데 있어서의 주요점은 다음과 같다.

A. 제1단계
토의할 의제와 범위를 한정하고 토의 시간을 결정한다.
B. 제2단계
의제를 몇 개의 부주제(副主題)로 분할하고 각 부주제에 토의 시간을 배당한다.
C. 제3단계
각 부주제에 관해서 풍부한 경험과 지식을 갖고 있으며 또한 최상의 제안을 할 수 있으리라고 생각되는 참석자를 선정하여 그들을 패널 멤버로 삼는다.
D. 제4단계
선정한 패널 멤버와 사전 조정을 하여 그의 승낙과 협력을 얻어야 한다.

패널 멤버와의 사전 절충은 토의 예정일에 너무 앞서서 하지 않는 것이 좋다. 왜냐하면 패널식 토의는 자유로운 담화 형식으로 한다는 것이 중요하기 때문에 만일 사전 의논을 너무 상세히 하므로 패널 멤버가 담화라기 보다 이론적인 강화를 하게 되면 토의는 필연적으로 형식적이며 딱딱한 분위기가 되기 때문이다.

그러므로 사전 조정의 알맞은 시기는 만일 오후에 토의할 예정이라면 그날 오전 내에 행하는 것이 좋다.

필요한 경우에는 패널 멤버 전원을 모아서 간단한 의논을 하는 것도 좋다. 이 때 발언의 순서 및 각 멤버의 발언의 강조점, 발언시간, 토의에 필요한 자료 및 일반 참석자와의 토의 요령을 조정하도록 한다.

E. 제5단계
토의 지도서를 만든다. 지도 개요서에는 다음과 같은 점을 분명히 하고 그 각 사항에 대한 지도 복안을 기술한다.
　㉠ 토의의 목적, 토의 주제의 배경과 해설의 말을 쓴다.
　㉡ 주제의 범위 및 그 분할 요령을 분명히 한다. 또 각 부주제를 담당할 패널 멤버의 성명을 기술한다.
　㉢ 패널 멤버 한 사람에 대한 소개말을 준비하여 그 요점을 기술한다.

ⓔ 본 토의 시간과 패널 멤버 각자의 발언 시간 및 일반 공개 토의 시간을 배당한다.
ⓜ 필요한 제시와 자료라든지 괘도 따위가 있을 경우는 그것을 기술한다.

패널식 토의의 지도에 있어서는 사전 준비에 많은 시간을 얻지 못하는 것이 보통이다. 그러므로 회의 지도자는 제3단계까지의 준비를 빨리 하고 미리 지도 개요서를 대강 작성해 두었다가 나중에 세부를 추기(追記)하고 난 다음 하나하나 갖추어가는 조치를 취하는 것이 좋다.

4) 패널식 토의의 지도

패널식 토의를 지도하는 데 있어서의 요점은 토의 주제를 사람들에게 주지(周知)시키는 일, 시간관리 및 공개 토론을 유발하고 촉진하는 데 있다.

(1) 토의 주제의 주지(周知)

참석자에게 주제, 부주제를 주지시키려면 회의장 정면에 토의 도표를 게시하여 주제, 부주제 및 담당 발언자를 분명히 알게 하는 것이 좋다.

(2) 시간 관리

시간의 사용을 그르치지 않아야 한다. 그렇게 하기 위해서는 토의를 미리 계획한 대로 실행한다는 것이 중요하다.

일반적으로 패널 멤버의 발언은 토의 시간 전체의 3분의 2를 넘지 않도록 해야 한다.

반대로 말하면 적어도 토의 시간 전체의 3분의 1이상은 패널 멤버와 일반 참석자와의 자유 토의를 위해 남겨 둔다는 것을 잊어서는 안된다.

(3) 패널 멤버의 발언 시간의 규정

패널 멤버의 발언이 장황하게 되지 않도록 언제나 경계해야 한다. 패널 멤버가 그 배당된 시간이 지났는데도 여전히 발언을 계속할 경우에는 그 발언자에게 가벼운 질문을 던져서 발언을 요약시키는 것이 좋다.

탁상에 벨을 준비하여 발언 시간이 지나면 그것을 가볍게 울리는 등의 수단을 취하는 것이 좋다.

(4) 공개 토의의 촉진(促進)

모든 패널 멤버의 발언이 끝났다면 각 멤버의 발언의 요점을 요약하여 그것을 발언한 차례대로 참석자에게 진술하여야 한다.

참석자의 질문이 있으면 패널 멤버에게 넘겨 주어 답변케 하여야 한다.

(5) 결론의 명시(明示)

토의가 끝나기 시작하면 회의 지도자는 토의 전체를 보아 어떠한 결론에 도달하였는지를 분명히 하여야 한다.

3. 심포지엄(Symposium)

심포지엄은 패널식 토의와 같은 형식으로 평론식 토의회(評論式討議會)라 일컬어지는 방식으로 패널식과 다른 점은 패널식에서는 토론자가 특정한 의제에 대해 각기 견해를 밝혀 상호 토론하여 어떤 결론을 찾아내는 점이다.

그러나 심포지엄에서는 토론자는 그 나름대로 독립된 분야에서 의제에 관한 독자적 견해나 전문적인 의견을 밝히는 것이다.

심포지엄이란 말은 원래 '함께 술을 마신다'(심포지엄), '함께 벌이는 향연'(심포지온)이라는 그리스어에서 유래한 라틴어이다. 고대 그리스의 상류사회에서는 식사가 끝난 다음 노래나 춤 또는 대화를 즐기는 풍습이 있었다고 한다.

여기서 심포지엄은 학문상의 토론 특히 여러 학자들이 한 가지 문제를 갖고 벌이는 토론이라는 뜻으로 쓰이기 시작했다. 특히 이 용어가 많이 쓰이게 된 그 원인은 플라톤의 초기의 저작인 '대화록'의 이름이 심포지엄이었기 때문이다.

따라서 심포지엄에 있어선 토론자 간에 의견의 충돌이 없고 상호의 토론도 서로 주고 받지를 않는다. 때문에 청중으로부터의 질의도 개인을 향해 던져지며 해답도 마찬가지로 개별적으로 행하는 것이 일반적인 예(例)이다. 그 외의 것은 패널식 토의와 같다고 생각하면 된다.

1) 필요성

질의식 토의를 가지는 예와 같은 경우에 사용한다. 그러나 이것은 강사를 여러 사람 모실 수 있을 때에 가능하다.

2) 준비

① 한 문제에 대하여 말할 여러 강사를 구하여야 한다(각각 다른 각도에서 말할 강사가 필요할 때도 있다).
② 강사들은 사전에 자기들이 할 말을 대조 또는 조화시켜 볼 필요가 있다.

3) 방법

보통 강연회와 똑같은 방법인데 한 문제에 대하여 여러 강사가 차례대로 강연하게 된다. 강사들은 한 문제에 대하여 그것을 각각 다른 각도에서 말할 수 있다. 흔히 사회자가 시간과 주제를 통제한다. 적절히 사용된다면 각 강연이 20분을 초과하지 않도록 제한될 수 있으며 전체 시간은 한 시간을 초과하지 않을 것이다.

4) 장점

① 한 강사로서는 할 수 없는 다각적인 견해를 청중에게 말할 수 있다.
② 청중이 움직이고 쉬고 기침하는 등의 긴장을 풀 기회를 줄 수 있다.
③ 새로운 강사가 등장함으로 새로운 흥미를 가질 수 있다.
④ 비교적 형식적인 방법이며 비교적 쉽게 조직할 수 있다.
⑤ 연속적인 발제를 통하여 생각을 조직적으로 그리고 비교적 완전하게 표현할 수 있게 하여 준다.
⑥ 그것으로 인하여 복잡한 주제와 문제들이 논리적 구성 분자로 쉽게 나누어질 수 있다.

5) 단점

① 전체 청중이 토의에 참가치 못하고 의견을 말할 기회를 가지지 못한다.

② 여러 강사들이 한 문제의 같은 점을 중복해 말할 경우에 청중은 쉽게 피로를 느끼게 된다.

6) 주의점

① 주제를 선정하는 일과 그 주제를 의미가 있으면서도 다루기 쉬운 구성분자로 나누는 데 특별히 주의를 기울여야 한다.

② 중복과 반복은 최소한 축소되어야 하며 시간 배정은 정확하고 논리적인 발제로 이끌도록 하여야 한다.

③ 청중의 관심과 참여를 일으키게 하기 위해서는 강사 또는 문제에 대한 감정이입(感情移入)이 있거나 경쟁적인 의견의 차이가 있어야 한다.

④ 교육 훈련상의 의도를 가진 다수인을 회의에 채용할 것이다.

⑤ 회의 지도자는 의제의 내용과 목적을 분명히 하고 미리 참석자의 이해를 얻어 둔다.

⑥ 심포지엄 멤버의 강연이 너무 길어지지 않도록 주의한다.

⑦ 심포지엄 멤버의 수는 주제에 따라서 달라지지만 일반적으로 2~3명이 적당하다.

⑧ 회의 지도자는 심포지엄의 발언이 끝나면 각 멤버의 발언을 간결하게 요약해서 제시하여 참석자의 질의를 구한다.

⑨ 마지막에 토의를 종합해서 요약한다.

4. 분반식 회의(Huddle Buzz Group)

분반식 회의법은 토의 진행에 있어서 회원이 많을 경우 분반(分班)하여 활용하는 형식의 회의이다. 그러나 때에 따라서는 좀 다른 목적을 달성하는 데 쓸 수도 있다.

분반 토의가 끝난 후 각 반에서 토의된 것을 전체 종합회의에 보고 또는 발제한 이에게 질문하게 한다. 이렇게 함으로써 인원이 많은 회합에서 회원 전체의 참여를 꾀할 수 있으며 어려운 문제를 해결하는 데 큰 도움이 되는 좋은 방법이다.

1) 필요성

(1) 한 반으로 회의가 불가능한 많은 인원이 모였을 때, 전체 토의의 핵심이 잡히지 않을 경우, 분반 토의로 어떤 문제에 대하여 전체 회원의 의견을 묻고 싶을 경우
(2) 어떤 제시된 문제에 대하여 전체 회원의 의견을 묻고 싶을 때
(3) 문제 해결보다는 문제 제기가 더 필요할 경우
(4) 참가자 전원이 토의에 참가하고자 할 경우

2) 준비

(1) 전체 참석자들 5, 6명씩 그룹별로 조직한다.
(2) 경우에 따라서는 성분이 다른 사람들을 혼합하여 그룹을 조직함으로 이해와 협동심을 강조할 수도 있고 같은 성격과 생각의 사람들로 구성할 수도 있다.

3) 방법

분반 토의는 먼저 사회자를 정하고 토의 내용을 기록하였다가 전체 종합 발표회에 보고할 서기를 선정하여야 한다.

다른 의견은 틀렸고 자기 의견만 옳다고 하는 논쟁은 금해야 한다. 회원들이 발표한 의견은 어떤 것이든지 그대로 받아 기록해 두면 된다. 그리고 비슷한 의견만을 종합하여 보고한다.

시간이 되면 분반하여 토의한 것을 각 서기로 하여금 보고하게 하고 그것을 전체 회의 서기가 흑판이나 다른 곳에 기록한다. 각 분반의 보고가 모두 끝나면 제시된 의견 중 같은 성질의 것을 종합하여야 한다.

문제 또는 의사가 정리된 후 그 하나하나를 가지고 질문 형식으로 재론한다. 그리하여 용어의 구별이나 뜻을 분명히 하고 지나가게 한다.

의견이나 또는 문제를 종합하여서 다시 문제를 제시하고 분반을 다시

할 때는 각 반이 전체 문제를 맡아 취급할 수도 있으나, 각 반마다 문제를 하나씩 지적해 주어 그 문제만을 다시 토의해 가지고 전체 회의에 보고하게 한다.

4) 장점

(1) 아무리 큰 집단에 있어서도 비공식적인 분위기를 조성할 수 있다.
(2) 참석자 전원이 다 참석할 수 있다.
(3) 역할과 책임을 분배할 수 있다.
(4) 합의점에 신속히 도달할 수 있다.
(5) 전체적 의사 소통과 참여를 자극한다.
(6) 흔히 큰 집회에 빠지기 쉬운 무관심과 단조로움을 극복하게 하고 참여의식을 높여준다.
(7) 토의와 결론이 독재적 지도자나 또는 자기 주장이 강한 몇몇 사람에 의해 지배되는 것을 막는다.

5) 단점

(1) 개인 또는 집단 회원들의 경험과 지식을 끌어내는 일을 제외하고는 정보를 수집하는 데 있어서는 이 방법이 별로 가치가 없다.
(2) 수집한 자료들을 적절하게 사용하지 못한다면 열심히 노력하여 참여한 사람들 사이에 좌절감을 자아내게 할 수 있다.
(3) 이런 비공식적 환경에서는 보통 집단기준과 사회 통제의 수준이 높지 못하다.
(4) 어느 한 개인에 의해 그룹이 완전히 지배당하거나 다수에 의해 엉뚱한 결과를 가져올 우려가 항상 있다.

6) 주의점

(1) 관계된 기술적 문제들이 엄청나게 많은 것을 축소시키기 위하여 철저한 사전 계획이 요구된다.
(2) 시간 제한과 보고는 이 기술의 중요한 부분이기는 하나 그것을 너

무 강조하면 토의를 그르칠 우려가 있다.

5. 워크숍(Workshop)

워크숍은 반드시 어떤 규정에 한정된 의미로 사용되는 것이 아니며 여기서 워크숍이라는 것은 큰 집단의 참여도(參與度)를 높이기 위해 몇 개의 소집단으로 나누어 이 소집단마다 지도자를 정해 주어진 의제에 대한 토론을 행하게 하여 결론을 내는 방식을 말한다.

그런데 이 소집단이 여기 저기에 모여 상호 활발한 토의를 전개하고 있는 모습은, 마치 전체의 소집단 토의가 질서없이 진행되는 것이 마치 벌떼가 붕붕 소리를 내는 것 같다고 이것을 버즈식 회의(buzz session)라고 부르고 있다.

이러한 방식으로 정해진 시간에 끝나면 소집단마다 내놓은 결론을 각기 선출된 대표가 상호 발표토록 하고 그 결론에 대하여 대표자간에 토론하거나 또는 참석자 전원에게 결의 응답을 하는 것이다.

한국 사회에서 워크숍(Workshop)이란 용어가 널리 사용되기에 간략하게나마 설명한다.

6. 버즈(Buzz)식 회의

앞에서 말한 패널식 토의는 그 토의장의 배치나 토의 지도를 아무리 교묘히 잘 하더라도 그 본질은 의연히 끝에 가서 질의응답을 행하는 일방적 제시임에는 다름이 없다.

많은 경우 패널식 토의에 있어서의 참석자의 발언은 특정된 패널 멤버에게 던져지는 질문이며 그에 대한 '패널'의 화답은 일방적인 제언에 그칠 뿐이므로 심각한 검토 토의는 전개되지 않는다.

또한 발언은 극히 소수의 참석자만이 할 수 있을 뿐 결코 전원이 발언할 수 있을 만한 시간은 부여되지 않는다. 따라서 패널식에 있어서도 참석자의 인원수가 많으면 각자의 좋은 생각을 그 토의에 공헌시킬 기회는 적어지며 각자의 자발성을 잃게 된다.

이와 같은 불합리성과 곤란한 점을 배제하고 모든 사람이 설령 참석자가 100명이 넘더라도 전원에게 발언할 기회를 주어 회의의 결론에 공헌시킬 방편으로서 생각해 낸 것이 버즈(Buzz)식 회의이다.

1) 버즈식 회의의 장단점

버즈식 회의의 발안자는 Phillips이다. 버즈 그룹은 6명이며 토의 시간은 6분으로 하고 버즈식 토의는 참석자는 3, 4명에서 6, 7명까지의 소그룹으로 나누어서 토의를 행하게 하고 각 그룹의 결론을 패널 방식에 의하여 서로 토의케 하여 마지막에 회의 지도자가 전원의 결론을 하나로 묶는 방식이다.

버즈(Buzz)의 뜻은 벌(蜂)이 날면서 윙윙 소리를 냄을 말한다. 이 버즈세션(Buzz session)의 방식을 일명 '66식 토의'라고도 한다.

버즈식 토의에 있어서는 회의 지도자는 먼저 어떤 문제를 제시하고 개인으로서 약간의 견해를 그에 덧붙여서 토의해야 할 요점을 분명하게 한다.

이어서 참석자를 10명 이하의 소(小)그룹으로 나누어 각 그룹으로 하여금 원형으로 둘러앉게 한다.

각 그룹마다 토의 사회자와 기록원을 선정시키고 토의 시간을 지정하여 토의를 시작케 한다. 회의 지도자는 지정한 토의 시간이 거의 다 되어간다면 토의를 그치게 하고 그룹을 토의하기 전 상태로 앉게 하고 이어서 각 그룹의 토의를 통합시켜서 최종적인 집단 결정으로 삼는다.

(1) 장점

① 수많은 참석자 전원이 토의에 참가할 수 있다.

이 방식으로는 모든 참석자에게 두루 충분한 발언의 기회가 부여되며 각자의 발언은 비록 간접적이긴 하나 모두 전원에 의한 결론에 연결되어 있다.

② 집단 사고(集團思考)를 가능케 한다.

전원의 참가는 다른 방식의 「질의 응답 토의」에 흔히 있는 수동적인 것으로 때로는 엉뚱한 데로 벗어나는 그러한 토의를 없앨 뿐만 아니라 다수인의 회의의 특색인 청종 경향(聽從傾向), 군중(群衆)경향, 지도자

중심 경향 혹은 거부(拒否) 경향을 해소(解消)하여 사람들의 활동을 적극화시킨다.

③ 사람들의 사회적 활동을 활발하게 한다. 소집단이란 토의 장면은 사람들의 마음을 크고 자유로운 발표를 허용하기 때문에 그룹 내의 사회적 활동을 활발하게 한다.

또 각 그룹에 저마다 사회자 기록원을 둔다는 것은 많은 사람들에게 동시에 집단의 중심 기능을 분합시키는 결과가 되어 자연히 사람들의 리더쉽(지도성)을 유발하게 되는 것이다.

(2) 단점

버즈식 토의는 앞에서 말한 바와 같이 다른 방식에선 볼 수 없는 장점이 있지만 다른 한편 이를 운영함에 있어서 단점 또한 제한되는 사항이 나타난다. 단점은 다음과 같은 사항들이다.

① 많은 의제를 진행시킬 수 없다.

버즈 방식은 분할(分割) 토의, 통합(統合) 토의의 과정을 밟음으로써 비로소 최후적인 집단 결성에 도달할 수 있는 것이기 때문에 한번에 하나 이상의 의제를 다루기는 곤란하다. 따라서 의제는 시간의 제약을 받으며 또한 버즈식에 적합할 만한 간명한 것으로 제한된다.

② 단독(單獨)으로는 효과가 적다.

일반적인 다수인의 회의에서는 토의할 사항이 많기 때문에 버즈식만의 토의로써 그 회의를 완결시키기는 지극히 어렵다. 보통 버즈식 토의를 하기 전에는 정보전달 내지 강연을 필요로 하며 뒤에는 부가적(附加的)인 전반 토의를 필요로 한다. 이러한 전, 후의 활동이 버즈 방식에 잘 합치(合致)되도록 면밀히 계획되고 지도되지 않고서는 충분한 효과를 거둘 수 없다.

③ 각 그룹에게 저마다 다른 내용을 토의시키기는 곤란하다.

각 그룹에게 저마다 다른 의제를 부여하고 그 결과를 통합 토의 장면에서 보고시킨다는 병진적(倂進的)인 방식은 마치 국회의 상임 위원회의 운영과도 같다.

그러나 국회처럼 특별한 규약을 만들어 둔다는 것은 직장과 같은 회의에 있어서는 적당하지 않다. 그러므로 각 그룹에게 저마다 다른 의제를 부여한다는 것은 사실상 곤란하다.

2) 버즈식 회의의 지도 절차

(1) 회의장

버즈식 토의가 효과적으로 행해지려면 먼저 회의장이 그에 알맞는 것이라야 된다. 회의장에는 패널용 책상과 지도자가 쓸 책상 이외에는 아무 책상도 두지 않는 것이 좋다. 왜냐하면 참석자가 신속히 그룹을 형성하기에 편리하기 때문이다.

또 만일 회의장에 치울 수 없는 회의용의 커다란 테이블이 있어 그것을 활용하는 편이 좋을 듯한 경우에는 테이블을 이용해도 좋다.

회의장에는 최후에 행할 통합 토의의 기록용으로서 흑판을 준비하고 또 필요한 궤도나 그래프를 준비해서 게시해야 한다.

(2) 토의 지도 개요서의 작성

버즈식 토의에 있어서도 지도 개요서는 필요하다. 버즈식은 다른 방식의 토의에 비해서 개요서를 면밀하게 작성하기는 곤란하지만 발생할 것이라고 생각되는 여러 장면을 생각해서 미리 가능한 데까지 상세한 개요서를 작성해야 성공을 위한 첫 걸음이 될 것이다.

① 의제의 선정

의제는 간단 명료한 것을 선정해야 한다. 특히 회의 전체를 통하여 한결같이 토의될 문제이어야 한다. 의제는 구체적인 질문 형식을 취하면 사람들의 관심을 끌기가 쉽다.

② 토의 시간의 배당

토의 시간을 어떻게 배당하느냐는 버즈식 토의의 성패(成敗)에 관계된다. 일반적으로 버즈 방식에 익숙하지 않은 참석자가 많을 경우에는 그들의 적응성을 높이기 위하여 예비 지식을 주는 시간을 계상(計上)해 둘 필요가 있다.

버즈식 토의 그 자체에는 10분 내외의 시간을 배당한다. 물론 이 시간은 토의 의제의 내용이라든지 버즈 그룹의 인원수에 따라 배당되는 것이지만 일반적으로 6분 정도로는 충분한 토의를 해낼 수 없는 경우가 많다. 또 15분을 넘는 경우에는 토의가 산만하게 되어 이후의 회의 지도에 좋지 못한 영향을 주게 되기 쉽다.

버즈식 토의는 시간의 부족을 느낄 정도로 토의를 끝내는 것이 좋다. 그러나 통합 토의를 위한 시간은 버즈식 토의 시간의 두 배를 배정하여야 충분할 것이다.

다음은 40명 정도의 참석자로 버즈식 토의를 채용한 50분 동안의 회의를 위한 시간 배당의 한 예이다.

정실 제공(강의) — 15분
버즈식 토의법의 예비적 지시 — 2분
버즈식 토의 — 10분
페널식 보고 — 10분
통합 토의 — 10분
회의 지도자의 요약 — 3분
합계 — 50분

③ 버즈 그룹의 편성

그룹의 인원수를 6명 정도로 제한하면 버즈식 토의는 신속히 토론에 이를 수 있으나 그룹의 수가 많아 통합 토의에 참가할 그룹의 대표가 많아진다. 그러므로 그룹의 인원수를 10명 정도까지로 할 필요가 있다. 그러나 그룹의 인원수가 최고 15, 6명을 넘지 않도록 하는 것이 효과적이다.

또 다른 방안으로 각 그룹의 멤버의 연령, 경험, 성별 등이 어느 한 그룹에 치우침이 없이 균등하게 배정하는 것이 그룹 토의에 효과적일 수 있다.

(3) 버즈식 토의의 지도상의 요점

버즈식 토의의 지도상의 요점은 사람들에게 그 방향을 명쾌히 제시하고 사람들이 서로 터놓고 우호적인 발언을 할 수 있는 분위기를 만들어 내는 데 있다.

회의 지도자가 사람들의 뒷받침과 아울러 친절한 태도를 보이지 않으면 안된다. 이 버즈식 토의의 지도상의 요점과 절차를 기술하면 다음과 같다.

① 그룹의 편성법

지도자는 그룹을 편성할 때, "지금부터 여러분은 서로 가까이에 계시는 분들과 자유로이 8명씩 반(班)을 짜서 원형으로 둘러앉아 주십시오"라는 식으로 그룹을 편성하고 번호를 부르게 하여 각자 자기가 부른 번호에 따라 참석케 한다.

② 자기 소개

그룹의 편성이 끝나면 각 그룹으로 하여금 멤버 각자가 자기 소개를 하게 한다.

자기 소개는 최초의 감정적 소통을 가능케 하는 방법이 된다. 처음으로 버즈식 토의를 경험하는 회의에서는 자기 소개에 2, 3분의 시간이 필요하다.

③ 기록원에게 용지를 준다.

기록원을 선출하고 그들을 모아 기록상의 요점과 주의점을 제시하고 용지를 주어야 한다.

토론한 내용을 기록하는 것은 회의를 성공시키는 열쇠가 된다. 기록원들에게 토의록 작성 요령과 보고 형식을 간단히 알려야 한다.

④ 토의 방법을 지시한다.

그룹의 인원수에 비해 토의 시간이 넉넉하지 않든지 혹은 시간에 비해 토의 내용이 많든지 하면 토의 방법을 알려줄 필요가 있다.

예컨대 각자 자기가 가장 중요하다고 생각하는 것을 하나씩 차례로 말하게 하고 자유 토론으로 결정을 한다는 방법을 미리 알려주어야 한다.

⑤ 토의 때 전원이 참석하여야 한다.

버즈식 토의는 전원 참석을 전제로 하고 있음을 알리고 전원이 빠짐없이 토의에 참가하여 다같이 결론에 공헌함으로써 비로소 훌륭한 집단 성과가 얻어질 수 있음이 강조되어야 한다.

"지금부터 토의를 시작합니다. 시간은 10분 동안입니다"라고 알려야 한다.

⑥ 토의하는 동안 순회한다.

토의가 시작되면 회의 지도자는 각 그룹 사이를 순회한다. 순회는 토의를 엿듣거나 토의에 개입하기 위한 것이 아니라 각 그룹의 질문 특히 의제나 토의 방법에 관한 질문에 응하기 위함이다.

회의 지도자는 미소 띤 얼굴로 그리고 신뢰감을 간직한 태도로써 그룹 사이를 돌아다니면서 언제라도 돕겠다는 태도를 보여야 한다. 몸소 무언의 격려를 사람들에게 주어야 한다.

⑦ 회의가 끝날 쯤에는 시간을 예고하여야 한다.

버즈식 토의는 토의 시간이 끝날 쯤이 되면 토의가 활발하게 된다, 그렇다고 시간을 연장할 수는 없다. 그러므로 토의시간이 거의 다 끝나갈 때 앞으로 시간이 얼마 남아 있다고 시간을 예고해 주어야 한다.

충분한 시간을 주어서 토의를 느슨하게 만들기 보다는 오히려 시간이 부족하다고 느끼게 될 정도로 시간을 배당하는 편이 버즈 토의의 효과는 크다고 한다.

⑧ 토의의 끝을 명확하게 한다.

회의 지도자는 정해진 토의시간이 다 되었으면 각 그룹의 토의 상황을 살펴보면서 명확하게 토의를 끝마치게 하여야 한다.

"그럼 여기서 토의를 마치겠습니다. 각 기록원은 그룹의 결정 상황을 기록해서 각 사회자에게 건네주십시오. 그리고 전원 원래의 자리로 되돌아가 주십시오"라고 지시하여야 한다.

⑨ 운영은 창조적으로

어떤 회의에도 참석자들의 특성과 그 자리의 분위기와 의제의 내용에 따라 그에 알맞는 회량의 방법이 있는 법이다.

버즈 방식의 지도와 운영에 있어서도 어느 일정한 방식만 고집해서는 안된다. 그러므로 버즈 방식에 대해서도 언제나 어느 정도의 창조적 방법을 연구 개발하여야 한다.

빈틈없고 신중한 계획과 현실에 대한 바른 판단으로 그 때 그 형편에 알맞는 방식을 가져야 한다. 융통성과 유연성은 토의 지도에 매우 필요하다.

7. 공개토론회의(公開討論會議)

하나의 주제에 관해서 찬반 양론의 입장에서 참가하여 공개된 장소에서 토론하는 형식이다. 이것은 각각의 입장에서 몇 명씩 대표가 출석하여 토론하는 것이 상례(常例)이다. 그리고 찬반동수의 사람이 죽 벌여 앉는다.

이 회의의 특징은 찬성과 반대 양쪽이 각각 자기네 입장을 지키려 하는 데서 반대를 위한 반대가 일어나기도 하고 감정적으로 되기도 하는 흠이 있지만 처음부터 입장이 분명하기 때문에 매우 불꽃튀는 논쟁이 전개된다.

다만 이 경우 하나로 집약(集約)하려고 하면 무리(無理)가 생기기 쉽기 때문에 사회자가 어느 한쪽으로 결론을 유도하는 것은 좋지 않다. 그러므로 사회자는 양쪽의 의견을 종합해서 그 의견의 상의점, 그 의견의 근거를 밝혀 두는 정도의 방식으로 그치는 것이 바람직하다.

준비와 형식은 다음과 같다.
① 사회자를 결정한다.
② 찬반(贊反) 각각의 입장에서 몇 사람을 선출한다.
③ 공개된 장소에서 그 대표자로 하여금 토론케 한다.
④ 흑판에 대립점과 근거 등을 열거한다.
⑤ 시간을 제한한다.
⑥ 시계나 벨 같은 것을 준비한다.
⑦ 사회자는 상당 수준의 지도력이 요구된다.

8. 실연식 회의(Role Playing)

실연식(實演式) 회의는 역할 연출을 말하는 것으로 어떤 사실 혹은 문제나 상황을 극화시키는 것이다. 역할 연출은 집단과 더불어 의사소통을 꾀하고 집단의 동기유발을 시킬 수 있는 방법 중 가장 효과적인 수단의 하나로써 인정되고 있다. 동시에 이것은 적용하기에 가장 어렵고 위험한 기술의 하나이기도 하다.

1) 필요성

① 역할 연출은 주로 어떤 문제 자체에 대한 분명한 이해를 주기 위해서 사용된다.
② 토의나 강의로써 충분히 발표가 안될 때 실제로 시범하게 된다. 말하는 것보다 '보여주는 것'을 통해 더 많은 것을 교환할 수 있다.
③ 회원 각자가 자신을 다른 사람의 입장에서 문제를 보게 함으로 시야를 넓힐 수 있도록 도우며 또한 다른 사람이 왜 그러한 생각과 행동을 하게 되었는지를 이해하도록 하는 데 있다.
④ 집단 안의 여러 문제들은 비인간화 하기 위하여 문제에 관계되는 사람을 떠나서 하나의 연극으로 제시됨이 효과적일 때 활용된다. 토의보다 자유스러움을 제공하는 데 의의가 있다.
⑤ 지도자 중심의(지배적인) 토의로부터 해방되어 문제 중심의(과제 중심적인) 토의로 이끌어 가기 위한 필요에서다.
⑥ 사람들이 스스로 다른 사람의 입장에서 봄으로 그들이 통찰력을 기를 수 있는 기회를 갖게 하기 위해서다.
⑦ 사람들로 하여금 그들의 개인적인 문제들을 실연할 수 있는 기회를 통해 해결점을 시사받도록 하기 위해서다.

2) 준비

① 취급해야 할 문제를 분명히 설정해야 한다.
② 위에 설정된 문제가 어떤 상황에서 생겼는지를 설명하고 그 문제의 중심을 분명히 설정해야 한다.
③ 필요한 인물을 배치한다.
④ 인물 배치가 끝나면 곧 즉흥극을 실연하도록 한다.

3) 방법

① 즉흥적으로 실연하게 한다.
② 실연한 즉흥극을 어떤 경우, 어떤 행동과 말을 했는지 분석하고 이

에 대하여 토의하도록 한다.

4) 장점

① 비공식성을 조성한다.
② 융통성이 있고 허용적이며 실험을 할 수 있게 한다.
③ 토의의 기반으로 사용될 수 있는 '공동경험'을 설정하여 준다.
④ 구속감으로부터 해방시켜 주며 따라서 연기자는 다른 사람을 가장하여 자기의 감정 태도 및 신념을 나타내는 일에 표현의 자유를 가질 수 있다.

5) 단점

① 계획하기는 비교적 간단하지만 실제 적용에 있어서는 많은 기술을 요구한다.
② 지나치게 개인적 감정과 주관적 문제에 빠질 우려가 있다.
③ 연기에 미숙할 가능성이 있다.
④ 무대가 필요하다.

6) 주의점

① 역할 연출은 비교적 단순한 문제로부터 시작하여야 한다. 목적이 분명하고 명백하여야 한다.
② 역할 연출은 집단 의사소통을 꾀하고 동기 유발을 시키기 위한 수단이다. 기교에 사로잡히는 집단들은 문제해결을 위한 뚜렷한 목적보다도 그들이 맛보는 재미를 위해서 연기를 하는 아마추어 연극협회로 전락할 가능성이 있다.
③ 자발성이라는 것이 가장 중요한 요소이다. 지나치게 완벽한 구조를 갖춘다든지 원고를 준비한다든지, 연습을 하는 것 등은 흔히 그 효과를 손상시킨다.

9. 대화식 토의(Interviews, Dialogues, Trialogues)

대화식 토의법은 일반적으로 잘 사용되지 않고 있는 토의 방법이지만 잘 사용하면 아주 재미있는 토의가 될 수 있다.

1) 필요성

대화식 토의도 앞서 말한 질의식 토의를 할 수밖에 없는 경우에 사용하게 된다.

2) 준비

청중의 대변자가 청중 앞에 나와 말할 내용과 취급할 문제들을 사전에 순서 있게 정리하고 준비해야 한다.

3) 방법

① 취급하는 문제의 연구가 있다고 인정받는 인물을 청중 앞에(강단이 있을 때) 앉히거나 또는 청중 가운데 앉히고(청중이 원형으로 앉았을 때) 청중의 대표 또는 대변인이 질문한다.

② 청중 앞에 2, 3명이 나와서 청중에게 알리고 싶은 내용을 대화의 형식으로 말한다.

4) 단점

전체 청중이 토의에 참가하지 못하여 각각의 의사를 표현할 기회를 가지지 못한다.

5) 주의점

① 청중의 대표나 대변인 선정에 객관성을 지녀야 한다.
② 누구라도 대표나 대변인을 통해 의견이 활발히 개진할 수 있도록 사전 조사 활동이나 의견 수렴의 기회가 요구된다.
③ 발언이나 발표를 위한 많은 준비가 있어야 한다.

10. 필립스 66(Phillips 66)

필립스 66은 전술한 워크숍과 마찬가지로 소집단으로 나누어 토론을 하도록 하는 것이다.

J.D. Phillips 라는 사람이 고안한 것으로 처음에 집단을 6명씩 소집단으로 나누고 한 의제(議題)에 대하여 각기 6분간의 토의를 행하게 한 연유로 이러한 명칭이 생긴 것이다. 그러나 이것을 실제로 행할 때에는 반드시 6명씩의 소집단에 한정할 필요가 없고 시간도 6분간으로 한정할 필요도 없다.

이 소집단에는 지도자 외에 기록자를 정해 의제는 엄밀한 용어에 의해 주의 깊게 선정할 필요가 있다. 의제를 신중하게 정해 놓지 않으면 각 소집단을 동일한 보조로 같은 궤도(軌道)에 올려 놓기가 곤란하다.

이 방법의 적용에 의해 큰 집단이라 해도 참가자의 참여와 흥미를 조장하여 토의의 꽃을 피운다는 것은 다음과 같은 사실로도 알 수 있다.

① 각 소집단의 사무적인 토의의 방식
② 종료 후에 기록원이 작성한 보고서 중에는 시종 '우리들'이라는 글씨로 표현되어 있는 점
③ 한 소집단이 자기들의 결론이 다른 소집단의 결론과 거의 같았을 경우의 실망감, 반대로 이 실망감을 없애기 위해 노력하는 충실감(充實感)

이상과 같은 이유에서 이 방법은 매우 유효한 그룹(group)의 기술로 되어 있다.

8장
교회 회의

1. 당회
2. 회의 및 기관, 단체

(교회 회의 해설에 「제 ○○ 조」는
대한예수교 장로회 헌법조문을 인용한 것임)

1. 당회(堂會)

1. 당회의 조직
2. 당회의 성수
3. 당회장
4. 당회의 직무
5. 당회의 회집
6. 당회록
7. 당회가 비치할 명부

당회

1. 당회의 뜻

당회(堂會)란 지 교회를 다스리는 치리회를 가리키는 말로 영어의 'session'은 좌석을 취하는 행위, 즉 개회(開會)를 의미하는 것으로 우리 말의 당(堂)자는 집을 가리킨다. 그러므로 당회란 한 교회의 회의라는 뜻이다.

2. 당회의 유래

당회는 이스라엘 백성들이 모여든 회당(synagogue)에서 장로들이 가졌던 모임에서 기인되었으며, 초기 사도들이 주도하던 예루살렘과 에베소에서 가진 '교회회의'에 따라 종교개혁자들이 그 회복을 주장하였고, 따라서 유럽의 개신교회가 시행한 근거에 의해 당회, 노회, 총회의 기구가 제정되어 개 교회는 당회가 다스리게 교회 헌법에 명시하게 되었다.

3. 당회의 운영

보우만(H.Bouwman)은 당회의 필요성을 다음과 같이 말한다.

"당회는 교회의 지도자다. 독립교회주의는 일방 교권도 회중에게 있고, 치리권도 회중에게 있다고 한다. 그러나 교회는 지도자 없는 군중이 아니고, 그리스도로 말미암아 성립된 몸이다. 예를 들면, 몸은 보이는 지체가 없으면 안된다. 그리고 몸이 다스리는 지체가 없어도 안된다. 다스림은 머리가 한다."

당회는 시무목사와 시무장로로 구성하는 교회의 최고 정책기관이다. 당회는 성례, 예배, 제직의 임명, 헌금의 '정책', 권징, 그리고 교회의 기능으로서의 선교, 교육, 친교, 봉사의 전체를 관장하는 기관이다.

당회가 창의성과 포용력과 진취성을 가지게 되면 교회는 활성화되고 발전하지만, 그렇지 않고 폐쇄적이며 경직화되면 교회는 정체 현상을 벗어날 길이 없어 살아 있다는 이름은 가졌으나 실상은 죽은 교회가 된다.

당회는 교회 전체의 여론을 수렴하기 위하여 기능과 열성이 있는 교인들이 참여하는 기획위원회, 혹은 교회개발위원회를 조직하여 교회를 활성화시키며, 전체 교인을 교회 동역자로 만드는 데 주력해야 한다.

4. 목사, 장로의 역할

교회를 하나님의 집이라고 한다. 그 하나님의 집에 중추적 역할을 받은 기관이 당회이다. 당회는 목사와 장로로 구성되었으므로 한 가정에 비유하면 목사와 장로는 한 가정의 부모와 같은 분들이다.

한 가정이 평화롭고 행복하게 살려면 부모가 화목해야 한다. 부모가 화목하지 않으면 자녀들까지 고통스럽게 살게 된다. 아무리 가난하고 지위가 없어도 부부가 서로 도우면서 화목하게 살면 온 집안이 행복하게 된다.

목사는 성도들을 준비시켜 봉사의 일을 하게 하고, 그리스도의 몸을 세우기 위한 자이며(엡 4:12), 장로는 온 교회의 화해와 협조를 위해 부름받은 중요한 직분이다. 그러므로 목사와 장로는 그리스도의 몸이며 그 지체이다. 서로 받은 은사를 연합하고 협력하여 교회를 봉사하면 교회는 건전하게 성장 발전하며, 온 교인들도 은혜가 충만하여 선교에 이바지하는 교회가 된다.

그런데 목사도 인간이기에 목사의 독주에 의해 교회가 파행적으로 운영되는 경우도 있다. 그런 것을 미연에 방지하기 위하여 장로 제도를 제정한 것이다. 목사와 장로는 피차 협력하며, 선한 견제로 균형 있는 민주적 발전을 도모하여야 한다.

오늘날 피차의 협력과 선한 견제보다는 지위 다툼과 세력 경쟁으로 변질되어 가는 현실을 가슴 아프게 생각한다.

세력 다툼에 열중하는 제자들을 곁에 불러 놓고 예수님은 이렇게 말씀하셨다.

"예수께서 제자들을 불러다가 가라사대 이방인의 집권자들이 저희를 임의로 주관하고 그 대인들이 저희에게 권세를 부리는 줄을 너희가 알거니와 너희 중에는 그렇지 아니하니 너희 중에 누구든지 크고자 하는 자는 너희를 섬기는 자가 되고 너희 중에 누구든지 으뜸이 되고자 하는 자는 너희 종이 되어야 하리라"(마 20:25~27).

당회원인 목사와 장로는 예수의 교훈을 명심하고 그 맡은 역할을 감당하여야 한다.

1. 당회의 조직

제 64조 당회의 조직

당회는 지 교회에서 시무하는 목사, 부목사, 장로로 조직한다. 당회 조직은 입교인 30명 이상이 있어야 하며, 장로 2인을 동시에 선택할 수 있다. 장로 증원은 입교인 30명 비례로 1인씩 증선할 수 있다.

당회는 지 교회에서 시무하는 목사, 부목사, 장로로 조직한다. 당회 조직에는 반드시 다음의 세 가지 요건을 갖추어야 한다.

1) 세례교인 30명 이상이 있어야 한다.

세례교인 30명 이상을 당회 조직의 요건으로 삼은 이유는 당회장인 목사의 치리권을 견제할 만한 동등한 치리권은 최소한 기본권자 30명 이상이어야 한다는 것이다.

그리고 장로는 최소한 세례교인 30명 이상의 대표자로 삼는다는 것이다. 그러면 교인의 대표인 장로를 임직한 후에 세례교인이 감소되는 경우는 어떻게 하는가? 입교인 수효가 30명 미달로 2년 이상 경과하면 당회가 폐지된다고 하였다(헌법 해석서 65조 참조). 여기에서 30명이란 성경에 명시된 숫자는 아니고 다만 합리적으로 규정된 것이므로 당회 조직 요건의 세례교인 수는 교단마다 다르다.

교회 정치학자 얀센(Jansen)은 "20 혹 25가정을 단위로 당회를 조직케 할 것이다"라고 했다. 이것은 민족이나 사회의 형편에 따라서 합리적으로 결정되어야 한다. 민족이나 사회의 형편에 따라서 조절되는 규례는 교회 정치에 비본질적인 것에 국한한다고 하였다.

2) 세례교인을 대표하는 장로가 있어야 한다.

장로를 당회 조직의 요건으로 규정한 이유는 무엇인가? 당회장인 목사의 치리권은 노회의 위임으로 행사하게 된다. 그러므로 목사가 당회장으로 시무하는 동안에는 본 교회나 본 당회 치리권 아래 있지 않기 때문에 설혹 당회장의 잘못과 허물이 있을지라도 노회가 관할하게 되었다.

"牧師가 會長으로 視務하는 中에는 本敎會 治理權下에 있지 아니하니 設或 會長의 過失이 있을지라도 老會 앞에서만 質辯할 것이니라"(교회정치 문답조례 200문 참조).

당회장인 목사의 권세는 독주하면 부패하기 쉽기 때문에 교인의 대표인 장로를 세워 선한 견제를 통해 균형 있는 발전을 도모하기 위한 것이다. 그러므로 임시목사는 1년마다 다시 시무 청원을 하게 하여 그 독주나 부패를 방지할 수 있게 하였다.

시무기간에 제한을 받지 않는 위임목사의 경우는 평신도의 기본권을 대표하는 장로에게 목사와 동등한 치리권을 주어 상호협력하며, 견제케 함으로써 독주를 방지하고, 부패하거나 탈선하지 않도록 하여 교회의 건전한 발전을 위해 제도적으로 확립한 것이다.

조직교회에 위임목사를 허락하고 미조직교회에는 임시목사를 허락하는 이유가 여기에 있다. 그래서 미조직교회에서는 당회장의 막강한 권세를 1년마다 교회의 의견을 따라 연장케 함으로 목사의 권세를 견제케 한 것이다.

처음 당회를 조직할 때 세례교인 30명에 2명을 동시에 선택할 수 있다. 그러나 장로를 증원할 때에는 세례교인 30명 비례로 1인씩 더 택할 수 있다. 처음 당회를 조직할 때 세례교인 30명에 2명을 선택할 수 있게 한 것은 장로 1명인 경우 당회장 장로가 당회로 모여 의견이 양립될 때 회의를 원만하게 진행할 수 없기 때문에 장로 2명을 택할 수 있게 한 것이다.

그러므로 장로가 1명이라도 있으면 당회가 있는 교회요, 조직교회이다. 그런데 헌법 해석서 63조에는 이렇게 규정하였다.

제63조 당회의 조직에는 당회장과 시무장로 1인 이상이 있어야 한다.
① 한 당회에 시무장로가 1명만 있는 당회는 준당회라고 하고, 시무장로 2명 이상 있는 당회는 완전 당회라 한다.
② 시무장로 1명만 있는 준당회는 제반 당회 사무를 처리할 수 있으나, 단 노회 조직 성원에는 미흡하다(정치조례 197조 참조).

정치문답 조례 197문을 여기에 전제한다.
"堂會 定員의 數는 牧師一人 長老二人 以上이 있어야 하나니 牧師 長老 各 一人이 있으면 堂會의 事務를 處理할 수 있으나 完全한 堂會라 稱함이 옳지 않으니라.
或 長老二人 中에 缺員이 있게 되면 老會의 許諾을 얻어야 現狀대로 堂會가 되느니라."

처음 당회를 조직할 때 세례교인 30명에 2명을 택할 수 있었는데, 1명만 선택되어 장로 임직했던 그 후 세례교인 30명이 증가되어 장로를 증원할 때 처음 택할 때 30명에 1명만 택했으니 그 때의 1명과 30명에 증원하는 1명과 도합 2명을 증원할 수 있지 않겠는가 하지만, 처음 30명에 2명 선택하는 이유는 회의를 원만히 진행하기 위한 방편이었으므로 지금은 장로 1명이 이미 있고 또 1명 증원하면 완전 당회가 되므로, 1명만 증원하여야 한다는 것이다.

3) 당회장이 있어야 한다.

여기서 당회장이란 반드시 시무목사를 가리키는 것이 아니라 노회가 당회장으로 파송한 목사도 포함된다. 교인의 기본권을 대표하는 장로들의 치리권과 상호 견제하는 성직권, 즉 가르치는 권세와 다스리는 권세를 겸한 목사가 있어야 한다는 것이다.

당회장의 유고시 혹은 특별한 경우에 임시 당회장이나 대리 당회장(정치 10장 66조 2, 3항 참조)이 당회 일을 처리하는 것같이, 당회에 장로가 결원되거나 특별한 사정이 있을 때 다른 교회 장로를 당회원으로 참석시킬 수 있지 않겠는가 한다.

결론부터 말하면 그것은 부당하다고 할 수밖에 없다. 그 이유는 장로는 그 지교회에서 신임 투표받아 그 교인의 대표자가 되었으므로 다른 교인의 대표가 그 교인의 대표가 될 수 없기 때문이다.

그러면 목사는 왜 다른 교회 시무목사가 당회장이 될 수 있는가 할 것이다. 목사는 지 교회에 소속되지 않고 노회에 소속되었으므로, 그 노회에 소속된 당회에 당회장으로 파송될 수 있는 것이고 노회가 다른 목사는 당회장이 될 수 없다.

2. 당회의 성수

제 65조 당회의 성수
당회의 성수는 당회장을 포함한 당회원 과반수의 출석으로 한다. 단, 대리 당회장은 성수에 포함되지 않는다.

당회의 성수(成數)는 다음의 요건을 갖추어야 한다.
1) 당회장이 참석해야 한다.
2) 당회장을 포함한 당회원 과반수의 출석이 있어야 한다.

당회장이 참석하지 못한 경우에, 노회가 파송하지 않은 임시 당회장이나 대리 당회장은 당회원 성수에 포함되지 않는다(헌법 해석서 5장 66

조 참조).

당회 개회 성수에는 당회장과 당회원인 장로를 합한 전 당회원의 과반수가 출석해야 개회할 수 있다.

장로가 1인인 준당회에서 의견이 대립되었을 때는 시찰회가 노회에 보고하여 처리한다. 당회는 제직회와 같이 회원수가 많지 않기 때문에 개회 성수 여부보다는 당회원이 원만히 참석하여 회의를 진행하도록 하여야 한다.

3. 당회장

제 66조 당회장
당회장은 다음과 같이 노회가 임명한다.
1. 당회장은 지 교회 시무 목사가 된다.
2. 임시 당회장은 당회장이 결원되었을 때 노회가 이를 파송한다.
3. 대리 당회장은 당회장이 유고할 때, 또는 기타 사정이 있을 때 당회장이 위임한 자, 또는 당회원이 합의하여 청한 자로 당회장직을 대리케 할 수 있다. 대리 당회장은 결의권이 없다.
4. 미조직 교회의 당회권은 치리장이 행사한다.
5. 대리 당회장 및 미조직 교회의 치리장은 은퇴 목사에게도 이를 맡길 수 있다.

교회의 기본 치리회인 당회회의는 원칙적으로 회의를 주재하는 목사가 있어야 한다. 이것은 회의 진행상 지도자를 필요로 하는 것이요, 회의의 질서와 유익을 위한 합리적인 규례요 제도이다.

장로교회는 의회제도의 교회이므로 목사와 장로가 모여 치리회를 구성하고, 거기서 입법, 행정, 사법권을 행사하는 데 의장이 있어야 함은 두말할 여지가 없다.

당회의 장(長)은 노회로부터 파송 또는 위임받은 목사가 당연직(exofficio)으로 되고, 지 교회에서 안수받은 장로와 부목사는 회원이 된다. 그러므로 당회장직은 당회원들이 당회원 중에서 선출하는 직이 아니며, 또는 교인들이 선택하는 직도 아니다. 당회장직은 지 교회에서 생겨나는 직분이 아니라 상회인 노회로부터 하회인 당회에 파송되어 내려오는 것이다.

당회장직은 지 교회 재직 때부터 시작하여 시무를 사임하거나 다른 교회로 옮길 때까지 계속되며, 다른 교회로 옮길 때에는 당회장직은 자동 소멸된다.

장로회 교리에 있어서 목사와 장로는 사역상 동등하지만 목사가 받은 은사는 교훈하는 일이므로 아무래도 솔선적이며 지도적이며 노회가 관할하는 지 교회를 담임하는 목사이다. 그렇지만 이것은 계급적인 지위를 내포하지 않고, 다만 받은 은사대로 순종하는 봉사행위일 뿐이다.

당회장과 당회는 다음 사항에 유의하여야 한다. 당회장이라고 하면 회무에 임하는 회장의 입장을 표방하기 때문에 한국교회는 당회장이란 용어를 기피하는 실정이다.

① 당회장은 당회장직 수행이 어려울 때 당회와 의논하고, 같은 노회의 목사를 임시 당회장으로 청할 수 있다.

② 당회장은 유고할 때 당회장직을 다른 목사에게 맡길 수 있다. 이것을 대리 당회장이라고 한다.

③ 당회장은 교회에서 선출하는 직도 아니며 교인들이 투표하여 선출하는 직도 아니다. 당회장은 노회로부터 개 교회에 파송(보내심)을 받는 직이다. 이것은 노회가 소속된 교회를 감독하는 것이다.

④ 당회장이 없는 교회는 부당회장이 당회 일을 처리하는 것이 아니라 노회가 당회장을 파송하여 회무를 처리한다.

⑤ 장로는 당회장, 부당회장이 될 수 있는 직분이 아니다. 당회장은 당회에서 선출되지 않고, 노회에서 목사로 파송하는 직책이다.

당회장은 노회에 소속되어 있고 그 교회에 교적이 없다. 그러므로 목사는 그 교회의 치리를 받지 않으나 목사의 가족은 그 교회에 교적이 있는 교인이다.

당회장은 당회 출석권을 위임하거나 서류로 대신할 수 없고, 당회에 반드시 출석해야 한다. 당회장이 출석하지 않은 당회 회의는 무효다.

장로도 당회 출석을 다른 장로에게 위임할 수 없으며 서류로도 안된다.

1) 당회장은 지 교회 시무목사가 된다.

당회장은 지 교회 시무목사, 즉 위임목사나 임시목사가 당연직으로 된다. 위임목사나 임시목사는 노회로부터 지 교회 시무를 허락받은 목사이다.

당회장 중 위임목사의 임기는 그 지 교회 시무를 사임할 때까지이며 임시목사는 시무기간만 당회장이다. 그러나 임시목사의 임기가 연임되면 당회장직도 자동 연임된다.

2) 임시 당회장은 당회장이 결원되었을 때 노회가 이를 파송한다.

임시 당회장은 무엇이고 당회장과 임시 당회장의 차이는 무엇인가? 임시 당회장이란 지 교회 시무목사가 결원되었을 때 노회가 임시로 파송한 당회장이다.

당회장과 임시 당회장의 차이는 다음과 같다.

① 당회장은 지 교회를 시무하는 목사(위임목사, 임시목사)이다.

② 임시 당회장은 그 교회를 담임하여 시무하는 목사가 아니라 다른 교회를 시무하는 목사이다.

③ 임시 당회장은 지 교회 시무목사가 청빙되어 노회에 소속하여 시무목사로 허락할 때까지 당회장직을 맡은 목사이다.

임시 당회장을 필요로 하는 이유는 무엇인가? 지 교회에 시무목사가 공석일 때 노회가 임시 당회장을 파송한다.

장로회 정치는 목사의 성직권과 평신도의 기본권을 대표하는 장로의 치리권을 서로 동등하게 하여, 서로 협조하며 견제하게 하는 것이다.

목사는 교회 자유 원리에 의한 노회의 대표자요, 장로는 양심자유에 의한 지 교회 교인의 대표자로 이 두 가지 자유권이 서로 동등하여 견제를 이루는 것이 장로회 정치이다.

조직교회에 시무목사가 공석이 되면 장로뿐으로 이를 견제할 권세가 없다는 것은 장로회 정치원리에 위배되므로 노회가 교회 자유원리에 의하여 임시 당회장을 파송한다.

노회가 임시 당회장을 속히 파송하지 못하거나 긴급한 일이 있을 때는 당회원들이 의논하여 임시 당회장을 청하여 긴급한 안건을 처리하되 이는 다음 당회의 승인을 얻어야 한다.

헌법 해석서 제 69조 당회장 결원시에 당회원은 그 결의로, 그 노회가 당회장을 파송할 때까지 임시 당회장을 청하여 긴급한 안건을 처리하되 이는 다음 당회의 승인을 얻어야 한다.

여기에 다음 당회란 노회가 파송한 당회장이 주재하는 당회를 의미한다.

1934년도 판 장로회 정치 10장 4조에는 당회장 없이는 재판사건을 취급하지 못한다고 이렇게 규정하였다.

"四條 堂會 臨時會長, 堂會長은 牧師가 되는 것이 故로 何敎會에서든지 牧師가 없은즉, 該敎會에서 牧師를 請聘하기까지 老會가 堂會長인 牧師를 派送할 것이요, 老會의 派送이 없는 境遇에는 該堂會가 會集할 時마다 臨時 會長될 牧師를 請할 수 있으나 不得已한 境遇에 會長될 牧師가 없을지라도 裁判事件 以外에는 堂會가 事務를 處理할 수 있나니라."

3) 대리 당회장은 당회장이 유고할 때 또는 기타 사정이 있을 때 당회장이 위임한 자, 또는 당회원이 합의하여 청한 자로 당회장직을 대리케 할 수 있다. 대리 당회장은 결의권이 없다.

대리 당회장은 누구인가? 당회장이 신병이 있거나 외국에 출타 중이거나 그 밖에 부득이한 사정으로 당회장직을 수행할 수 없을 때나, 또는 당회장 본인에 대한 안건을 처리할 때는 본 노회 목사에게 당회장권을 맡기는 것을 대리 당회장이라고 한다.

임시 당회장은 당회장이 없는 경우이고, 대리 당회장은 당회장이 있는 경우이다. 대리 당회장은 노회에서 맡기는 것이 아니라 다음과 같은 경우에 맡긴다.

① 당회장이 다른 목사에게 맡기는 경우

② 당회원이 합의하여 맡기는 경우이다.

첫째 경우는 당회장의 직권으로 당회장직을 대리케 하는 것이요, 둘째 경우는 당회장이 대리 당회장을 정하지 않았을 때 당회원의 합의로 당회장을 대리할 자를 청하는 경우이다.

대리 당회장은 당회원 성수에 포함되지 않고(헌법 해석서 66조 참조) 결의권이 없다.

교회 자유 원리에 의하여 목사가 당회장직을 대리하여 회의를 주재할지라도 시무하지 않는 당회에 영향을 줄 성수와 결의권은 허락지 않는다.

4) 미조직교회의 당회권은 치리장이 행사한다.

미조직교회란 당회가 조직되지 않은 교회이다. 미조직교회에도 당회로서 처리하여야 할 일이 있으므로 당회권을 치리장(治理長)에게 맡겨 행사케 한다. 시무목사가 없는 미조직교회에는 노회에서 치리장을 파송한다.

이런 때 우리는 흔히 당회장이라고 부르지만 당회가 없는데 당회장이 있을 수 없다. 그러므로 이런 경우는 치리장이라고 한다. 당회는 조직되지 않았으나 치리하는 일은 멈출 수 없기 때문이다.

미조직교회는 성직권을 견제할 교인의 대표인 장로가 없으므로 미조직교회의 시무목사는 1년마다 계속 시무 청원을 하게 하였다.

5) 대리 당회장 및 미조직교회의 치리장은 은퇴목사에게도 이를 맡길 수 있다.

정년이 되어 퇴임한 은퇴목사에게 맡길 수 있다면 원로목사, 공로목사, 무임목사에게도 대리 당회장이나 치리장은 맡길 수 있다고 본다.

대리 당회장이나 미조직교회의 치리장을 은퇴목사에게도 맡길 수 있다는 것은 조직교회의 임시 당회장은 맡길 수 없다고 해석해야 하지 않겠는가? 은퇴목사가 조직교회의 당회장을 잠시 대리할 수는 있으나 임시 당회장을 맡길 수는 없다는 것이다.

4. 당회의 직무

제 67조 당회의 직무
당회의 직무는 다음과 같다.
1. 당회는 교인의 신앙과 행위를 통찰하며 학습, 세례, 입교할 자를 문답하며 세례식과 성찬식을 관장한다.
2. 당회는 교인의 이명증서 (세례, 입교, 유아세례, 학습)를 교부하며 접수한다. 이명증서를 접수한 때는 즉시 발송한 당회에 접수 통지를 해야 한다.
3. 당회는 예배를 주관하고 소속 기관과 단체를 감독하고 신령적 유익을 도모한다.
4. 당회는 장로, 집사, 권사를 임직한다.
5. 당회는 각종 헌금을 수집할 방안을 협의하여 실시케 하며 재정을 감독한다.
6. 당회는 노회에 파송할 총대 장로를 선정하고 교회 상황을 보고하며 청원건을 제출한다.
7. 당회는 범죄한 자를 소환 심문하고 증인의 증언을 청취하며 범죄한 증거가 명백할 때는 권징한다.
8. 당회는 지 교회의 토지, 가옥 등 부동산을 관리한다.

당회는 지 교회를 다스리는 지 교회의 최고 치리기관으로 입법, 행정, 사법의 기구로서 지 교회의 업무를 구체적으로 집행한다.
입법, 행정, 사법의 세 기능을 지니고 있지만 당회의 주요 직무는 행정에 관한 업무가 대부분이다.
당회의 직무는 목회자들의 목회 업무와 동시에 수행되어야 할 업무이므로 다음 사항에 관심을 가져야 한다.
① 당회의 직무는 교회의 책임자인 당회장 아래서 수행되어야 하고, 당회원은 당회장의 지도 밑에 업무를 분담, 또는 대행하여야 한다.
② 당회원은 맡은 직무에 대하여 당회장의 지시와 자문을 받아 시행해야 한다. 장로들만으로 의논해서 당회장의 결재도 없이 시행하는 일은

있을 수 없다.

③ 당회장은 예루살렘 회의의 의장 야고보를 본받아야 한다(행 15장 참조). 율법주의와 신앙주의가 대립된 예루살렘 회의가 원만하게 수습된 것은 의장 야고보의 영향이다. 야고보는 불편 부당한 인격과 경건한 생활로 존경을 받은 인물이다. 당회의 직무는 목회의 직무와 연계되어 있기 때문에 회의를 주재하는 당회장은 의장 야고보를 본받아야 한다.

④ 교회행정은 시냇물 흐르듯이 진행되어야 한다. 시냇물은 흘러내리는 속성이 있어 큰 바위나 어떤 장애물을 만나면 돌아가는 지혜도 있고, 또는 높은 장벽을 만나면 흐르기를 멈추고, 모이고 모여 큰 물이 된 다음 그 장애물을 넘어가기도 한다.

교회는 성장 전진하는 속성을 가진 생명체이다. 그러나 전진하는 교회 안에도 오해, 반대, 그리고 핍박도 있다. 그러나 낙심할 필요가 없는 것은 전진을 가로막으면 돌아가고, 반대가 높으면 때를 기다렸다가 뛰어넘기도 하면서 전진하여야 한다.

교회행정은 조직행정, 인사행정, 재무행정으로 구분하지만 교회가 보유하고 있는 인적 자원, 물적 자원, 기능 자원 모두를 당회가 동원할 수 있어야 한다.

당회의 직무를 다음과 같이 여덟 가지로 구분한다.

1) 당회는 교인의 신앙과 행위를 통찰하며 학습, 세례, 입교할 자를 문답하며 세례식과 성찬식을 관장한다.

당회는 교인의 신앙과 행위를 통찰하는데 당회의 직무는 교회를 영적으로 다스려 교회의 신성유지와 성결유지가 되도록 보살펴야 한다.

이 일을 위하여 당회는 교인들의 신앙과 행위를 항상 보살펴야 한다. 교인들의 신앙과 행위를 살피기 위해 당회원들이 먼저 영적 분별력이 있어야 하는데, 보치우스(Voetius)는 "몸이 눈을 통해 보는 것처럼 교회는 당회에 의하여 작용하게 된다"고 말하였다.

교회의 신성과 성결은 교회의 생명과 같이 소중히 여겨야 하는데, 이 점에 있어서 당회원들이 명심할 것은 이 작업이 영적으로 실현되기 위해 부지런히 살피고 잘 가르치며 모본을 보여야 한다는 것이다.

당회가 교인의 신앙과 행위를 살피기 위해 당회원 자신들이 신앙과 생활에 있어 신자들의 모본이 되어야 하며, 영적 활동에 참여자가 되어 사랑과 행동으로 실천하는 자가 되어야 한다.

당회원 자신들이 신앙과 행위에 모본이 되지 못하면 교인의 신앙과 행위를 살필 자격이 없다. 당회원들은 그리스도의 권위에 수종드는 자로, 당회는 학습, 세례, 입교한 자를 문답한다.

교인의 신앙 정도를 심사하여 신급을 정하는 것은 당회의 직무로 신앙문답이 절대적인 방법은 아니지만, 교인의 신앙을 알기 위한 방법은 신앙문답 이상 다른 방법이 없다.

교인의 신앙 정도를 확인하여 정치 3장 14조에 따라 학습교인, 유아세례교인, 입교인(세례교인)으로 신급을 정한다. 신앙문답을 할 때는 당회원 전원이 참석해도 좋으나 장로 몇 명을 신앙문답위원으로 정하여 목사와 함께 문답해도 무방하다.

초기 한국교회 당회는 문답할 자를 당회에서 정하고, 문답한 후에 신급에 따라 허락하기로 결의하고 그 이름을 당회록에 기록하였다. 그러나 지금은 당회록에 신앙문답한 사실만을 기록하거나 그 이름을 각 명부에만 기록하는 당회도 있다. 당회는 사실을 당회록에 기록할 의무가 있다.

신앙을 문답하여 신급을 정하며 세례를 주고 입교케 하는 권한은 다른 치리회에는 없고, 당회에만 있는 고유한 권한이다.

교회정치 문답조례 225문에 이렇게 기록되어 있다.

"異端을 좇는 者에게 洗禮를 베풀지 못하며, 물로 洗禮받기를 願치 않는 者를 入會케 하지 못할 것이며, 子女에게 幼兒洗禮를 베풀기를 願치 않는 者는 或 入會케 할 수 있으나 堂會가 그 일에 代하여 가르치고, 勸勉하는 것이 可하며 主日을 지키지 아니하는 者에게 洗禮를 주는 것이 不可하며, 酒類商 및 술에 關係가 있는 者에게 洗禮를 베풀지 않는 것이 合當하니라."

당회는 세례식과 성찬식을 관장한다.

가톨릭은 7성서를 주장하지만 개신교는 세례와 성찬 두 가지를 성례라고 한다.

세례식과 성찬식은 다른 이가 집례할 수 없고 목사만이 집례한다. 성례를 거행할 날짜와 그 밖의 준비상황은 당회에서 결정하지만 성례는 목사가 집례하고 장로는 이를 협조한다. 그러나 장로가 없어도 성례를 거행할 수 있는 것은 성례거행은 목사의 직무이기 때문이다(정치 5장 26조 참조).

예수님은 제자들에게 "너희는 가서 모든 족속으로 제자를 삼아 아버지와 아들과 성령의 이름으로 세례를 주라"(마 28:19)고 하셨다. 그러나 세례 집행자의 자격에 대해 신약에서 아무런 기록을 찾아보기가 어렵다. 세례가 성례전으로 확정되면서 그 집행의 권위가 문제되어 교회의 일치와 질서를 위하여 세례는 임직받은 말씀의 교사, 즉 목사가 집행하는 것이 타당하다고 한다.

성찬은 성만찬 또는 주의 만찬이라고 하는 것으로 본질적으로 하나님께서 구원의 은총을 계시해 주시는 사랑의 성례전이다. 그리고 그리스도인들이 그리스도의 삶과 죄에 참여하여 하나님의 구원의 은사를 받고, 하나님나라를 위하여 자신을 바치는 감사의 성례전이다.

성만찬에서 떡과 포도주를 먹고 마시는 가운데 그리스도께서 우리에게 영적 교류를 베푸신다. 그리스도의 몸의 지체가 된 모든 세례받은 자들은 성만찬 가운데서 죄사함을 보증받으며(마 26:28), 영원한 생명을 약속받는다(요 6:51~58).

예수님이 첫번 성만찬을 위해 제자들을 보내어 준비시켰던 것처럼(마 28:17~19) 당회는 성찬식을 위해 조심성 있게 준비해야 한다.

세례는 죄씻음 받음과 깨끗하게 되었음을 증명해 주고, 성만찬은 우리가 구속되었음을 증거해 주는 성례이다.

그러므로 성례전은 육신이 되신 말씀을 설명하고 있기 때문에 성 어거스틴은 '보이는 말씀'이라 했고, 칼빈은 "성례전은 우리들의 신앙의 연약함을 떠받치기 위하여 하나님의 선의의 약속을 우리들의 양심에 보증해 주는 외적인 표"라고 주장하였다.

세례와 성찬은 예수님이 세우신 거룩한 예전이요, 하나님께서 사람에게 주시는 은총의 가시적 형태이다. "그러므로 교회는 어디서나 이 예전을 자주, 또 정당하게 거행하여 신령한 유익을 얻어야 한다"고 장로회 헌법에 규정하고 있다(장로헌법 4편 10장, 11장 참조).

당회는 헌법에 규정한 대로 성례전을 자주 또 정당하게 거행할 의무가 있다.

2) 당회는 교인의 이명증서(세례, 입교, 유아세례, 학습)를 교부하며 접수한다. 이명증서를 접수한 때는 즉시 발송한 당회에 접수 통지를 해야 한다.

당회는 교인이 다른 교회로 갈 때 이명증서를 교부하기도 하고, 다른 교회에서 오는 교인의 이명증서를 접수하기도 한다. 이명증서 교부는 교인의 퇴회(退會)요, 이명증서 접수는 교인의 입회(入會)로 그 교인의 교적을 관장하는 것은 당회의 직무이다. 교인의 이명증서를 접수했을 때는 신속히 이명증서를 발송한 당회에 접수 통지를 보내야 한다.

이명증서는 교인의 신앙 경력과 신덕과 교회생활을 증명하는 증서로 당회의 거룩한 직무요, 또한 신성한 권리이다. 그러므로 교인의 입회와 퇴회에 관한 직무에 있어서도 하나님을 두려워하며, 영혼들을 보살피는 심정으로 수행해야 한다.

교인의 교적을 관장하는 당회는 다음과 같은 경우에 교인을 그 명부에서 삭제할 수 있다.

① 이명증서를 교부한 후 그 이명을 접수했다는 회보가 왔을 때
② 교인이 사망하였을 때
③ 교인의 출교가 확정되었을 때
④ 교인이 다른 교파에 가입하였을 때

일제의 탄압과 6·25전쟁 등 혼란기에 교회의 이명제도가 실시되지 않아 교회에 많은 부작용을 야기시켜 왔다.

당회는 이명제도를 법대로 시행하여 교회의 무질서를 막고, 교회의 권위를 되찾아야 한다.

3) 당회는 예배를 주관하고 소속기관과 단체를 감독하고 신령적 유익을 도모한다.

당회는 예배를 주관하는데 예배는 그리스도인들이 모여(히 10:24~25) 하나님께 존경심과 경외심을 나타내는 예전적인 경배이다.

초기 그리스도인들은 매주 첫날에(행 20:7) 성도들의 가정에서 찬양, 기도, 성경봉독, 애찬 등을 통해 예배드렸다(고전 11:23 이하, 엡 5:19, 골 3:16). 그 후 오랜 과정을 거쳐오면서 예배의 요소들이 가장 적절한 의식으로 바뀌었는데, 제네바 예식서나 웨스트민스터 예배모범 같은 것이 그 한 예이다. 또 교회력에 따른 장식과 색깔의 변화, 순서 만듦, 그 순서에 따라 예배를 진행해 가는 것 모두 교회가 물려받은 예배의식이다.

그러나 이러한 의식은 때와 장소를 초월하여 반드시 지켜야 하는 불변의 의식이 아니라, 모든 의식과 전통은 성경에 의하여 언제나 개혁될 수 있어야 한다는 것이 장로교의 기본적인 입장이다.

예수님은 진정한 예배란 진심으로 하나님을 사랑하는 데서 비롯되며, 하나님께 대한 사랑은 이웃에 대한 따뜻한 관심과도 직결된다는 사실을 가르치셨다(눅 10:25 이하, 요 4:23 이하, 약 1:27).

하나님께 예배드리는 일을 목사가 꼭 주관해야 하는 것은 아니지만 신약시대 이후 특별히 예배를 위한 직분이 있었는데 그 직분이 목사이다.

그리스도의 권위와 노회의 권한으로 목사에게 주어진 책임이 있는데 그것은 주일예배 및 모든 공적 예배는 목사가 주관하며, 목회기도와 성경 봉독과 설교와 축도를 한다. 그래서 지 교회에 목사가 없을 때는 노회의 지도로 다른 목사를 청하여 설교케 하며, 예배를 인도하게 한다고 하였다.

그러나 목사를 청할 수 없을 경우에는 장로는 물론 다른 이로 예배를 드리게 한다 할지라도 성경 교훈에 어긋남은 없다고 할 수 있다. 성례는 목사 이외에 다른 이가 주장할 수 없으나 예배는 목사가 없을 때 다른 이가 주장해도 무방하다.

교회의 예배와 기도회는 당회의 지도를 받아야 하기 때문에 당회장의 재량으로 허락하기 어려운 문제는 당회가 의논한 후 실행해야 한다. 당회는 교인들을 영적으로 지도할 책임이 있기 때문에 이단적 침해에서 교인들을 보호하여야 한다.

당회는 소속기관과 단체를 감독하고 신령적 유익을 도모하는데 교회에는 협력기관과 자치단체가 있다. 협력기관이란 당회가 그 기관의 책임자나 임원을 임명하는 기관이요, 자치단체란 그 단체의 회장이나 임원이나 그 밖의 일들을 자치적으로 결정하고 진행하는 단체이다. 협력기관은 교회학교, 성가대 등이요, 자치단체는 여전도회, 남선교회, 청년회 등이다.

소속기관과 단체는 당회의 감독과 지도를 받아야 한다. 지도를 받아야 할 일은 명칭, 규칙, 임원선정, 사업계획, 재정출납 등이다. 당회의 지도는 고자세로 지배하는 것이 아니고 동참에 의해 하나님의 말씀에 수종드는 사역이다.

감독한다는 것은 그들의 자율적 활동을 제거하는 것이 아니라 신령적 유익을 도모하는 데 있다. 신령적 유익이란 그 기관이나 단체가 신령한 은혜를 받도록 인도하는 것이요, 도모한다는 것은 최선을 다한다는 뜻이다.

당회의 감독이 지나쳐서 소속기관과 단체의 자율성을 해치게 되어도 건전한 발전을 기대하기 어렵고, 또 소속기관과 단체의 자율성이 너무 지나쳐서 당회의 감독권이 손상을 받아도 역시 건전한 발전을 기대할 수 없다.

당회는 소속기관과 단체가 조직 목적에서 벗어나거나 교회에 덕을 끼치지 못한다고 판단되면 그 기관과 단체를 해산시킬 권한도 있다. 그러나 교회 전체가 시험에 빠지지 않도록 사전에 감독과 지도를 잘 해야 한다.

당회는 기관과 단체의 신령적 유익을 도모하기 위해 성경적 진리를 가르쳐 깨닫게 하여야 한다.

당회는 교회의 규정을 재정하여 지도원칙을 세워야 한다. 소속기관이나 단체들이 자기 편이나 집단 이기주의를 주장하면 교회는 세속화된다. 그러므로 교회일에 공적 입장을 가진 당회와 담임목사인 당회장의 의견이 존중되어야 한다.

4) 당회는 장로, 집사, 권사를 임직한다.

장로, 집사, 권사는 공동의회에서 선거하여 임직하는데 장로는 당회가 노회에 장로선거를 청원하여 허락을 얻어 공동의회에서 선거한다. 공동의회를 소집할 권한은 당회에 있으므로 교회직원 선거의 책임은 당회에 있다.

당회는 장로, 집사, 권사의 선거를 신중히 하여야 하는데 선거를 공명정대하게 실시하지 않으면 교회가 어지러워진다. 당회는 교회직원을 선택할 때 신령한 자격을 표준 삼아 선거하도록 지도해야 하는데, 지식이나 재산이나 명예를 따라 직원을 선택하는 것은 하나님의 말씀을 거역하는 처사이다. 직원의 신령한 자격은 성경에 기록되어 있다(딤전 3:1~13).

공동의회에서 피선된 자는 헌법이 규정한 대로 당회 아래서 교양을 받아야 하는데 피선된 자는 교양을 받을 의무가 있고, 당회는 교양을 시킬 책임이 있다.

헌법 규정이 있는데도 불구하고 교양을 하지 않거나, 교양을 받지 않은 불법을 교회가 당연시하는 것도 다같이 잘못된 일이다.

피선된 자가 장로고시에, 집사 권사가 시취에 불합격하면 어떻게 되는가? 여기서 불합격이란 그 직분을 그가 맡을 자격이 없다는 판단이므로 피선 전 상태가 되는 것이다. 한번 피선되면 1년 간 유효하므로 1년 기간안에 다시 고시할 수 있다.

장로, 집사, 권사의 임직은 당회 주관으로 임직식을 거행한다. 임직식의 중요한 절차는 서약, 안수, 공포, 권면 등의 순서로 진행한다. 서리집사가 장로로 피선된 후 임직 전에 새해가 되었을 때 당회가 서리집사로 임명하지 않았으면 아무리 장로로 피선되었어도 제직회원이 될 수 없다.

5) 당회는 각종 헌금을 수집할 방안을 협의하여 실시케 하며 재정을

감독한다.

(1) 당회는 각종 헌금을 수집할 방침을 협의하여 실시케 한다.

재정출납에 관한 사항을 제직회의 직무로 규정하면서(정치 제 13장 87조 5 참조) 또 각종 헌금 수집 방안을 협의하여 실시케 하는 것을 당회의 직무로 규정한 이유는 무엇인가? 교인의 헌금은 교인들의 신앙문제와 직결되는 신령적 문제가 되기 때문에 당회가 교인의 헌금 정신을 육성하여 교회 안의 각종 헌금의 일시와 방침을 결정해야 한다.

그러므로 당회 결의 없이는 교회 안에서 무슨 명목의 헌금도 일체 불가능하고, 지 교회의 특별헌금은 교회의 형편과 교인들의 생업을 참작하여 당회의 결의를 거쳐 시행할 것이다. 교회의 모든 헌금은 당회가 관장하는데 당회는 헌금의 목적과 규모를 정하며 헌금할 때와 시간도 정한다. 헌금은 헌신의 표징이므로 예배 중에 드려야 하며 당회는 헌금을 예고하여야 한다. 헌금은 모든 교인의 의무요 동시에 권리이므로 당회원들이 헌금에 솔선수범해야 한다.

헌금의 방법도 당회가 정하는데 헌금은 십일조, 월정, 주정, 특별헌금 등으로 구분된다. 헌금은 모든 교인의 헌신의 표징으로서 하나님의 허락하신 물질을 성별하여 드리는 행위이다. 그러므로 당회는 예배와 교육을 통하여 모든 교인이 물질에 대한 올바른 성경적 이해를 갖도록 교육해야 한다. 교인의 헌금하는 자세는 인색하거나 억지로 하는 일이 없게 해야 하며 오직 기쁨과 감사로 헌금하도록 지도해야 한다.

(2) 당회는 재정을 감독한다.

헌금은 당회의 감독하에 주님의 복음사업에 아름답게 사용하도록 특별한 주의를 기울일 것이며, 모든 성도들이 그 과정과 결과를 알 수 있도록 해야 한다(예배와 예식 제 9장 4 참조).

교회학교나 기타 당회 소속기관과 단체에서 수납하는 헌금 종류와 헌금액은 당회에서 감독하며, 필요한 경우에는 허락을 받아 사용케 함으로써 그리스도의 몸된 교회의 질서와 통일을 세워야 한다. 그러기 위해 교회재정은 당회장의 결재하에 집행되어야 한다. 당회장의 결재 없이 재정 담당자가 임의로 헌금을 사용하는 것은 잘못이다. 당회장은 교회 재정의 결산과 예산을 의결하는 공동의회 의장이고 교회재정의 책임자이기 때문이다.

그러므로 당회장은 교회재정의 상황을 알아야 하며 감독할 책임이 있다. 공금(公金)을 다루는 일은 중요하므로 취급을 잘 해야 한다. 성별하여 바쳐진 헌금은 선교, 교육, 봉사, 교역자 사례비, 교회당 유지 관리 등에 골고루 효율적으로 사용하도록 당회는 감독해야 한다. 어느 한쪽에 치우친 예산 편성이나 예산 집행을 피해야 하며, 정기적으로 회중에게 예산의 집행 상황을 공정하게 알려주어 주의 몸된 교회를 헌금으로 받드는 열심이 일어나게 해야 한다.

당회는 교회의 재정정책을 수립 감독하며 교회의 모든 재산을 관리한다. 그렇다고 당회의 감독이 제직회의 결의사항(정치 제 13장 87조 5)을 침해해서는 안된다. 당회에 재정 감독권은 있으나 예산의 집행이나 재정에 관한 수지 예산 및 결산과 구제비의 수입 지출 및 특별헌금의 취급은 제직회의 소관사항이다.

6) 당회는 노회에 파송할 총대 장로를 선정하고 교회 상황을 보고하며 청원건을 제출한다.

(1) 당회는 노회에 파송할 총대를 선정한다.

지 교회가 노회에 총대 장로를 파송할 이유가 무엇인가? 노회의 회원인 목사는 있으나 목사의 성직권을 견제할 장로회원이 없으므로 장로를 파송하여 교인의 기본권을 수호하고, 목사와 장로가 서로 견제하며 협력하여 교회의 건전한 발전에 기여하려는 데 있다. 그뿐 아니라 각 지 교회에서 자치권을 행사할 회원들은 또한 공동 감시권에 의한 타치권(他治權)을 행사할 수 있는 떳떳한 권리를 위해서도 총대 장로는 파송되어야 한다.

이 원리에 의하여 1934년 장로회 헌법에는 목사 수에 의하여 총대 장로를 파송하므로 목사의 성직권과 교인의 기본권의 균형을 이루게 하였다. 그러나 현행 장로회 헌법에는 입교인 수에 의하여 장로를 파송하므로 목사의 성직권과 교인의 기본권이 균형을 잃고 있다. 대신 총회는 목사와 장로 수를 같이하여 균형을 이루고 있다.

노회 총대 장로는 시무장로이면 누구나 파송될 수 있다. 그러나 당회는 노회 총대 장로를 윤번제로 파송해야 한다. 수석 장로제도는 장로교회에는 없는 제도로 따라서 그가 자동적으로 노회에 간다는 것은 잘못된 것이다. 어떤 특정인이 노회에 계속 파송되면 교권주의가 배양될 우려가 있다. 그러므로 총대장로가 되어서 노회에 나가지 않는 것도 장로의 의무에 합당치 않다. 장로는 노회의 상황과 지시에 따라 봉사해야 한다.

그러나 때로는 예상되는 노회 안건의 성격에 따라서 그 문제 해결의 자격자를 파송하는 것도 유익할 때가 있다. 어쨌든 교회 전체의 유익을 위해 지혜롭게 해야 한다(행 15:2 참조).

당회가 노회에 총대 장로를 택하여 보내지 않으면 노회는 그 당회를 책할 것이요, 선출된 장로가 특별한 이유 없이 출석을 게을리하면 그 당회는 그를 책할 것이다(헌법 해석서 제 71조).

(2) 당회는 노회에 교회상황을 보고하며 청원건을 제출한다.

지 교회가 노회에 그 상황을 보고하는 것은 상회에 대한 의무요, 보다 더 효과적인 치리를 하기 위한 기본이다. 노회가 지 교회의 상황을 온전히 파악하지 못하면서 어떻게 효과적인 치리를 할 수 있으며, 지 교회가 노회에 그 상황을 보고하지 아니하고서 어떻게 노회를 향하여 실정을 외면한 불합리한 치리를 한다고 할 수 있겠는가? 그러므로 지 교회가 그 상황을 노회에 보고하는 일은 지 교회를 위해서도 필요하고 노회를 위해서도 반드시 필요한 일이다.

노회는 지 교회를 관할하는 상회이므로 지 교회는 노회의 치리를 순복할 의무도 있지만 노회에 청원할 권리도 있다. 예를 들면, 목사를 청원하는 일, 장로선거를 청원하는 일, 장로고시 청원, 목사 후보생 고시하는 일, 교회를 신설하거나 합병하거나 폐지하는 일 등은 모두 노회에 속한 일이므로 지 교회에서 노회에 청원하여야 한다.

노회는 상회이지만 지 교회의 청원이 있어야 된다는 것은 하회의 의사를 존중히 여기는 장로회 정치의 본질이다. 그리고 그 지 교회 자체의 힘으로 해결하기 어려운 치리건 같은 것은 노회에 위탁해야 한다.

7) 당회는 범죄한 자를 소환 심문하고 증인의 증언을 청취하며, 범죄한 증거가 명백할 때는 권징한다.

  당회는 신앙상 범법한 자들을 치리하기 위해 범법한 자를 소환하고 심문하며, 증인을 세워 증언을 들으며, 범법이 확실하면 권징 조례에 의하여 권징하고 회개하는 자는 해벌한다. 권징의 목적은 무엇보다도 먼저 범법한 자로 하여금 돌이키도록 하여 그 영혼을 구원하려는 데 있다.

  하나님의 뜻을 밝히기 위해 범법자를 소환 심문하고, 증인의 증언을 청취하고 권징하지만 당회원들도 인간인 만큼 실수가 있을 수 있다. 그러므로 그들은 무엇보다도 자신의 죄를 자복하는 데 모본이 되고, 하나님의 법도에 순종하는 데 모본이 되어야 한다. 치리회도 실수를 면할 길이 없는 인간들로 구성되었기 때문에 위계(位階)를 좇아 두 번, 세 번 재판하여 공정을 기하도록 3심제도를 규정한 것이 장로교 정치이다. 3심제도란 범법한 자가 당회 치리에 만족하지 않으면 노회에 상고할 수 있고, 노회 치리에 만족치 않으면 총회에 상고할 수 있는 제도이다.

  권징은 예배행위로 해야 하며 성실하게 시행해야 한다. 칼빈은 권징이 부지런히 실시되어야 한다고 주장하면서 크리소스톰(J. Chrysostom)의 말을 인용했다. 크리소스톰은 권징에 태만한 교역자들에게 "너희들의 손에서 피값을 받게 되리라. 너희가 사람을 무서워하면 사람이 너희를 비웃으리라. 너희가 하나님을 두려워하면 너희가 사람들 가운데서 높임을 받으리라"고 말하였다.

  치리회원들은 온유하며 자비로워야 한다. "형제들아 사람이 만일 무슨 범죄한 일이 드러나거든 신령한 너희는 온유한 심령으로 그러한 자를 바로잡고 네 자신을 돌아보아 너도 시험을 받을까 두려워하라"(갈 6:1)고 하였다. 여기에 '신령한'이란 헬라 원어는 바울의 용법대로 '신령한 은혜를 받은 자'를 가리키는 것이다. 신령한 자란 인간에게 속한 정신적, 심리적 측면을 가리키지 않고 거듭난 자로 혈기나 악독이 없이 성령의 인도와 감화에 의하여 행동하는 것이 원칙이다.

그러므로 범죄자를 상대로 하여 신령하게 처사하지 않는 자는 도리어 그 기회에 자신이 죄를 범하기 쉽다. 당회가 범법자를 소환하는 방법은 겸손과 체휼의 정신(형제의 짐을 지는 정신)으로 실행되어야 한다. 교회의 치리는 도덕적이고 영적이어서 신자들로 그리스도의 신령한 법에 순종케 할 권리를 가질 뿐이다.

8) 당회는 지 교회의 토지, 가옥 등 부동산을 관리한다.

지 교회에는 예배당과 그 대지, 예배당 부속건물과 그 대지, 교역자 주택과 그 대지, 교회묘지 등 교회에 속한 건물과 대지 등의 부동산이 있다. 여기서 일반 재정은 제직회가 처리하지만 지 교회의 부동산은 당회가 관리한다. 당회는 교회의 재정정책을 수립 감독하며 교회재산을 관리할 책임이 있는데 교인 중에는 교회법이 어찌되었든지 세상법을 내세워 분규를 일으키는 일이 있다. 이러한 일을 막기 위해서라도 교회재산은 유지재단에 가입하여야 한다.

그런데 우리 나라 대법원은 '교회재산은 교인의 총유(總有)재산'이라는 판례를 남기고 있다. 그러나 개인 소유는 물론 아니고 지분권(持分權)이 있는 공유물도 물론 아니며, 다만 지분권이 없는 공동결의에 의한 그 결의권을 통해서만 총유권자로서 권리행사가 가능한 교인의 총유재산이라는 것이다(제 14장 재산 참조).

5. 당회의 회집

제 68조 당회의 회집
당회는 다음의 경우에 당회장이 소집하되 연 1차 이상을 회집하여야 한다.
1. 당회장이 당회를 소집할 필요가 있을 때
2. 당회원 반수 이상이 당회 소집을 요구할 때
3. 상회가 당회 소집을 지시할 때

당회는 지 교회를 다스리는 치리회(治理會)로서 필요에 따라 회집할 수 있다. 당회는 나라마다 정기모임이 있는데 미국은 1개월에 한 번 이상,

한국교회는 1년에 1회 이상, 영국교회는 제한이 없다.

당회는 다음의 경우에 당회장이 소집하되 연1차 이상을 회집하여야 한다.

1) 당회의 정기회와 임시회

정기회란 회칙에 의해 정기적으로 회집하는 회의요, 임시회란 회집할 사항에 따라 수시로 회집하는 회의이다. 정기회에는 임원을 개선하거나 회칙을 변경하거나 하는 중요한 안건이 처리되고, 임시회의 권한도 정기회에 준하나 원칙적으로 정기회 때까지 미룰 수 없는 사건을 처리한다.

당회의 정기회를 1년에 1회로 하는 교회는 으레 정기회에서 당회의 임원(당회장은 노회에서 작정)을 개선할 것이다. 그러나 1년에 여러 번 정기회로 회집하는 경우에는 연초(年初) 첫 정기당회에서 임원을 개선하게 될 것이다.

한국교회는 거의 매달 한 번씩 정기당회를 회집하는 실정인데 당회는 매주일 간담회 형식으로 모일 수도 있다. 당회는 상비회인 점에서 총회(1년에 한 번 모이고 그 회는 없어짐)와 다르다. 지 교회는 계속적으로 다스려야 되는 것인 만큼 당회는 종종 모임이 있어야 한다. "다스리는 자는 부지런함으로 하라"(롬 12:8)고 성경은 말하고 있다.

2) 임시회를 회집하는 경우

정기회는 정해 놓은 날짜와 시간에 당회장이 소집하면 그만이지만 그 밖의 경우, 즉 임시회를 소집하려면 다음과 같은 경우에 당회를 회집할 수 있다.

(1) 당회장이 당회를 소집할 필요가 있을 때

당회의 비정규적인 회집은 당회장이 필요로 할 때 회집된다. 그러면 치리회에서 목사와 동등권을 지닌 장로가 필요를 인정한 때 회집하여야 하지 않겠는가? 물론 회집되어야 하고 그래야만 장로회 정치원리에 합당하다. 그래서 당회원이 당회의 소집을 요구할 때도 당회를 회집할 수 있게 했다.

(2) 당회원 반수 이상이 당회 소집을 요구할 때

당회원 반수 이상의 청구에 의하여 당회를 회집할 수 있다. 이 경우는 당회장이 고의로 당회를 소집하지 않을 때이다. 이 법규는 당회장이 의도적으로 당회를 소집하지 않는 교권적 행동을 막는 선한 법이다.

당회장은 한 명이지만 장로는 여러 명이고 그것이 정상이다. 그런데 목사의 교권을 견제할 수 있는 교인의 기본권을 대표한 장로는 원칙적으로 전체 장로의 합일된 의견이어야 한다. 그래서 당회원 반수 이상이 당회 소집을 요구할 때 당회를 회집할 수 있게 했다. 당회원 반수 이상이라고 한 것은 민주주의 원칙에 따라 소수는 다수의 의견에 따르게 한 것이다.

이러한 경우에 장로들은 선한 방법으로 조심스럽게 행해야 될 것이다. 즉 그들이 참으로 의를 위한다면 성경적인 사역 원칙대로 행해야 되는데 하나님의 말씀에 수종드는 온유한 섭리, 또는 사람보다 하나님을 순종하는 신앙적 용단(행 5:29)으로 결단해야 한다. 그런 일이 혈기와 분노로 실행된다면 그것은 의를 이루지 못하고(약 1:20), 도리어 교회로 하여금 불안에 빠지도록 만드는 불행을 가져오게 된다.

참으로 의를 위하는 일이라면 그 일에 오래참음과 기도함으로 해결해야 한다. 목적이 선하면 모든 것이 선해야 된다. "오직 오늘이라 일컫는 동안에 매일 피차 권면하여 너희 중에 누구든지 죄의 유혹으로 강퍅케 됨을 면하라"(히 3:13)고 성경은 가르치고 있다.

(3) 상회가 당회 소집을 지시할 때

상회(노회)가 당회 소집을 지시할 때 임시회를 소집할 수 있게 했다. 교회 자유 원리에 의한 노회권의 대표자인 당회장의 요청으로 소집할 수 있는 당회는 당회장을 선출한 노회의 직접 지시로 당회를 소집하는 것은 타당한 일이다.

그러면 양심 자유 원리에 의한 교인의 기본권의 대표자인 장로를 선출한 공동의회의 요청에도 당회는 소집할 수 있어야 한다고 할 것이다. 원리적으로 보아 당연한 이론이지만 우리 헌법이 공동의회의 요청으로도 당회가 소집하도록 규정하지 않은 데는 상당한 이유가 있다.

교회 자유 원리에 의한 노회의 대표자인 당회장을 선출한 치리회는 목사와 장로로 구성되었은즉, 교인의 의사와 권리는 이미 노회원 된 장로를 통하여 반영되었고, 그러므로 양심 자유 원리에 의한 기본권의 대표자인 장로를 선출한 공동의회의 요청을 다시 받아야 할 이유는 없다는 것이다.

당회원 반수 이상이 당회 소집을 요구할 때와 상회가 당회 소집을 지시할 때 당회장은 당회를 소집할 의무가 있다.

6. 당회록

제 69조 당회록

당회록은 회집 일시, 장소, 회원, 결의안건 등을 명백히 기록하고 당회장과 서기의 날인을 요하며 연 1차씩 노회의 검사를 받는다.

당회는 서기를 선출하여 당회의 모든 기록을 정리케 하여야 하고, 당회서기는 당회록을 잘 기록하고 보관하여 당회록을 당회장에게 검사받고 날인을 얻어야 하고, 서기도 날인을 해야 한다.

당회록에는 날짜와 시간, 장소, 당회장의 이름과 참석한 당회원의 이름과 불참한 당회원의 이름을 기록해야 한다. 결의된 사항을 기록하되 결의되지 않은 사항이라도 중요한 사항은 기록해야 한다. 그리고 채택된 회록은 임의로 수정할 수 없다. 학습자, 세례자 명단을 기록해야 하고 성만찬 예전에 대한 기록도 해야 한다. 기록 형식이나 장부는 당회에서 방침을 정할 수도 있고, 당회 결의사항과 명부를 기록으로 보관하는 것은 중요하다. 기록은 교인들이 교육훈련에 유익하고 교인 보호에 도움이 되며, 교회의 역사(歷史)를 보존하고 교회일의 일관성을 도모케 한다.

그러므로 교회 안의 각종 회의는 반드시 회의록을 채택해야 하며 그래야 바른 역사가 보조될 수 있다. 회의록에 동의자의 이름은 기록하지 않기로 총회(1913년 제 2회)에서 가결한 바가 있고, 당회록은 매년 노회에서 한 번씩 검사를 받아야 한다. 검사를 받는 이유는 지 교회 치리회는 노회의 관할을 받기 때문이다.

당회록 본보기
19○○년 ○월 ○일 오후 2시에 본 당회가 제 10회로 본 교회 당회실에서 회집하여 회장 ○○○ 목사가 기도한 후 회원을 점명하니 ○○○ ○○○ ○○○ 전원이 출석하였으므로 회장이 개회를 선언하다.
 1. 서기가 전 회록을 낭독하니 채용하기로 가결하다.
 2. 위원이 경과사항을 보고하니 받기로 가결하다.
 3. ○○○ 씨의 이명 청원은 허락하기로 가결하다.
 4. 노회 총대는 ○○○ ○○○ 장로로 가결하다.
 5. 학습문답 합격자는 아래와 같다.
  ○○○ (남 1960. 1. 2.생)
 6. 세례문답 합격자는 아래와 같다.
  ○○○ (여 1961년 3. 3.생 1980. 4. 5. 학습)
 7. 유아 세례 받을 자는 아래와 같다.
  ○○○ (남 1981. 7. 5. 생 ○○○ 2남)
 8. 동일 오후 4시에 주기도로 폐회하다.

당회장 ○○○ (날인)
서 기 ○○○ (날인)

서기는 당회 회의준비를 하되 서식을 배포하여 보고할 수 있게 하며 서류를 수집하고 정리하여야 한다.

7. 당회가 비치할 명부

제 70조 당회가 비치할 명부
당회가 비치할 명부는 다음과 같다.

1. 학습교인 명부
2. 입교인 명부
3. 유아 세례교인 명부
4. 책벌 및 해벌교인 명부
5. 실종교인 명부
6. 이명교인 명부
7. 혼인 명부
8. 별세 명부

하나님이 극진히 사랑하며 보호하시는 그의 자녀들로 그들에 대한 일들을 기록하고 보관하는 것은 그들을 사랑하며 보호하는 방법 중의 하나이다.

하나님께서는 "여인이 어찌 그 젖먹는 자식을 잊겠으며 자기 태에서 난 아들을 긍휼히 여기지 않겠느냐 그들은 혹시 잊을지라도 나는 너를 잊지 아니할 것이라 내가 너를 내 손바닥에 새겼고 너의 성벽이 항상 내 앞에 있나니"(사 49:15~16)라고 하셨으니 당회는 교인들의 각종 명부를 작성하고 잘 보관하여야 한다.

그리고 후일에 어떤 논쟁이 있을 때 정확히 기록되고 보관된 명부는 그 논쟁을 멈출 수 있는 재료가 될 수도 있다.

2. 회의 및 기관, 단체

1. 공동의회
2. 제직회
3. 연합당회
4. 연합제직회
5. 소속기관 및 단체

회의 및 기관, 단체

　교회는 교회의 목적을 효과적으로 달성하기 위해서 그리고 교회가 소유하고 있는 인적 물질적 자원을 효율적으로 활용하기 위해 여러 가지 조직이 있는데, 그 기관과 단체들의 회의는 민주적으로 운영되어야 한다.
　장로회 정치원리는 교권주의를 막는 데 있다. 그러므로 교회의 모든 기관과 단체는 성경의 교훈과 민주주의 정신으로 운영되어야 한다. 여기서 민주주의란 모든 사람은 본디 그 값어치에 있어서 똑같이 귀하므로 서로를 인정하고, 존중하고, 같은 위치에서 대하여야 한다는 것이다.
　성경은 하나님이 자기 형상대로 사람을 지었다(창 1:26~27)고 하셨고 사람은 누구나 하나님의 자녀들이다. 그러므로 교회는 항존직만 사역하는 장소가 아니라 그리스도인이면 누구나 선교, 봉사, 교육 등의 활동을 도모하고, 그리스도의 은혜 안에서 함께 성장하기 위하여 기관과 단체를 조직할 수 있다.
　교회 안의 모든 기관과 단체의 명칭과 임원선거, 사업과 목적 등은 본 헌법 안에서 행할 수 있고, 해당 치리회의 지도와 감독을 받아야 한다.

1. 공동의회

제 86조 공동의회
공동의회는 다음과 같이 한다.
1. 공동의회 회원은 그 지 교회 무흠 입교인으로 한다.

2. 공동의회는 당회의 결의로 당회장이 소집하되 일시, 장소, 안건을 한 주일 전에 교회에 광고한다.
3. 공동의회는 다음과 같은 경우에 당회의 결의로 소집한다.
   1) 당회가 소집할 필요가 있을 때
   2) 제직회의 청원이 있을 때
   3) 무흠 입교인 3분의 1이상의 청원이 있을 때
   4) 상회의 지시가 있을 때
4. 공동의회 개회는 회집된 회원으로 할 수 있다.
5. 공동의회의 결의사항은 다음과 같다.
   1) 당회가 제시한 사항
   2) 예산 및 결산
   3) 직원선거
   4) 상회가 지시한 사항
6. 공동의회의 결의는 명시된 사항이 아닌 것은 다수결로 한다.
7. 공동의회의 의장과 서기는 당회장과 당회 서기로 한다.

1) 공동의회의 성경적 근거

장로회 정치체제의 공동의회(共同議會)란 성경에 근거한 제도로 사도행전 6장을 보면 사도들이 독단으로 한 것이 아니라 온 무리의 의견을 묻고 결정하되, 7집사는 회중이 직접 선택하였으니 이것이 교회 헌법 정치의 기초요, 교회의 주권이 교인에게 있는 실증을 보인 것으로 공동의회이다.

사도는 의안을 제의하고 그 의안의 결정권은 회중에게 있었는데 이것은 사도들의 교권적 명령에 복종하는 것이 아니라 온 무리가 기뻐하여 (행 6:5) 결정한 것을 보여준다.

사도들은 하나님의 계시를 받아 선포하고, 교인들은 이에 기쁘게 순종하는 것이 교회정치요, 여기에 성령의 역사가 나타나는 것이다.

2) 공동의회의 성격

장로회는 당회, 노회, 총회의 세 치리회가 있는데 공동의회는 치리회는 아니다. 그러나 세 치리회는 하나님과 회중으로부터 부탁받은 제한적 분야에서 청지기로서 치리하는 사역이 있는데 공동의회도 세 치리회의 기본적 성격을 가진 회의이다.

① 당회, 노회, 총회의 세 치리회를 조직하는 데 있어서 그 기초가 되는 작업은 공동의회에서 시작한다. 공동의회에서 장로를 선택하여 당회를 조직하고, 그 장로들이 노회 또는 총회의 총대들이 되는 것이다. 그러므로 공동의회가 없으면 당회, 노회, 총회를 조직할 수가 없다.

② 공동의회에서 그 교회의 위임목사를 투표하며 집사, 장로, 권사들을 선택한다.

③ 공동의회에서 그 교회의 1년 간의 수지예산과 그 결산을 의논하고 결정한다. 그러므로 어떤 의미에서 장로회 정치는 밑에서부터 위로 올라가는 치리제도이다.

④ 장로회 정치는 그 주권이 교인들에게 있는 민주제도이다. 그러므로 무흠 입교인 3분의 1이상의 청원으로 공동의회를 소집할 권리가 교인들에게도 있다. 교인들은 그 권리에 대한 책임감도 있어야 하는데 책임을 이행하지 않으면서 권리행사만 하는 것도 바르지 않기 때문이다.

공동의회는 다음과 같이 한다.
(1) 공동의회 회원은 그 지 교회 무흠 입교인으로 한다.
본 교회 교적부에 기명된 무흠 입교인이 공동의회의 회원이 되는데 입교인이라도 책벌 아래 있는 자는 회원권이 없고, 본 교회에 출석하는 입교인이라도 이명증서를 접수하지 않은 자는 회원권이 없다. 요사이 이명은 하지 않고 등록하는 교인이 있는데 등록된 입교인이면 공동의회의 회원권은 있다.

정치 제 3장 18조의 '교회를 떠나 6개월 이상 경과할 경우'라는 문구를 오해하여 이명이 되었거나 등록이 되었어도 6개월 이상 교회에 출석해야 회원권이 있다고 하는 것은 잘못된 생각이다. 이명증서가 접수되거나 등록이 되면 입교인은 곧 공동의회의 회원이기 때문이다.

(2)공동의회는 당회의 결의로 당회장이 소집하되 일시, 장소, 안건을 한 주일 전에 교회에 광고한다.

공동의회 소집권이 당회장에게 있느냐, 당회에 있느냐로 논란이 되는 경우가 있다. 공동의회는 "당회의 결의로 당회장이 소집한다"고 하였으니 공동의회는 당회가 결의한 후 공동의회 의장인 당회장이 소집하는 것이다.

당회장인 목사가 공동의회 소집이 필요하다고 해도 당회의 결의가 없으면 소집할 수 없고, 장로 중 어느 누가 공동의회 소집을 원해도 당회 결의가 없으면 소집할 수 없다.

제직회 소집의 경우는 회장이 제직회 소집을 필요로 인정할 때 제직회장인 목사가 소집하고(정치 87조 2항 참조), 당회는 당회장이 당회를 소집할 필요가 있을 때 당회장이 소집한다(정치 68조 1항 참조). 그러나 공동의회는 당회의 결의가 있어야 당회장이 소집할 수 있다. 그 이유는 공동의회 소집을 신중히 하기 위한 제도이다.

장로회 정치는 주권재민의 민주정치요, 교인들이 장로를 택하여 당회를 조직하여 다스리는 대의정치이다. 그러므로 주권자인 교인이 직접 권리 행사를 하지 않고, 교인의 대표자인 장로를 통해 간접적으로 주권을 행사하는 공화정치이다. 그러나 가장 중요한 일 즉 목사청빙, 장로, 집사, 권사 및 직원선거 등에는 주권자인 교인들이 공동의회에서 직접 행사를 하게 하였다.

그 밖의 일이라도 당회에서 처결하기 어려운 일이나 공동의회의 처결이 더 효과적이라고 여겨질 때에는 당회가 공동의회를 소집하여 주권자인 교인의 직접 처결에 일임하도록 하고 있다. 그러므로 공동의회를 수시로 소집하여 교인들의 의견을 수렴하여야 한다.

공동의회는 개회 성수 규정이 없으나 그 대신 일시, 장소, 안건을 한 주일 전에 교회에 알려야 한다. 알리는 방법은 교회주보에 게재하는 것이 좋다.

성수 규정도 없이 회집된 회원으로 의결할 수 있는 공동의회 안건은 교회에 중대한 영향을 끼칠 수 있다. 그러므로 충분히 생각할 기회와 기도할 시간적 여유를 가져야 하므로 한 주일 전에 교회에 광고하도록 규정한 것이다.

  공동의회는 하나님의 뜻을 가려서 교회의 일을 결정하는 기회인데 오랫동안 기도하지 않고, 심사숙고하지 않고 어찌 하나님의 뜻을 가릴 수 있겠는가? 공동의회의 시일, 장소, 안건을 한 주일 전에 광고하도록 규정한 의의가 바로 여기에 있다.

  그러면 안건만 광고하면 족할 것인데 왜 시일과 장소까지 미리 알리게 하느냐 하고 생각할 수 있는데, 이것은 미리 알려 기도하고 준비하게 하고서도 시일과 장소에 대한 광고가 없으면 소집자의 의사에 따라 아무 때, 아무 장소에서나 일을 진행시킬 가능성을 미리 방지하기 위한 조치이다.

  그런데 이와 같이 선한 뜻을 위해 한 주일 전 광고한다는 규정을 선거운동이나 자기 주장을 관철하려는 운동기간으로 오해하는 폐단이 있다. 힘써 기도하면서 하나님의 뜻을 찾아야 할 일로 지연, 인연 등을 내세우는 일은 금지되어야 한다.

  (3) 공동의회는 다음과 같은 경우에 당회의 결의로 소집한다.
  ① 당회가 소집할 필요가 있을 때
  ② 제직회의 청원이 있을 때
  ③ 무흠 입교인 3분의 1이상의 청원이 있을 때
  ④ 상회의 지시가 있을 때

  공동의회는 당회가 필요할 때 당회의 결의로 당회장이 소집한다. 그러나 일방적으로 당회에만 그 소집권을 일임하면 교권을 막으려는 장로회 정치원리에 위배된다. 그러므로 장로회 정치는 어떤 회든지 회장의 소집권과 대등한 권리를 상당한 정수(定數)의 회원에게도 주어 일방적인 교권에 견제를 이루게 하였다.

  당회는 당회장이 소집한다. 그러나 소집권자인 당회장에게만 맡기지 않고, 당회원 반수 이상이 소집을 요할 때(정치 10장 68조 2항 참조) 당회를 소집할 수 있게 하였다. 당회 소집에는 당회장과 당회원 반수가 대등하다는 것이다.

노회의 소집권은 노회장에게 있다. 그러나 노회도 노회 소집권자인 노회장에게만 맡기지 않고, 최소한의 정수의 회원들의 노회 회집 청원이 있을 때(정치 10장 75조 2항 참조) 노회를 소집할 수 있도록 하고 있다.

공동의회 소집도 당회나 노회의 소집원리에 따라 소집할 수 있다. 제직회의 청원이 있을 때, 그리고 공동의회 회원인 무흠 입교인 3분의 1 이상의 청원이 있을 때 소집한다.

공동의회 소집권을 당회와 제직회 결의와 공동의회 회원 3분의 1 이상을 동등하게 하므로 어느 한편의 교권을 견제하려는 제도이다. 그리고 상회의 지시가 있을 때도 공동의회는 소집된다.

이상 네 가지 경우에 당회의 결의로 공동의회를 소집한다. 공동의회를 소집할 경우 당회의 의사를 내세워 공동의회 소집을 거부하거나 지연시키지 못하고, 당회는 마땅히 공동의회를 소집할 의무가 있다. 당회장이나 당회원들을 상대로 공동의회 소집을 청원할 때는 당회가 공동의회 소집을 거부할 수가 없다.

(4) 공동의회 개회는 회집된 회원으로 할 수 있다.

공동의회는 개회 성수 규정이 없이 한 주일 전에 광고하고 회집한 회원으로 개회할 수 있는데, 공동의회 안건은 지체할 수 없는 안건이므로 회집된 회원으로 개회할 수 있게 한 것이다. 그러나 회원이 너무 적게 모였으면 공동의회 의장이 다른 날로 연기할 수 있다.

전의 헌법에는 "회집 수가 너무 적으면 회장은 권하여 다른 날에 다시 회집하다."고 하였는데 여기에 '너무 적다'는 어느 정도인가? 공동의회 회장은 회집수가 '너무 적다'고 보지 않고 회의를 진행했는데 회원 중에서, 또는 상회인 노회에서는 '너무 적다'고 인정하는 혼란이 있게 된다. 이에 대하여 제 13회(1924년) 총회의 해석은 다음과 같다.

① 공동의회 개회시에 모인 수가 너무 적으면 회장이 권하여 다른 날로 다시 모이라 함에 대하여 어떠한 범위까지 적은 수라고 하겠느냐 함에는 회장의 생각대로 할 일이오며,

② 공동의회는 예정된 시일과 장소에 소집하는 대로 개최할 수 있다

함은 회집자 수가 너무 적을지라도 회장이 자유로 할 수 있느뇨 함에 대하여는 회장이 자유로 할 수 있다 하오며.

③ 장로를 선거한 공동의회에 모인 수가 너무 적은 줄로 노회가 인정하는 때에는 장로 문답을 정지하고 다시 선거하라 명령할 수 있느뇨 함에는 할 수 있는 줄 아오며.

④ 공동의회 성수를 작정할 수 있는가 함에는 아직 일정한 것이 없사오며 공동의회 회장이 회집자의 수를 소수로 간주하지 아니하고 처리한 것이라도 노회에서는 소수로 간주할 수 있어서 서로 모순이 된 즉, 얼마를 가리켜 소수라 함인지 지시해 달라는 것은 헌법에 의하여 각각 자기의 권한에 있는 것이요. 얼마라고 지정하여 대답할 것은 아닌 줄 아오며 (1924년 제 13회 총회 회의록 26면).

공동의회는 지 교회 입교인 전체의 의사를 결정하는 회의이므로 명실상부하게 전체의 의사가 되도록 하여야 한다.

(5) 공동의회의 결의사항은 다음과 같다.

① 당회가 제시한 사항

공동의회는 당회가 제시한 사항을 의결하는데 당회가 제시한 사항은 목사 위임투표 또는 장로, 집사, 권사선거 등이다.

1934년도 헌법에 다음과 같이 말하였다.

"定期共同議會에서는 堂會의 經過事項을 聽取하며, 諸職會와 附屬各會의 報告와 決算書를 採用하며, 其他 適法히 提出하는 事件을 議決한다."(정치 10장 11조 5항 참조)

공동의회는 장로를 선거하여 당회를 조직케 한 모체이다. 그러므로 공동의회는 당회의 경과사항을 청취할 권리가 있고, 제직회나 부속 각회는 보고할 의무가 있다.

그런데 현행 장로회 헌법에는 공동의회에서 당회나 제직회와 부속 각회가 보고할 의무를 규정하지 않은 것은 공동의회의 기본권을 약화시킨 것으로 앞으로 시정되어야 할 문제이다.

공동의회의 권한이 제한되었으므로 당회를 견제할 법적 장치가 되어 있지 않다. 공동의회의 권한을 제한한 것은 교인의 기본권을 제한한 것과 같은 것이다.

② 예산 및 결산

예산은 하나의 자금 계획서로 다음 해의 자금 사정을 미리 알아보아 수입과 지출을 견적해 보는 것이고, 결산은 한 해 사이에 일어난 일체의 손익(損益)을 조사하여 사업의 성적을 밝히는 것이다. 결산 때는 회계장부에 기록되어 있는 대차(貸借)의 결과를 정리하여야 한다.

교회의 재정은 제직회에서 맡아 관리하나 입교인 전체가 회집되는 공동의회에서 결산과 예산이 의결되어야 한다.

교회회계는 다음의 원칙을 따라 처리하여야 한다.

ⓘ 회계처리 및 보고는 신뢰할 수 있도록 객관적인 자료와 증거에 의하여 공정하게 처리되어야 한다.

ⓘⓘ 재무제표는 정규 부기원칙에 따라 행하여야 한다.

ⓘⓘⓘ 재무제표에 표시될 자료와 정보는 진실한 것이어야 한다.

ⓘⓥ 교회회계는 반드시 감사를 받고 공동의회에서 보고해야 한다.

교회 회계업무는 공익성이 강하기 때문에 공정한 입장에서 감사를 실시하여야 한다.

③ 직원 선거

직원 선거란 교회 직원 선거로 교회의 직원은 항존직과 임시직으로 구분하는데 항존직인 위임목사, 장로, 집사, 권사는 공동의회에서 선거하여야 한다.

장로회는 민주공화 정치이므로 입교인들의 양심 자유에 따라 자기를 지도할 직원을 선택한다. 선거는 대의정치의 뿌리요, 민주주의의 꽃이요, 장로회 정치의 열매이다. 그러므로 교회 선거가 깨끗하게 치러져야 깨끗한 선거 결과를 얻을 수 있고 하나님께 영광이 된다.

깨끗한 선거의 열쇠는 교인에게 있지만 선거를 주관하는 당회장과 당회원들도 공명정대한 선거가 되도록 세심한 주의를 해야 한다.

④ 상회가 지시한 사항

지 교회는 노회와 총회에 소속된 교회이므로 상회(上會)가 지시한 사항을 공동의회에서 의결하여야 한다. 공동의회의 의사대로 결정할 권리가 있으나 상회에 속한 회의이므로 예의를 지켜야 할 의무도 있다.
  (6) 공동의회의 결의는 명시된 사항이 아닌 것은 다수결로 한다.
  명시된 사항이란 "위임목사 투표(정치 5장 28조 1), 장로선거(정치 6장 41조), 집사, 권사선거(정치 8장 54조)는 공동의회에서 3분의 2 이상의 투표로 선출한다."고 규정된 것을 의미하고, 명시된 사항이 아닌 것은 다수결로 한다는 것의 다수결이란 과반수가 되지 않아도 수가 많은 편으로 결정한다는 것이다.
  (7) 공동의회의 의장과 서기는 당회장과 당회서기로 한다.
  공동의회 의장과 서기는 당회장과 당회서기로 하는데, 미조직교회는 당회서기가 없으므로 서기를 의장이 지명하거나 제직회 서기가 해도 무방하다. 서기는 공동의회록을 작성하며 보관하여야 한다.

2. 제직회

제 87조 제직회
제직회는 다음과 같이 한다.
  1. 제직회 회원은 시무 목사, 장로, 집사, 권사, 전도사, 서리집사로 한다.
  2. 제직회 소집은 다음과 같이 제직회장인 목사가 한다.
      1) 회장이 제직회 소집의 필요를 인정할 때
      2) 교회 제직 3분의 1의 요청이 있을 때
  3. 제직회 개회 성수는 일주일 전에 광고하고 출석수로 한다.
  4. 제직회 회장은 당회장이 예겸하고 서기와 회계는 회에서 선정하며 필요에 따라 부서를 둘 수 있다.
  5. 제직회의 결의사항은 다음과 같다.
      1) 공동의회에서 결정한 예산 집행
      2) 재정에 관한 일반 수지 예산 및 결산
      3) 구제비의 수입, 지출 및 특별헌금 취급
      4) 기타 중요 사항
  장로교회의 조직을 크게 네 가지 형태로 구분할 수 있는데 ① 결의기관 ② 자치기관 ③ 교육기관 ④ 협력기관 또는 보조기관이다.

공동의회, 제직회, 당회는 결의기관이요, 남선교회, 여전도회, 대학생회, 청년회 등은 자치기관이요, 유치부, 유년부, 소년부, 중등부, 고등부, 대학부, 장년부 등은 교회학교에 속해 있는 교육기관이요, 그리고 장학위원회, 건축위원회, 예배위원회, 교육위원회, 예산위원회 등은 협력기관 또는 보조기관이라고 할 수 있다.

1) 제직회의 의의

교회의 조직체 중 어느 하나 중요하지 않은 것이 없겠으나 그 중에서도 제직회의 역할은 매우 크고 중요하다. 왜냐하면 제직회는 교회의 모든 직원의 집합체이기 때문이다. 제직회가 모든 직원의 집합체라는 성격은 그 구성에서부터 잘 나타나고 있는데, 제직회는 목사, 부목사, 장로, 집사, 권사, 서리집사, 전도사로 조직되어 있다.

그리고 그 회원들 중에는 당회, 교회학교, 성가대, 남선교회, 여전도회, 청년회 등에서 관계하는 직원들이기 때문이다.

어떤 의미에서 제직회는 교회 모든 기관을 망라한 기관으로 당회가 정책을 수립하는 기관이라면 제직회는 그 정책을 실천하는 기관이다.

2) 제직회의 조직

제직회에는 회장, 서기, 회계 등이 있는데 제직회 회장은 당회장인 목사가 맡고, 서기와 회계는 회에서 선정한다(정치 13장 67조 4항 참조)고 규정되어 있다. 그 선출방법은 투표로 결정할 수도 있고, 인선위원이나 당회에 맡겨 제직회의 임원과 각부의 부원을 발표케 할 수도 있다. 제직회의 임원과 기타 각부의 부원 임기는 1년이다.

제직회의 사업과 그 목적을 달성하기 위해 제직회에 부서를 두는데 그 부서는 교회마다 다르지만 전 회원의 참여와 협력을 도모하기 위해 회원전체를 각부에 배치한다.

제직회를 위원회 체제로 조직하는 교회도 있다.

3) 제직회 운영 방식

제직회는 교회의 핵심기관으로 그 운영을 어떻게 하느냐에 따라 교회의 목적달성과 관계가 깊다. 그러므로 교회 계획의 만족할 만한 성취는 제직회 운영에 달렸다고 해도 지나친 말은 아니다. 이렇게 비중이 큰 제직회가 생동하는 제직회가 되려면 제직회원 각자가 제직회를 합리적으로 이끌어 나아가야 한다.

제직회 운영에는 세 가지 형태가 있다.

첫째, 본 회 중심의 운영으로 모든 의안을 전체회의에 제안하고, 심의하고, 토론하고 결의하는 방식이다. 그리고 특별한 심의나 연구가 필요할 때만 그 안건을 해당 부서에 맡겨 심의 연구케 한다.

둘째, 부회 또는 위원회 중심의 운영으로 모든 안건은 각 부서 또는 위원회에서 발의되고, 그 부서에서 토의하고, 그리고 의결을 거쳐 전체회의에 보고하면 전체회의에서는 조력과 조정을 통해 부서의 결의안을 채택하여 공동책임을 지는 방식이다.

셋째, 본 회의와 부서회의 절충식으로 모든 안건은 본 회의에서 발의하고, 그 발의된 안건은 반드시 해당 부서에 회부되어 부회의에서 심의 연구 토론되고 의결된 후, 다시 본 회의에 보고되어 다시 토론 조정을 거쳐 의결하는 방식이다.

어떤 방식으로 제직회를 운영함이 좋은가는 그 교회의 실정에 따라 선택하겠지만 가장 합리적이고 효율적인 제직의 운영방식은 절충식이라고 생각된다.

제직회는 다음과 같이 한다.

(1) 제직회 회원은 시무목사, 장로, 집사, 권사, 전도사, 서리집사로 한다.

전의 헌법에 제직회는 항존직으로 조직하고, 당회는 각각 형편에 따라 제직회 사무를 처리하기 위하여 임시직에도 제직회원 권리를 줄 수 있다(1934년 헌법 7장 1조 참조)고 하였다.

현행 헌법에는 항존직과 임시직이 다 제직회원이 된다. 그러므로 시무목사, 장로, 집사, 권사, 전도사, 서리집사는 제직회 회원이다. 그래서 목사와 장로는 당회원이면서도 제직회원이므로 이중적 책임이 있다.

모든 조직체의 일원이 되었으면 조직원으로서 지켜야 할 기본적 의무가 있는데 교회의 조직체인 제직회의 회원은 반드시 지켜야 할 네 가지 기본적인 의무와 의식이 있어야 한다.

그 기본적인 의무와 의식을 간단히 요약하면 ① 모여서 의논하고 ② 토론하고 ③ 결의하고 ④ 실행한 것을 책임진다고 할 수 있다. 그리고 제직회 회원은 분명한 의식이 있어야 하는데, 그 세 가지 의식이란 첫째 소명의식이요, 둘째 책임의식이요, 셋째 증인의식이다.

당회와 제직회와의 업무 한계가 때로는 모호하여 서로 상충되게 느끼는 때가 있다. 그러나 당회가 교회의 목적과 정책을 의결하는 치리기관이라면 제직회는 당회가 결정한 목적과 정책을 실행하는 봉사기관이다.

(2) 제직회 소집은 다음과 같이 제직회장인 목사가 한다.

① 회장이 제직회 소집의 필요를 인정할 때
② 교회제직 3분의 1의 요청이 있을 때

제직회 소집은 회장이 필요하다고 인정할 때와 교회제직 3분의 1의 요청이 있을 때 회장이 소집하는데 한국교회는 제직회를 매달 한번씩 모이는 교회가 많다. 매달 모이는 정기 제직회 외에도 필요하다고 인정할 때는 회장이 임시회를 소집할 수 있다.

제직회는 다음과 같은 순서로 진행하는 것이 통례이다.

㉠ 경건회(찬송, 기도)/회장
㉡ 회원점명/서기
㉢ 개회선언/회장
㉣ 전 회록낭독/서기
㉤ 회계보고/회계
㉥ 각부보고/각 부장
㉦ 특별위원보고/특별위원장
㉧ 목회보고/교역자
㉨ 새사건(제안자의 설명 듣고 심의 결정)
㉩ 광고/회장

㉠ 폐회/기도 후 폐회

제직회원을 각 부서별로 착석케 하고, 각 부장이 출석을 점검하여 서기에게 보고하면 서기의 회원점명은 생략할 수 있다.

(3) 제직회 개회 성수는 일주일 전에 광고하고 출석수로 한다.

제직회 개회 성수는 두 가지 요건이 있다. 첫째, 일주일 전에 광고해야 하는데 공동의회와 같이 안건은 제시하지 않아도 무방하다. 둘째, 광고한 후에는 회원이 출석한 대로 개회한다.

본래는 제직회원 출석이 과반수가 되어야 개회 성수이었는데 교회마다 1부, 2부 예배를 드려 제직회 때 개회 성수가 되지 않는 경우가 많기 때문에 현재와 같이 제직회 개회 성수를 개정하였다.

현재의 제도에는 열심있는 제직회원들만 회집하여 교회일을 의논하고, 결정하고, 대부분의 제직은 교회일에 방관자가 되므로 제직회 결의가 교회 전체 의사의 반영이라고 할 수 없는 경우가 있다. 그러므로 제직회 운영을 잘하여야 한다.

(4) 제직회 회장은 당회장이 예겸하고 서기와 회계는 회에서 선정하며 필요에 따라 부서를 둘 수 있다.

제직회 회장은 당회장이 예겸하고 서기와 회계를 회에서 선정한다. 선정방법은 회에서 투표로 선정할 수 있고, 또는 당회에 위임하여 선정할 수도 있다.

회장은 회의를 소집하고 주재하며 회를 대표하고, 부회장은 회장을 보좌하며 회장이 유고할 때는 그 직무를 대행한다. 서기는 회원 점명과 회의록을 작성하며, 각종 서류를 정리 보관하고, 부서기는 서기를 보좌한다.

회계는 교회재정을 관리하여 매달 한번씩 제직회에서 회계현황을 보고하고, 부회계는 회계를 보좌한다. 어떤 교회는 출납회계, 기장회계를 각각 따로 두기도 한다.

감사는 교회재정을 감사할 책임이 있는데 교회회계 감사의 목적은 회계의 신뢰성을 높이고, 교회재정에 대하여 올바른 판단을 할 수 있도록 함에 있다. 그러므로 감사는 1년에 몇 차례, 혹은 연말에 한 번씩 교회 형편에 따라 교회재정을 감사해야 한다. 제직회 재정만 아니라 교회 각 기관 및 단체의 회계도 감사하여 공동의회에 보고해야 한다.

제직회는 필요에 따라 부서를 둘 수 있는데, 각부의 부장과 부원 선정은 전 교회 사업에 성패를 좌우하기 때문에 적재적소의 인물을 선정해야 한다.

4) 제직회의 결의사항은 다음과 같다.

(1) 공동의회에서 결정한 예산집행

제직회가 처리할 수 있는 재정이란 공동의회에서 채택된 예산 범위안에서 집행하는 것으로, 예산집행자는 예산의 목적 및 관련 제규정을 준수하고, 예산과 실적을 분석하여 목적 달성에 최선을 다하여야 한다.

예산집행이란 지출 예산을 사용함에 있어 교회 집행 책임자에게 집행할 것을 품위하여 결정을 볼 때부터 지출원인 행위를 거쳐 실제로 현금을 지급하는 행위까지를 말한다.

교회의 활동이 예산대로 적절히 집행되었나 주의를 기울여야 하고, 예산 차이를 분석하여 각 부문별로 예산집행상의 책임을 명확히 하여야 한다.

예산집행의 흐름을 도표로 그리면 다음과 같다.

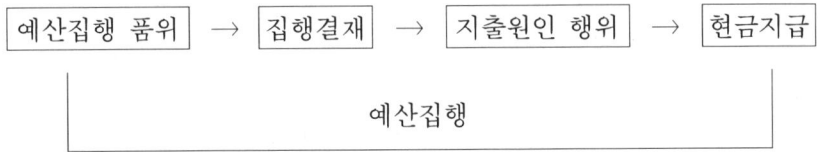

(2) 재정에 관한 일반 수지 예산 및 결산

제직회는 교회 재정에 관한 일반 수지 예산 및 결산에 관한 사항을 관리한다.

① 예산(豫算)에 대하여

교회는 예산을 편성함에 있어서 모든 수입과 지출을 총액으로 나타내며 서로 상계하여서는 안된다. 상계하게 되면 사업목적, 사업내용, 예산

규모를 실제대로 나타낼 수 없기 때문이다.

당회의 목회 방향이 확정되고 교회예산 요령이 정하여지면 예산위원회는 각 부서에서 제출된 예산 요구서를 정리 조정하여 예산안을 초안하고, 신 회계년도 개시 전 전년 11월 말까지 제직회의 결의를 거쳐 공동의회에서 12월 21일까지 자금 수지 예산서를 확정 결의하여 다음 회계년도의 사업계획의 준비를 마치게 한다.

예산 편성 후에 교회재정, 환경의 변화, 기타 부득이한 사유로 인하여 본 예산의 변경을 하지 않으면 안될 경우가 생긴다. 이런 경우 재정면에서 경영이 중단되지 아니하도록 추가예산과 경정예산을 인정할 수 있다.

② 결산(決算)에 대하여

결산이란 일정 기간의 교회의 여러 활동의 경위와 결과를 계수적으로 분명히 하기 위하여 수지의 경과를 정리하고, 또 일정 시점의 재산관계의 현황을 분명히 하기 위해서 이른바 마감하는 회계수속을 말한다.

제직회는 1년 예산에 의해 집행한 결산서를 증빙서류와 함께 공동의회에 제출하고 보고하여야 하는데, 이때 교회회계와 그 업무는 공인적인 성격이 강하기 때문에 공정한 감사를 실시한 후에 보고되어야 한다.

③ 구제비의 수입, 지출 및 특별헌금 취급

구제비의 수입, 지출 및 특별헌금 취급은 제직회의 고유한 소관 사항이다. 제직회는 가난한 자들을 구제하기 위한 집사들의 회의로 시작되었기 때문이다. 웨스트민스터 교회정치 원본에는 "집사의 존재 이유로는 가난한 자들에게 필요한 것을 분배하는 데 특별히 봉사한다"고 하였다.

④ 기타 중요 사항

제직회는 교회재정을 출납할 권리와 의무가 있다. 제직회의 의결 없이 교회재정을 취급할 수 없다.

당회 직무에 "재정을 감독한다"(정치 10장 67조 5항 참조)는 규정에 의해 교회 예산 편성권이 당회에 있는 것으로 오해하는 이가 있으나 재정에 관한 수지 예산 및 결산은 제직회의 결의사항이라고 규정되어 있다 (정치 13장 87조 5항 참조).
  공동의회에서 통과된 예산항목에 없는 지출은 당회의 제의와 제직회의 결의에 의하여 지출한다(헌법 해석서 80조 3항 참조).

3. 연합당회

제 88조 연합당회
  한 지역 안에 2개 이상의 당회가 있어 연합당회를 조직할 때는 회원은 당회원 전원으로 하되 치리권은 없다.

  한 지역 안에 여러 당회가 있으면 연합 당회를 조직할 수 있는데, 연합당회는 목사와 장로 전원이 회원이 된다.
  연합 당회는 치리권은 없으나 여러 교회의 공동의 문제를 토의 해결하며 사회사업, 교육사업, 선교사업을 연합하여 협력할 수 있고 친목단체의 성격도 있다.

4. 연합제직회

제 89조 연합제직회
  한 지역 안에 있는 2개 이상의 지 교회 교인들이 연합 제직회를 조직할 수 있다. 제직회원은 그 지역 안에 있는 제직회장들과 제직회에서 파송한 대표들로 한다.

  한 지역 안에 지 교회들이 연합하여 제직회를 조직할 수 있다. 이때 회원은 각 지 교회 제직회 회장들과 각 교회 제직회에서 파송한 대표들로 조직하되 대표수는 세례교인 비례로 하든지, 균등하게 하든지 연합제직회에서 결정한다.
  회장은 어떤 법적 명문은 없으나 지 교회 제직회 회장을 목사로 규정하고 있기 때문에 연합제직회 회장도 목사이어야 하고, 연합제직회는 치리기관이 아니므로 지 교회를 관할할 권한은 없으나 교회의 공동문제를 의논하고 친목하며 연합사업에 협동하여야 한다.

한국교회 역사상 지역 연합 제직회의 활동으로 교회발전에 큰 공헌을 남겼는데, 지역교회의 공동 유익을 위해 다음과 같은 연합사업을 할 수 있다.
① 전도 및 교회부흥에 관한 사업
② 교회학교 연합 및 기독교교육에 관한 사업
③ 지 교회 전도사 교육 및 선정에 관한 사항
④ 6·25, 8·15, 3·1절 등 연합집회에 관한 사항
⑤ 연합사업의 계획, 재정의 승인 및 보고와 감독 등에 관한 사항 등

5. 소속기관 및 단체

제 90조 소속기관 및 단체

각급 치리회 산하에 소속회 또는 기관 및 단체를 설치코자 하면 다음과 같이 한다.
1. 소속회나 기관 및 단체를 조직코자 하면 그 치리회의 허락을 받아야 한다.
2. 소속회나 기관 및 단체의 정관은 그 치리회의 승인을 받아야 하며 전도, 교육, 사회사업 등 교회발전을 도모하는 일을 해야 한다.
3. 소속회 또는 기관 및 단체는 그 치리회의 감독을 받으며 재정 검사를 받아야 한다.

1) 각급 치리회의 소속회

당회, 노회, 총회 등 각급 치리회에는 소속회, 기관, 단체가 있다.

당회산하에는 남선교회, 여전도회, 청년회, 성가대, 교회학교 등이 있다.

노회산하에는 남선교회 노회연합회, 여전도회 노회연합회, 청년회 노회연합회, 성서학원, 중학교, 고등학교, 교회학교 연합회, 중고등 교회학교연합회 등이 있다.

총회산하에는 남선교회 전국연합회, 여전도회 전국연합회, 대학교, 종합병원 등이 있다.

2) 소속회의 목적

각급 치리회의 산하기관과 단체는 전도, 교육, 봉사 등 각급 치리회의 직무 중 특정 분야, 혹은 그 계층과 성별을 따라 효과적인 교회의 목적과 그 정신을 계도하며 발전시키기 위해 조직한다.

3) 치리회의 감독

치리회 직무의 효과적인 성취를 위하여 소속회, 기관, 단체를 조직하였으므로 치리회의 지도와 감독을 받아야 한다. 그러므로 소속회는 조직할 때 치리회의 허락을 받아야 하며 규약의 승인 및 회의록의 검사, 결산의 검사 등을 받아야 한다.

지 교회의 경우는 당회원이나 당회가 인정할 만한 자를 고문으로 정하여 지도한다. 치리회의 지도 감독이 소속회의 자율성을 해쳐도 소속회가 건전하게 발전할 수 없고, 소속회의 자율성이 지나쳐 치리회의 지도와 감독권에 손상을 주어도 소기의 목적을 달성할 수 없다.

총회 헌법위원회는 소속기관 산하단체에 대하여 다음과 같은 규정을 정하였다(헌법 해석서 81조, 82조, 83조 인용).

제81조 치리회 소속기관 산하단체는 그 규약의 승인 및 회의록의 검사, 결산의 감사 등을 받아야 한다.
제82조 치리회는 소속기관 산하단체가 치리회의 감독을 받지 않거나 정당한 지도를 거부할 때는 그 대표에게 권고하되 권고도 듣지 않으면 이의 해산을 명할 수 있다.
제83조 치리회는 소속기관 산하단체 또는 관계기관 단체의 인정에는 그 정관, 사업운영 방침 등을 잘 살펴 그 의결로 결정할 것이요, 의결 없이는 이를 인정할 수 없다.

부록

1. 회칙
2. 회의순서
3. 회록 (회의록)
4. ○○교회 처무규정
5. ○○교회 청년회 회칙
6. ○○교회 장학회 정관
7. ○○교회 여전도회 회칙
8. 낱말찾기
9. 참고한 책

1. 회칙

대한기독교 문우회 회칙

제 1 장 명칭과 사무소

제1조 본회는 대한기독교 문우회라 일컫는다.
제2조 본회의 사무소는 서울특별시 종로구 종로 2가 91번지에 둔다.

제 2 장 목적과 사업

제3조 본회는 대한민국의 기독교 문화사업의 발전과 회원들의 친목을 도모함을 목적으로 한다.
제4조 본회는 다음과 같은 사업을 한다.
① 기독교 문화의 조사, 연구 및 보급
② 서적 출판
③ 회원들의 친목과 복리
④ 국제, 국내 문화 단체와의 연락
⑤ 그 밖의 본회의 목적 달성

제 3 장 회원

제5조 본회는 다음과 같은 회원을 갖는다.
① 정회원 : 문화사업에 종사하는 자
② 준회원 : 문화사업에 뜻 있는 자
③ 명예회원 : 본회에서 추천하는 자
제6조 회원은 세칙에 규정된 회비를 납입하여야 한다.
제7조 회원의 입회, 퇴회는 세칙을 따라 임원회가 결정한다.

제 4 장 임원

제8조 본회에는 다음과 같은 임원을 둔다.
회 장 1인

부회장 1인
서 기 1인
회 계 1인
총 무 1인
위원장 약간인
(임원의 선거, 임기, 직무 등은 세칙에 씌어 있다.)

제 5 장 회의

제9조 본회에는 다음과 같은 회의들이 있다.
① 총회
② 월례회
③ 임원회
④ 위원회
(회의의 개최, 성격, 사무, 순서 등은 세칙에 씌어 있다.)

제 6 장 부칙

제10조 본 회칙은 총회의 결의 없이는 개정하지 못한다.
제11조 본 회칙은 1995년 3월 1일부터 실시한다.

세 칙

　세칙은 회칙을 더 분명하게 하고 부칙을 더 구체적으로 보이며 모든 의사규정, 운영규칙을 말한다.
　세칙은 분명하고도 융통성이 있게 제정해야 한다. 세칙은 무거운 속박이 되지 말고 즐거운 방편이 되어야 한다.

2. 회의 순서

대한기독교 문우회

제5회 총회 순서
시일 : 1995년 11월 8일
장소 : 서울 기독교 문화관

8:30~9:00   출석회원 등록
9:00   개회선언
9:00~10:30   순서 채택
                전 회록 낭독
                보고
 휴식
10:50~12:30   임원 개선
                분과 위원 선거 및 위원회 조직
 점심
13:30   속회 선언
13:30~15:30   구사건과 신사건
 휴식
15:50~17:00   신사건과 사무처리
17:00   폐회선언

  여러 날 걸리는 회의는 그날 그날의 순서를 위의 것을 참작하여 그 순서를 짜면 된다. 좋은 순서는 회의 진행에 큰 도움이 된다.

3. 회록(회의록)

　회록에는 간단한 것과 세밀한 것이 있다. 간단한 것은 문구를 완전히 만들지 않고 얼핏 보아서 회록을 알 수 있게 만든 것이다. 결의 사항은 사항만 쓰고 동의자의 이름은 안쓴다. 결의를 위한 방편은 쓰지 않는다. 세밀한 것은 문구를 모두 분명히 만들고 결의 사항은 동의자 혹은 재청자까지 기록하고 방편까지 다 기록한다. 회록은 처음과 나중이 통일되게 만들어야 한다. 간단히 썼다가 아주 세밀하게 썼다가 반쯤 세밀하게 썼다가 하면 안된다. 문구를 만드는데 구식, 예를 들면 "회장이 승석하사" "총회를 개최할새" "결석이 15명이러라" "동의를 하매" 따위는 쓰지 않도록 할 것이요, 글 끝을 원형(原形)으로 표시하는 것이다. 본보기로 "선언하다" "가결되다" "보고하다" "발표하다" "폐회하다"이다.

　가령 "폐회를 선언하니 하오 4시러라"가 구식이라면 "하오 4시에 폐회를 선언하다"는 현대식이다.

1. 간단한 회록

대한기독교 문우회
제 5 회　총회
　一. 때　1995년 11월 8일(화요일)
　一. 곳　서울기독교 문화관 강당
　一. 출석회원 87명
　一. 결석회원 13명, 유고 10명, 무고 3명
　一. 개회선언 9:00에 회장이 개회를 선언하다.
　一. 순서채택 경우를 따라 변경할 것을 조건으로 별지 순서가 채택되다(별지 참조).
　一. 회록 낭독 서기가 제 4회 총회록을 낭독하다.
　　　착오가 없어 접수되다.
　一. 보고
　　　총무 사업보고(별지 참조)

회계 결산보고(별지 참조)
　　감사의 회계 검사 보고가 있어 회계의 결산보고는 접수되다.
회계 예산보고(별지 참조)
　　예산 위원장의 설명이 있고 약간의 질의 응답이 있은 후 승인되다.
一. 정회선언 10:30에 회장이 정회를 선언하고 20분 간 휴회하다.
一. 속회선언 10:50에 회장이 속회를 선언하다.
一. 임원개선 개선된 임원은 아래와 같다.
　　회 장　○○○
　　부회장　○○○
　　서 기　○○○
　　회 계　○○○
　　총 무　○○○
一. 임원 취임 인사 개선된 임원들이 취임 인사를 하다.
一. 분과위원 선거 분과위원은 공천위원 5인에게 맡겨 선거하게 하고 본회의에 보고하게 하기로 결의되어 회에서 공천위원을 아래와 같이 선거하다.
　　　　○○○, ○○○, ○○○, ○○○, ○○○
一. 정회 선언 12:30에 회장이 정회를 선언하다.
　　　　한 시간 휴회하다.
一. 속회 선언 13:30에 회장이 속회를 선언하다.
一. 구사건과 신사건
　　구사건 — 작년도 총회에서 보류된 안건이 1. 무기연기된 안건이 2. 이렇게 3 사건이 있으나 재상정 동의가 없어 그냥 넘어가다.
　　신사건 — 새로 결의된 사항
　　　　① 서적 출판
　　　　　금년도에 적어도 성인 교육을 위한 서적을 세 가

　　　　　지 출판하기로 하다. 실행방법은 서적 출판 위원
　　　　　회에 맡기기로 하다.
　　　② 문학강좌회 개최
　　　　　금년도에 봄과 가을 두 번 일주간 문학강좌를 열
　　　　　기로 하다. 실행 방법은 교육위원회에 맡기기로
　　　　　하다.
　　　③ 한글 연구회
　　　　　한 주일에 한 번씩 한글 연구회를 가지기로 하고
　　　　　일반에게 공개하기로 하다. 실행 방법은 실행부
　　　　　에 맡기기로 하다.
一. 공천위원의 본과위원 선거보고(별지 참조)
　　공천위원이 분과위원 선거보고를 별지와 같이 하다. 수정 없이
　　접수되다.
一. 정회 선언 15:30에 회장이 정회를 선언하고 20분간 휴회하다.
一. 속회 선언 15:50에 회장이 속회를 선언하다.
一. 신사건과 사무 처리
　　① 회칙 개정
　　　　총회 대표의 정원수 100명을 120명으로 고치다.
　　② 다음 총회 시일과 장소
　　　　시일은 회칙대로 매년 11월 둘째 화요일로 하고 장소는 대
　　　　전 기독교 문화관으로 결정하다.
一. 폐회 선언 17:00에 회장이 폐회를 선언하다.
　　회장　○○○
　　서기　○○○

2. 세밀한 회록

　간단한 회록의 본보기를 보고 거기다가 동의자, 재청자의 이름까지 써넣고, 원동의의 방편이 되는 임시동의와 보조동의의 의결까지 세밀히 써넣고, 표결의 결과도 자세히 써넣을 것이다.

언제나 주의할 것은 회록의 통일이다. 앞뒤가 통일되게 세밀히 하다가 간단히 해도 안되고 세밀히 하는 데도 더 세밀히 하는 것과 덜 세밀히 하는 것이 있는데 이랬다 저랬다 하면 안된다.

  본보기 : "표결의 결과 가 56, 부 34, 기권 10으로 가결되다"
            "표결에 붙인 결과 가결되다"

한 회록에 어떤 때는 이렇게 어떤 때는 저렇게 쓰지 말라는 말이다.

4. ○○교회 처무규정

제1조 (목적) 본 교회는 교회의 평화 및 질서유지와 일관성 있는 교회운영을 위하여 성경과 대한예수교장로회 헌법에 입각하여 진리를 수호하고 복음을 전파하며 소속 교인을 교육하여 몸된 교회의 성장과 발전을 도모하고자 본 처무규정을 제정한다.

제2조 (행정조직) 본 교회의 행정 조직은 다음과 같다.
  1. 당회 (치리기관)
  2. 공동의회
  3. 제직회
  4. 권찰회

제3조 (교역자) 당회장 밑에 부목사와 전도사를 둔다.
  교역자의 정원 조정은 교세에 의거 당회가 정하고 그 사례는 당회의 결의로 예산에 산정한다.

제4조 (기관) 본 교회는 제1조의 목적을 달성하기 위하여 다음 기관을 둔다.
  1. 교회학교
     유아부, 유치부, 유년부, 초등부, 소년부, 중등부, 고등부, 청년부, 장년부, 교회학교 직원회
  2. 유치원
  3. 남선교회
     제1남선교회, 제2남선교회
  4. 여전도회
     제1여전도회, 제2여전도회, 제3여전도회, 제4여전도회
  5. 특별선교회
  6. 기관장회
  7. 70인 전도대
     제1대, 제2대, 제3대
  8. 성가대 및 리듬합주단

글로리아, 사론, 카리스, 아가페, 로고스, 마리아, 리듬합주단

제5조 (당회) 당회의 운영은 정치 제 9장 제53조에서 제59조에 의한다.
   1. 정기당회 : 매월 3째 주일 후 토요일(오후) 당회장이 소집한다.
   2. 임시당회 : 필요시 당회장이 소집한다.
   3. 당회 서기는 매년 연말 당회에서 선출한다.

제6조 (공동의회) 공동의회 운영은 정치 제 12장 제74조에 의한다.

제7조 (제직회) 제직회 운영은 정치 제 12장 제 75조에 의한다.
   1. 정기제직회 : 매월 첫주일 2부 예배 후에 모인다.
   2. 임시제직회 : 필요시 당회장이 소집한다.
   3. 제직회 서기는 매년 연말 제직회에서 선출한다.

제8조 (권찰회) 권찰회의 정기 모임은 매주 금요일 오전 당회장이 정하는 시간과 장소에서 모이되 당회장이 주재하고 서기는 당회장이 지명한다.

제9조 (상설부서의 조직 및 업무) 본 교회의 상설부서 및 관장업무는 다음과 같다.
   1. 상설 부서의 조직은 제직회 회원으로 하되 정원은 제직회원 수에 의거 적절히 배정한다.
   2. 상설부서에는 고문1, 부장1, 차장1, 총무1인을 두며 그 임명은 당회가 한다. 단 고문은 63세 이상의 장로 중에서 추대하고 부장은 항존직 중에서 임명한다.
   3. 각부 업무를 분담하기 위하여 해당 부서에 소 위원회를 둘 수 있으며 소 위원회는 약간명의 실행위원으로 하여금 그 업무를 위임할 수 있다.
   4. 각부의 고문, 부장, 차장, 총무의 임무는 다음과 같다.
      1) 고문 : 업무에 대한 지도와 자문
      2) 부장 : 해당 부서의 통솔
      3) 차장 : 부장을 보좌하고 부장 유고시 대행

4) 총무 : 실무를 담당
5. 상설부서의 업무 추진은 제직회의 허락을 받아야 하며 그 결과를 제직회에 보고해야 한다.
6. 상설부서의 조직 및 관장업무는 다음과 같다.
  1) 관리부
    (1) 신영사업에 관한 사항
    (2) 대지 및 건물의 유지 관리에 관한 사항
    (3) 시설물 유지 관리에 관한 사항
    (4) 비품보존 및 관리에 관한 사항
  2) 교육부
    (1) 교회학교 육성 및 관리에 관한 사항
    (2) 유치원 교육에 관한 사항
    (3) 청소년 교육 및 자치회 지도육성
    (4) 평신도 교육에 관한 사항
  3) 사회부
    (1) 구제 및 친교에 관한 사항
    (2) 사회문제 대책협의에 관한 사항
  4) 상조부
    (1) 교우상사시 묘지 주선 협조(산역)에 관한 사항
    (2) 장례식(입관, 발인, 운구, 하관) 준비 및 협조에 관한 사항
  5) 서무부
    (1) 제 규칙에 관한 사항
    (2) 행사(사경회, 부흥회, 제직연수회) 기획 및 관리에 관한 사항
    (3) 인쇄 출판에 관한 사항
    (4) 홍보에 관한 사항
    (5) 성전 장식(주일예배, 절기예배, 특별행사시 성단 및 교회내외)에 관한 사항

(6) 타부서에 속하지 않는 사항
　6) 운수부
　　　(1) 차량 관리에 관한 사항
　　　(2) 배차 및 운수에 관한 사항
　7) 음악부
　　　(1) 교회 음악 육성지도에 관한 사항
　　　(2) 성가대 조직 및 지도육성에 관한 사항
　　　(3) 리듬합주단 지도육성에 관한 사항
　　　(4) 교회음악 행사에 관한 사항
　8) 재정부
　　　(1) 예산 및 결산에 관한 사항
　　　(2) 교회 경상비 세입 세출 경리 및 현금 보관에 관한 사항
　　　(3) 세입 세출 외 현금 관리에 관한 사항
　　　(4) 성미관리
　　　(5) 특별회계 관리
　　　(6) 기관 재정관리 및 현금 보관
　9) 전도부
　　　(1) 초신자 지도 및 교육에 관한 사항
　　　(2) 70인 전도대 지도육성에 관한 사항
　　　(3) 남선교회 지도육성에 관한 사항
　　　(4) 여전도회 지도육성에 관한 사항
　　　(5) 농어촌 미자립 교회 자매 관계 수립에 관한 사항
　　　(6) 개척교회 설립 추진에 관한 사항
제10조 (특별위원회) 본 교회는 다음과 같이 특별위원회를 두며 그 운영에 관한 규정을 별도로 정한다.
　1. 교육 연구 위원회　7명
　2. 해외 선교 위원회　7명
　3. 장학위원회　7명

4. 묘지 관리위원회   7명

제11조 (유치원 운영 이사회) 유치원을 운영하기 위하여 운영 이사회를 둔다.
   1. 이사회의 임원은 이사장 1명, 이사 6명, 감사 2명으로 한다.
   2. 유치원 운영 이사회 회칙은 따로 정한다.
   3. 유치원 운영 원칙은 문교부 준칙에 따른다.

제12조 (자치 기관 조직과 모임) 제 4조에 규정된 각 자치기관 조직과 모임은 당해기관 회칙으로 정하고 동 회칙은 당회의 허락을 받아야 하며 아래 사항을 준수해야 한다.
   1. 매년 연말에 회원명부, 회의록, 재정장부 및 증빙서류를 당회에 제시, 검사를 받을 것.
   2. 당회로부터 고문 1인을 선정 파송받아 회무에 대해 지도를 받을 것.

제13조 (교구 설정 및 구역조직) 교구 설정 및 구역조직은 교인의 분포와 행정 구역을 고려하여 당회장이 조직하고 당회가 이를 채택한다.
   1. 교구의 조직은 교구장1, 구역장1, 담당권사1, 권찰 약간명으로 한다.
   2. 1항의 추천은 당회장이 하고 그 임명은 당회가 한다.

제14조 (교회학교 조직) 교회학교 교장은 당회장이 되고 각부의 구분은 교단 총회의 결의에 따르며 조직과 임명은 아래와 같다.
   1. 각부에는 부장1, 부감1, 총무1, 교사 및 학생 선도를 위한 권사1을 둔다.
   2. 부장, 부감, 총무, 교사 및 권사는 교육부 추천으로 당회가 임명하되 부장은 항존직이라야 한다.
   3. 연도중 교사 이동에 따른 교사 임명은 당회장이 전행하고 당회에 보고 채택한다.

제15조 (성가대 조직) 각 성가대 조직의 연령 구분은 음악부에서 정한

다. 각 성가대에는 대장, 지휘자, 반주자, 독창자, 총무 및 대원을 두며 매년 연말 음악부가 추천하고 당회가 임명한다. 단 연도중 성가 대원의 임명은 당회장이 전행하고 당회에 보고 채택한다.

제16조 (서리집사의 선택) 당회는 매년 시무할 서리집사의 수를 전년도 11월 정기 당회에서 정하고 당회장의 추천을 받아 12월중에 임명하되 그 자격은 교회 헌법 해석서 제55조 및 제56조에 의한다.

제17조 (노회 파송 총대 장로 선출) 당회는 정치 제10장 제 60조 3항에 의거 노회에 파송할 총대 장로를 매년 1월 정기 당회에서 투표로 선출하되 득표순위로 결정하고 차점 부총대 약간명을 두어 득표 순위에 따라 원 총대유고시 대신 파송한다.

제18조 (행정실 설치) 교회관리 및 행정을 관장하기 위하여 아래와 같이 행정실을 둔다.
  1. 행정실은 사무장, 간사, 사찰, 운전기사 및 사동으로 구성되며 그 정원과 보수는 당회 결의로 예산을 정한다.
  2. 직원은 당회의 결의로 당회장이 임명하되 사무장은 항존직이라야 한다.
  3. 사무분장은 당회장이 정하고 당회장의 명을 받아 그 직무에 종사한다.

제19조 (교회 재정의 전도 경리 및 신원보증) 재정부장은 교회 운영과 행정 업무에 필요한 경비를 사무장에게 전도하고 사무장은 예산과목에 의거 당회장 결재 후 경리한다.

　　사무장은 전도 경리를 매월말 주일로 마감하여 월말 재정 보고서를 작성, 재정부장에게 제출하여 검사를 받아야 한다.

　　재정부장 및 사무장과 경리를 담당하는 직원은 신설한 재정 보증인 2인의 재정보증서를 당회장에게 제출한다.

제20조 (신용협동조합) 본 교회는 소속교인의 경제성장과 상호 협조를 위하여 신용협동조합을 조직할 수 있다. 신용협동조합의

조직과 운영에 관한 규정은 신용협동조합 관계 법규와 내규에 의하여 별도로 정한다.

제21조 (처무규정의 변경) 본 처무규정은 당회원 재적 3분의 2이상의 찬동으로 변경할 수 있다.

제22조 (시행) 본 처무규정은 19○○년 1월 1일부터 시행한다. 단 제17조의 시행은 현임장로 순차가 끝난 후부터 한다.

5. ○○교회 청년회 회칙

제 1 장 총칙

제1조 본회는 ○○청년회라 칭한다.
제2조 본회는 ○○교회 내에 둔다.

제 2 장 강령

제3조 본회의 강령은 다음과 같다.
  (1) 우리의 신조
    우리는 전통적 웨스트 민스터 신앙고백과 대소요리 문답과 대한예수교 장로회 신조를 우리의 신조로 한다.
  (2) 우리의 목적
    우리는 개혁주의 신앙과 생활을 확립하여 세상의 빛과 소금이 되며 국가의 양심이 됨을 목적으로 한다.
  (3) 우리의 사명
    ① 개혁주의 신앙의 ○○교회 건설과 사업과 직장과 가정의 복음화
    ② 개혁주의 신앙의 한국교회 건설과 한국의 복음화
    ③ 개혁주의 신앙의 세계교회 건설과 세계의 복음화
  (4) 우리의 생활원리
    ① 하나님 중심
    ② 성경 중심
    ③ 교회 중심

제 3 장 조직

제4조 본회는 20세 이상 39세까지의 ○○교회 남녀 신앙 청년으로서 조직한다.

(1) 제 1청년회는 30세에서 39세까지 해당자와 기혼 남녀로 구성한다.
(2) 제 2청년회는 20세에서 29세까지 해당자와 미혼 남녀로 구성한다.
(3) 단, 당해년도의 변경은 허락하지 아니한다.

제5조 본회의 임원은 아래와 같다.

-아　래-

회장 1인　　남부회장 1인　여부회장 1인
총무 1인　　서기 1인　　　부서기 1인
회계 1인　　부회계 1인　　각 부장 약간명
고문 약간명　　　　　　　협동총무 약간명

제6조 본회 임원의 임기는 1년으로 하며 보선된 임원의 임기는 전임자의 잔여기간으로 한다.

제7조 본회 임원의 직무는 아래와 같다.
(1) 회장은 본회를 통괄, 대표한다.
(2) 부회장은 회장을 보좌하여 회장 유고시 이를 대리한다.
(3) 총무는 본회의 제반 사업을 통괄하되 각 부장과 협의하여 기획하며 본회 운영을 주도한다.
(4) 협동총무는 본회 발전을 위해 임원단과 회원의 중재적 역할로 본회를 위해 적극 협조하며 총무의 업무를 돕는다.
(5) 서기는 본회의 제반문서 관리와 회록 정리 등 서무행정을 담당한다.
(6) 부서기는 서기를 보좌하며 유고시 이를 대행한다.
(7) 회계는 본회 제반 재정을 관리하며 회비 수납을 담당한다.
(8) 부회계는 회계를 보좌하며 유고시 이를 대행한다.
(9) 각 부장은 해당 사무를 관장하고 실천한다.
(10) 고문은 본회를 지도 감독한다.

제8조 (1) 본회의 임원선거 방법은 회장은 출석인원 과반수 이상의 찬성으로, 부회장, 총무, 서기, 부서기, 회계, 부회계는

다수 득표자로 하며 무기명으로 한다.
(2) 협동총무, 각 부장 선출은 임원회에 일임, 임명한다.
제9조 본회 목적과 사업을 위하여 아래와 같이 각 부서를 두며, 필요에 따라 확대할 수 있다.
(1) 예배부   (2) 선교부   (3) 장학부
(4) 봉사부   (5) 생활부   (6) 음악부
(7) 체육부   (8) 친교부   (9) 여성부

제10조 (1) 본회 각 부서의 조직과 사업은 아래와 같다.
각 부장은 1인으로 하되 해당 부서의 사업을 연구, 기획, 실천하며 각 부의 부원은 각 부장의 협의 아래 전 회원을 적절히 배치한다.
(2) 각 부장은 총회 후 1주일 이내에 연중 각 부 행사 계획서를 작성하여 임원회에 제출하며 총무는 이를 토대로 한 본회 전체의 연중사업 계획서를 작성하여 임원회의 결정을 본 후 실천토록 한다.
(3) 조직
예배부 : 본회의 헌신예배와 성경공부를 주관하여 능률적인 운영을 기획하고 실천한다.
선교부 : 개척전도 및 복음전파에 관한 제반 사항을 기획하고 실천한다.
장학부 : 장학회 운영과 교육에 관한 사항 및 후배 양성을 위한 제반 사업을 기획 실천한다.
봉사부 : 구제사업을 비롯하여 모든 집회 행사의 진행과 운영에 관한 업무를 기획 실천한다.
생활부 : 본회의 신앙생활 향상을 위한 연구와 우리 주변 모든 제도의 개선향상을 위한 연구, 실천을 한다.
음악부 : 본회 회원의 신앙 향상을 위한 교회음악 및 종교음악의 경연대회를 주관하고 음악에 관한 지식을

향상시킨다.

체육부 : 본회 회원의 체위 향상을 위한 방안을 기획, 실천하며 교회 제반 체육대회를 주관한다.

친교부 : 본회 회원 상호간의 친목을 도모한다.

여성부 : 본회 여성 회원간의 친목을 도모하며 여성 및 봉사에 관한 사업을 기획, 실천한다.

제11조 (1) 정기총회

매년 11월 마지막 주에 개최하되 성수는 재적회원 3분의 2이상의 출석을 원칙으로 하며 임원선거, 결산보고, 회칙수정, 사업보고 및 중요사항을 처리한다.

(2) 임시총회

수시 필요에 따라 임원회 결의로 회장이 이를 소집한다.

(3) 월례회

매월 1차씩 월례회를 소집한다.

(4) 임원회

수시 필요에 따라 소집하며 총회 및 각부에서 위임된 안건을 처리하며 임원 보선, 기타 본회 발전의 연구 계획과 각부 사업을 연락 지도한다.

(5) 각부회

총회 및 임원회가 위임한 안건을 실행한다.

제 4 장 재정

제12조 본회 재정은 회비, 헌신예배 헌금, 보조금, 특별헌금으로 한다. 회원 회비는 총회시에 결정한다.

제 5 장 회원의 입회 및 탈퇴

제13조 본회에 가입코자 할 시는 입회 원서를 제출하여 임원회 결의를 요한다.

제14조 본회의 명예를 훼손 또는 교회 중대 치리를 받은 회원이 유할

시는 임원회 결의로 회원권 정지 혹은 출회를 명한다.
(1) 본회에 입회한 회원으로서 중대한 사정으로 인하여 본회의 제반 회의 및 사업 활동에 참여할 수 없을 때에는 자퇴서를 제출하여야 하며 임원회의 결의에 의하여 자퇴를 허락할 수도 있다.
(2) 본회에 입회한 회원으로서 본회 제반 회의나 사업 활동에 계속하여 2개월 이상 무단 불참할 시에는 임원회의 결의에 의하여 탈퇴를 명할 수 있다.

제 6 장 회의

제15조 본회의 제반 회의의 성수는 재적 회원의 과반수로 하고 제반 결의는 다수결로, 본회 회칙을 개정코자 할 시는 총회 출석 회원 3분의 2이상 찬동으로 한다.

제 7 장 부칙

제16조 본회 회칙은 통과와 함께 당회의 인준을 받은 후 그 효력을 발생한다.
제17조 본회의 운영상 난점이 있을 때에는 장로교회 헌법과 정치문답 조례에 의거, 당회의 지도를 받아 결정한다.

6. ○○교회 장학회 정관

제 1 장 총칙

제1조(명칭) 본 회는 대한예수교 장로회 ○○교회 장학회(이하 본회라 칭함)라 칭한다.
제2조(위치) 본회의 사무소는 본교회내에 둔다.

제 2 장 목적 및 사업

제3조(목적) 본회는 그리스도의 사랑 안에서 교육비 마련에 어려운 장래가 촉망되는 배움에 처한 모든 자에게 장학금을 지급하므로 우수한 인재를 육성하여 교회 발전에 적극 참여하는데 그 목적이 있다.
제4조(사업) 본회는 전조의 목적을 달성하기 위하여 다음 사업을 행한다.
  1. 중·고등학생 장학금 지급
  2. 대학생 장학금 지급
  3. 신학생 장학금 지급
  4. 외국 유학생 장학금 지급
  5. 기타 본회 사업목적 달성에 필요한 사업
  6. 장학금 지급은 별도 세칙에 준한다.

제 3 장 회원

제5조(구성) 본회의 정회원은 본회의 목적에 찬동하는 교인으로서 보통회원, 모범회원, 특별회원, 특지회원, 평생회원 및 개인명의 회원으로 구성한다.
  1. 보통 회원 — 5만원의 회비를 납부한 자
  2. 모범회원 — 10만원의 회비를 납부한 자

3. 특별회원 — 25만원의 회비를 납부한 자
4. 특지회원 — 50만원의 회비를 납부한 자
5. 평생회원 — 100만원의 회비를 납부한 자
6. 개인명의 회원 — 300만원 이상 회비를 납부한 자
7. 육성회원 — 회비에 제한을 두지 않으며 전액을 장학금으로 지급한다.
(단, 회비는 5년간 분할 납부할 수도 있다).

제6조(입회) 본회의 입회를 원할 때는 전조의 회원규정에 해당하는 회비를 작정, 본회에 등록하여야 한다.

제7조(의무) 회원은 정관 및 제반 규정은 물론 제 결의사항을 준수하여야 한다.

제8조(권리) 전조의 의무를 필한 회원은 발의권, 결의권, 선거권 및 피선거권이 있다.

제 4 장 임원 및 임원선거

제9조(임원) 본회에는 다음과 같은 임원을 둔다.
1. 이사장 1인
2. 부이사장 1인
3. 총무이사 1인
4. 재정이사 1인
5. 이   사 5인
6. 명예이사 약간명

제10조(임원의 임무) 각 임원의 임무는 다음과 같다.
1. 이사장은 본회를 대표하며 본회 업무를 집행하며 모든 회의를 소집하고 그 의장이 된다.
2. 부이사장은 이사장을 보좌하며 이사장 유고시 또는 이사장의 위촉에 의하여 이사장직을 대행한다.
3. 총무이사는 본회 장학사업 제반 실무를 담당한다.
4. 재정이사는 본회의 재정 업무를 담당한다.

5. 이사는 이사회를 구성하며 정관 제19조의 사항을 의결한다.
6. 명예이사는 이사장의 자문에 응한다.

제11조(임원의 선거)
1. 임원은 총회에서 선출한다(단, 이사장은 당회에서 임명).
2. 모든 임원은 출석회원 과반수 이상의 찬성을 득하여야 한다.
3. 명예이사는 장학회 발전에 기여한 분 중에서 이사회의 결의로 추대한다.

제12조(임원의 임기)
1. 임원의 임기는 2년으로 하되 한번 중임할 수 있다. (원안)
1. 임원의 임기는 2년으로 하되 중임할 수 있다. 단, 동일 직책은 한번 중임할 수 있다(개정안).
2. 임원은 그 임기가 만료되어도 후임자가 결정될 때까지는 그 직무를 수행하여야 한다.

제13조(임원보선)
1. 임원의 결원시 보궐선거는 이사회에서 한다.
2. 보선된 임원의 임기는 전임자의 잔임기간으로 한다.

제14조(감사)
1. 본회의 재정을 감사하기 위하여 감사를 둔다.
2. 감사는 2명으로 한다.
3. 임기는 2년으로 하며 한번 중임할 수 있다.

제 5 장 회의

제15조(총회) 본회의 총회는 본회의 최고의결 기관이며 정기총회 및 임시총회로 한다.
1. 정기총회는 연1회 연초에, 임시총회는 이사회 또는 회

원 3분의 1 이상의 요구가 있을 때에는 이사장이 소집한다.
2. 총회의 소집은 1주 전에 공고한다.
3. 임시총회에서는 회의 소집관계사항 이외의 안건을 처리하지 못한다.

제16조(결의) 총회는 출석회원으로 성립하고, 출석회원 과반수 이상의 찬성으로 결의하며 가부동수일 때는 의장이 결정한다.

제17조(이사회구성) 이사회는 이사 9인으로 구성한다.

제18조(이사회의 결의)
1. 이사회는 정기이사회와 임시이사회로 하여 이사 과반수 이상의 출석으로 성립되고 출석 이사 과반수 이상의 찬성으로 의결하며 가부동수일 때는 이사장이 결정한다.
2. 정기이사회는 연2회 임시이사회는 대표이사 또는 이사 3분의 1이상의 요청에 의하여 이사장이 소집한다.

제19조(이사회의 임무) 이사회에서는 다음 사항을 심의 결의한다.
1. 총회에 제출할 의안 및 보고사항
2. 총회에서 위임받은 사항
3. 제규정 제정 및 개정초안
4. 상벌에 관한 사항
5. 당회 및 제직회에 제출할 보고사항
6. 기타 이사회에서 필요하다고 인정하는 사항

제 6 장 재정

제20조(재정) 본회의 재정은 회비, 특별회비, 찬조금, 기부금 및 기타로 한다.

제21조(회계년도) 본회의 회계년도는 매년 1월 1일부터 12월 31일까지로 한다.

제 7 장 부칙

제22조(기타)
  1. 본정관은 통과일로부터 효력을 발생한다.
  2. 본회는 본 교회 당회 감독하에 둔다.
  3. 본정관의 미비된 사항은 세계만국 통상법에 준한다.
  4. 장학금 지급 세칙은 이사회에서 작성한다.

장학금 지급세칙

본 회 정관 제4조 6항에 의거 장학금 지급은 다음 세칙에 준하여 행한다.
1. 장학금 지급은 연2회(2월과 8월)를 원칙으로 한다.
2. 장학금 지급은 이사회에서 심의 결정한다.
3. 장학금 지급 대상은 해당 부서장이 추천하여 매 지급일 1개월 전에 본 회 이사장에게 통보하여야 한다(단 신학생 및 유학생 대상은 당회장이 추천한다).
4. 장학금 지급 대상에 대한 선발기준
   (1) 중·고등부, 대학부
      · 신앙심이 돈독한 자
      · 학교 학업 성적이 우수한 자
      · 1년 이상 교회등록 및 해당 부서에 출석한 자(중·고등학생)
      · 교회에서 봉사하는 자(대학생)
      · 가정환경이 어려운 자
   (2) 신학생
      · 장로회 신학대학(원)생에 한한다.
      · 장로회 신학대학 장학위원회 선발기준에 의한 추천자
   (3) 유학생
      · 교회 발전에 기여할 수 있다고 판단되는 자
5. 제출서류

(1) 장학금 신청서(소정양식) 1통
(2) 추천서(본세칙 3항 참조) 1통
(3) 해당학교 성적증명서 1통
(4) 기타 필요하다고 인정되는 서류
6. 장학금 지급 대상자수와 지급액은 매 지급시마다 이사회에서 결정한다.
7. 본 세칙 규정 이외의 사항은 이사회 결의에 의하여 처리한다.

7. ○○교회 여전도회 회칙

제 1 장 총칙

제 1 조 본회는 ○○교회 ○○여전도회라 칭한다.
제 2 조 본회는 ○○교회 내에 둔다.
제 3 조 1. 본회는 예수 그리스도의 지상 명령대로 그리스도의 증인이 되어 이 땅위에 하나님의 뜻을 이룩하기 위하여 교회와 사회에 복음을 전파하며 널리 헌신 봉사함을 목적으로 한다.
2. 회원 상호간의 친목을 도모하며 세계 여신도 운동에 적극 참여한다.

제 2 장 조직 및 회원

제 4 조 본회는 ○○교회 여신도로서 조직한다.
제 5 조 본회 회원의 자격은 ○○~○○세의 여신도로서 본회 목적에 찬동하는 자로 한다.

제 3 장 임원 및 부서

제 6 조 본회 임원은 다음과 같다.
　　　　회 장 1인　　　부회장 1인　　　총 무 1인
　　　　서 기 2인(원부)　회 계 2인(원부)
　　　　감 사 2인
제 7 조 본회 각 임원의 임무는 다음과 같다.
　　　　회 장 : 본회를 대표하고 모든 회의의 의장이 되며 회무를 총괄한다.
　　　　부회장 : 회장을 보좌하며 회장 유고시 이를 대리한다.
　　　　총 무 : 총무의 기본책임은 전회의 프로그램을 총괄한다.
　　　　서 기 : 본회 각종 회의사항을 기록 보존하며 각종 왕복 문

서를 처리하고 대내외 통신연락의 사무를 담당한다.

회　계 : 본회 재정사무를 처리하고 수지예산과 결산을 관장한다.

감　사 : 본회의 회계를 감사한다.

제 8 조　본회 사업을 수행하기 위하여 아래와 같은 부서를 둔다.

1. 전도부 : 전도사업을 활발히 전개하기 위하여 방침을 수립, 실천하며 유고시 회원을 심방한다.
2. 교육부 : 회원의 정서적 지식의 향상을 도모하며 기독교 교육의 발전을 위한 방침을 연구, 토의 실천한다.
3. 봉사부 : 사업실천에 수반되는 교회내외의 모든 봉사와 전도회 비품 및 주방기구를 보관 점검한다.
4. 사회부 : 일반 지역사회의 구제대책과 아시아 지역의 교회돕기 운동의 일환 사업으로 적은돈 모으기 일을 담당한다.
5. 경조부 : 회원의 축일이나 초상에 봉사한다.
6. 음악부 : 회원의 종교음악 지식의 향상을 도모하며 음악행사에 관한 모든 것을 관장한다.
7. 생일부 : 회원의 생일축하 임무를 담당한다.
8. 규칙부 : 회칙제정 및 수정에 관한 임무를 담당한다.

제 9 조　각부에 부장 1인, 차장 1인을 둔다. 부장은 3인 이상의 부원을 조직하여 해당부 사업을 협력 실천한다.

제10조　공천위원은 역대 회장으로 한다.

제 4 장　권리와 의무

제11조　본회 회원은 의결권, 발언권, 선거권, 피선거권을 갖는다. 단, 미수세자는 피선거권이 없다.

제12조　본회 회원은 회칙준수, 회의참석, 결의사항 이행, 예배 참석, 회비납부, 기타 본회 회칙에 소정한 모든 의무를 갖는다.

제 5 장 선거 및 임기

제13조 임원 선거는 총회에서 공천위원이 배수공천하여 투표한다.

제14조 본회의 임원 중 회장, 총무, 서기, 회계는 정기총회에서 투표수의 과반수 이상의 투표를 받아야 하며, 부회장, 서기, 부회계는 차점 특표자로 한다.

제15조 임원 중 결원이 있을 때는 이를 임원회에서 보선한다.
단, 회장보선은 임시총회에서 이를 행한다.
보선임원 임기는 전임자의 잔여 임기로 한다.

제16조 각 부장과 차장은 공천위원과 신임임원이 선정한다.

제17조 본회 임원의 임기는 1년으로 한다(단, 회장, 원서기, 원회계는 재선을 못한다).

제 6 장 집회

제18조 본회의 회의, 집회는 아래와 같다.
1. 정기총회 : 매년 11월중에 회장이 소집하며, 예산심의, 결산 및 사업보고, 임원개선, 회칙수정, 기타 회무를 처리한다.
2. 임시총회 : 필요에 의하여 임원회에서 결의 또는 과반수 이상의 요구가 있을 때 회장이 이를 소집한다.
3. 월 례 회 : 매달 1회씩 전달의 제반사항을 평가하고 새 달의 사업계획을 세운다.
4. 임 원 회 : 필요시 회장이 소집한다.
5. 정기실행위원회 : 매월 월례회 후 과반수로 하고 결의는 출석회원의 과반수로 한다.

제 7 장 재정

제19조 본회의 재정은 회원의 회비 및 찬조금으로 한다.

제20조 본회의 재정지출은 회장의 결재가 있어야 한다.
　　　　단. 회장 부재시는 부회장의 대결이 있어야 한다.
제21조 회계는 수지의 결산을 감사로부터 감사를 받고 총회의 인준을 받아야 한다.

제 8 장　부칙

제 1 조 본 회칙의 미비한 사항은 임원회의 결의 또는 통상 회의규칙에 따른다.
제 2 조 본 회칙은 총회의 인준을 받은 날로부터 시행한다.
제 3 조 본 회칙의 수정첨가 및 삭제는 재적회원 1/2의 출석과 출석회원 1/2 이상의 찬동을 요한다.

주후 19○○년 ○월 ○일

8. 낱말 찾기

가결 · 115
가부동수 · 106
개인 투표 · 111
개의 · 141
개표 · 113
개표결과 보고 · 113
개표위원 · 32
개회 · 63
개회선언 · 65
거수 투표 · 169
거수 표결 · 109
결산 · 68
결선 투표 당선 · 77
결의 종결 · 91
계속회의 · 27
공개토론회의 · 202
공동의회 · 240
공동 투표 · 111
공백 · 179
공천 · 74
과반수 당선 · 77
구두제안 · 123
구두표결 · 108
구두호천 · 73
규칙위원 · 33

기립 표결 · 110
기명 투표(유기명 투표) · 111
다수결 · 103
단기명 투표 · 111
단기식 투표 · 111
당선 · 77
당선 효력 · 78
대화식 토의 · 204
독회 · 34
동의 · 121
동의의 목적 · 129
동의의 법칙 · 133
동의의 순위 · 131
동의의 재청 · 124
동의의 제안 · 122
동의의 제출 · 121
동의의 종류 · 126
동의의 진술 · 125
동의의 처리 · 130
동의의 철회 · 164
득점 순위 당선 · 77
득표수 계산 · 113
릴레이 질문 · 95
명예 회원 · 26
무기명 투표 · 111

무기 연기 동의 · 154
무투표 당선 · 77
무효 투표 · 112
미결 · 116
반대 질문 · 94
발기인회 · 24
발언권 · 81
발언권의 남용 · 83
발언 시간의 제한 · 82
발언 중지 명령 · 57
발언의 허락 · 55
버즈식 회의 · 195
번안 동의 · 171
보류 동의 · 162
보조 동의 · 127
부결 · 116
부수 동의 · 127
부회(部會) · 30
분반식 회의 · 192
산회(散會) · 177
상임위원회 · 31
서류 제출 요구 · 166
서기 · 28
서면 제안 · 123
선거 · 72
선도 질문 · 95
성수(成數) · 64
세미나 · 183

속회 · 177
수정 동의 · 154
신 사건 · 68
심포지엄 · 190
실연식 회의 · 202
실행위원회 · 32
심의 반대 · 136
약식 표결 · 108
언권 · 81
언권의 요구 · 82
언권의 행사 · 82
연기명 투표 · 111
연기식 투표 · 111
연회(延會) · 177
우선 동의 · 173
워크숍 · 195
원동의 · 126
원탁 회의 · 62
월례회 · 33
위원회 · 31
위원회 회부 동의 · 158
유기명 투표 · 111
유기 연기 동의 · 159
유발 질문 · 95
유안건 토의 · 67
의결 정족수 · 36
의사 정족수 · 35
의사봉 · 54

의사 일정 · 63
의장 · 28
의제 · 46
일사부재의 원칙 · 116
일정 촉진 동의 · 174
임시 회의 · 27
임원 교체 · 67
임원회 · 28
자연 종결 · 91
재개의 · 155
재심의 · 147
재적 정족수 · 35
재청 · 125
전원일치 가결 · 115
전형 · 74
점호 표결 · 110
정기회의 · 27
정당한 발언 · 83
정족수 · 35
정회 · 177
제1독회 · 34
제2독회 · 34
제3독회 · 34
종다수 가결 · 115
좋은 질문 · 96
준회원 · 26
지명 · 75
직접 질문 · 94

질문(질의) · 92
질문의 분위기 · 97
질문의 종류 · 93
질문시간의 제한과 연장 · 98
질문의 종결 · 99
찬성회원 · 26
창립 총회 · 24
철회 동의 · 164
총회 · 33
취소 · 150
침묵 표결 · 108
토론(토의) · 86
토론 제한 연장의 동의 · 159
토론시간의 제한과 연장 · 90
토론의 기본원칙 · 88
토론의 순위 · 88
토론의 제한 · 89
토론의 종결 · 91
토론의 평가 · 92
토론의 횟수 · 88
토론의 공익론 · 89
토론 종결 동의 · 160
통지서 · 60
투표 · 111
투표용지 · 112
투표절차 · 112
투표준비 · 112
특권동의 · 128

특별위원회 · 32
특수 언권 · 83
특정주동의 · 147
특청 · 140
패널식 토의 · 185
폐회 · 177
표결 · 103
표결의 결과 · 114
표결의 방법 · 108
표결의 선포 · 114
표결의 순서 · 113
필립스 66 · 205
회계 · 29
회계보고 · 67
회록(회의록) · 264
회원 · 26
회원 점명 · 64
회원의 마음가짐 · 44
회원의 임무와 책임 · 46
회의법 · 68
회의 소집 · 60
회의 순서 · 63
회의 장소 · 61
회의 조직법 · 23
회의의 목적 · 22
회의의 역사 · 18
회의의 필요성 · 19
회장(의장) · 49

회장의 유의사항 · 51
회장의 임시대행 · 56
회장의 자격 · 49
회장의 직책 · 54
회장의 형태 · 50
회칙 · 25
후보자 추천 · 73
휴식 동의 · 175
휴회(休會) · 177

9. 참고한 책

通常會議法	대한기독교서회	안신영 편
회의법해설	삼지사	이형철 편역
會議運營과 進行法	송원문화사	이합회 편저
회의진행법	도서출판영문	박성기 · 송길원 지음
회의진행과 의사표현	홍문관	이진종 편저
회의진행기법	갑진출판사	주영석 편저
會議實務	박우사	실무전서 간행회

회의진행의 이론과 실제

●

1996년 10월 15일 1판 1쇄 발행
2014년 9월 15일 1판 7쇄 발행

편저자·임택진 목사
펴낸이·김기찬

펴낸곳 **한국문서선교회**

등록·1981. 11. 12. NO. 제14-37호
주소·서울시 중구 다산로 42나길 45-6
이메일·mission3496@naver.com
☎ 2253-3496·2253-3497
FAX.2253-3498
정가 14,000원

●

잘못된 책은 바꾸어 드립니다.
＊ 판권 본사 소유 ＊
ISBN 978-89-8356-023-0-13230